簫韶九成——《古本戏曲丛刊》编纂纪程

中国社会科学院文学研究所 编

国家图书馆出版社

图书在版编目（CIP）数据

箫韶九成：《古本戏曲丛刊》编纂纪程 / 中国社会科学院文学研究所编 .—北京：国家图书馆出版社，2021.7

ISBN 978-7-5013-7267-6

Ⅰ.①箫… Ⅱ.①中… Ⅲ.①古代戏曲—丛刊—编辑—概况—中国 Ⅳ.① I207.37

中国版本图书馆 CIP 数据核字 (2021) 第 090003 号

书　名	箫韶九成——《古本戏曲丛刊》编纂纪程
著　者	中国社会科学院文学研究所　编
责任编辑	程鲁洁
封面设计	翁　涌

出版发行	国家图书馆出版社（北京市西城区文津街 7 号 100034）
	（原书目文献出版社　北京图书馆出版社）
	010-66114536 63802249 nlcpress@nlc.cn（邮购）
网　址	http://www.nlcpress.com
印　装	北京金康利印刷有限公司
版次印次	2021 年 7 月第 1 版　2021 年 7 月第 1 次印刷
开　本	889 × 1194（毫米）　1/16
印　张	20.25
书　号	ISBN 978-7-5013-7267-6
定　价	198.00 元

"《古本戏曲丛刊》六、七、八集编纂启动座谈会"于 2014 年 1 月在北京召开

从左至右为吴书荫、张志清、程毅中

时任国家图书馆出版社副社长殷梦霞发言

"《古本戏曲丛刊》六、七、八集编纂启动座谈会"全体参会人员合影

"《古本戏曲丛刊》第六集出版暨《丛刊》文献及文化意义座谈会"于 2016 年 8 月在北京召开

时任中国社会科学院文学研究所党委书记刘跃进发言

国家新闻出版广电总局出版管理司古籍整理与规划处处长章隆江发言

北京语言大学教授吴书荫发言

中国社会科学院文学研究所研究员刘世德发言

中央文史研究馆馆员、中华书局编审程毅中发言

北京师范大学教授郭英德阅览《古本戏曲丛刊六集》

"古典戏曲文献与文本研究——以《古本戏曲丛刊》为中心
学术研讨会"于 2017 年 8 月在北京召开

中国人民大学副教授郑志良发言

中山大学教授黄仕忠发言

北京大学教授廖可斌发言

《古本戏曲丛刊》第五集目录初稿

吴 晓 铃 拟

1、化人游传奇一卷十出　丁耀亢　顺治五年野鹤斋刊本　北图
　　上图、文学所、戏曲所（齐）、傅

2、赤松游传奇三卷四十六出　同上　顺治六年刊本　北图、上
　　图、文学所、中国戏曲学院（齐）、傅

3、衰忠记传奇二卷三十六出　同上　顺治十六年刊本　北图、
　　文学所、傅

4、西湖扇传奇二卷三十三出　同上（题紫阳道人）顺治间刊本
　　北图、文学所、傅

5、长生乐传奇一卷　袁于令　同治四年曹春山抄本　北图（涵）

6、秋风三叠杂剧三种三卷　来集之　清初来氏倘湖小筑刊本
　　北图、中国戏曲学院（齐）

7、两纱杂剧三种三卷　同上　同上　北图、上图、戏曲所（齐）

8、八仙庆寿杂剧一卷　傅山　咸丰六年寿阳刘氏刊本　吴

9、骄其妻妾杂剧一卷　同上　同上　吴

10、云石会传奇二卷　包惕三　顺治间刊本　北图、傅

11、临春阁杂剧一卷　吴伟业　清初枨古斋刊本　北图、吴、傅

12、通天台杂剧一卷　同上　同上　北图、吴、傅

13、五伦镜传奇　张三异　雍正间爱日堂刊本　傅

14、笠翁十种曲二十卷　李渔　清初翼圣堂刊本　吴、傅

15、笠翁新三种传奇六卷　同上　清初刊本　北大（马）

16、续刻笠翁傳奇五种十卷　同上　同上　北大（马）

17、祭皋陶杂剧一卷　宋琬　康熙十二年刊《安雅堂集》本
　　北图、上图、吴、傅

18、西堂乐府六种七卷　尤侗　康熙间刊本　北图、傅

19、龙舟会杂剧一卷四折　王夫之　同治间刊船山遗书本　北图
　　（郑）、吴

20、瑶台梦杂剧一卷　赵进美　康熙间刊《清止阁集》本　北图

21、立地成佛杂剧一卷　同上　同上　北图

22、续离骚杂剧四种　嵇永仁　康熙间葭秋堂刊本　北图、傅

23、扬州梦傳奇二卷　同上　康熙十年刊本　上图、吴、傅

24、双报应傳奇二卷　同上　康熙间刊本　浙图、吴、傅

25、筹边楼傳奇　王抃　康熙间刊本　北图

26、芙蓉城记杂剧一卷　龙燮　乾隆四十二年刊本　北图、
　　　　　　　　　　　　　　　　　　　　　　　　　　北大
　　（李）

27、江花梦傳奇二卷　同上　同上　北图、北大（李）、
　　吴、傅

28、钟妹庆寿杂剧一卷　蒲松龄　抄本　中大

29、闹馆杂剧一卷　同上　同上　中大

30、南吕调九转货郎儿杂剧一卷　同上　同上　中大

31、耆英会傳奇二卷　乔莱　清初刊本　北图、中国戏曲学院　严（補刊
　　　　　　　　　　　　　　　　　　　　　　　　　　　　　原剧所缺
　　　　　　　　　　　　　　　　　　　　　　　　　　　　　の叶）

32、柴舟别集四种　廖燕　旧抄本《柴舟全集》本　北图

33、明翠湖亭四韵事杂剧四种　裘琏　康熙间绛云居原刊本
　　北图、科图、上图、吴

34、万寿无疆升平乐府杂剧一卷　同上　精钞本　吴

35、女崐崙传奇二卷　同上　亦是轩钞本　北图

36、两种情传奇二卷　许逸　钞本　上图

37、蓬壶院杂剧一卷　同上　同上　上图

38、五鹿块传奇二卷　同上　同上　北图（郑）、上图

39、四婵娟杂剧四种五卷　洪昇　钞本　北图

40、长生殿传奇二卷　同上　康熙间刊本　北图、上图

41、海烈妇传奇二卷　沈受宏　道光二十一梅花庵刊本上图、
文学所

42、双星图传奇二卷　邹山　乾隆间刊本《乐余园百一偶存集》
本　中国戏曲学院、吴

43、洛神庙传奇二卷　吕履恒　康熙间刊本　北图、北大、傅

44、桃花扇传奇二卷四十四出　孔尚任　康熙三十年
介安堂原刊本　北图（吴）、上图、中国戏曲学院、傅

45、阴阳判传奇二卷　查慎行　康熙间刊本　北图、上图

46、桂岩啸客杂剧二种二卷　边汝元　景钞本　科图、　北大

47、四友堂里言传奇一卷　黄绂　旧钞本　汪

48、北红拂杂剧一卷　曹寅　康熙三十六年刊本　上图

49、太平乐事杂剧一卷　同上　康熙四十八年刊本　南图
复旦

50、虎口余生传奇二卷　同上　钞本　云大　← 戏研所

51、续琵琶记传奇二卷　曹寅　钞本　北图（涵）　巾箱本（肯图）

52、容居堂三种曲六卷　周稚廉　康熙间书带草堂刊本
北图、上图、文学所、北大、吴、傅

风云眉传奇二卷　　玉泉樵子　　同治甲戌（一三）年刊序　清华

53、唐堂乐府五种六卷　黄之隽　康熙五十五年黄氏家刊本
　　北图（吴）、上图

54、归去来辞杂剧一卷　魏荔彤　雍正四年刊《怀舫集》本
　　北图

55、扬州梦传奇二卷　岳端　康熙四十年启贤堂自刊本
　　北图、上图、吴、傅

56、书斋四种药杂剧四种四卷　陈陛谟　摆印本　吴

57、软羊脂传奇二卷　孔传鋕志　钞本　上图

58、软邮筒传奇二卷　同上　同上　上图

59、软锟铻传奇二卷　同上　朱丝栏傅钞本　鲁图

（以上为顺、康、雍间作家生卒可考者）

60、风云会传奇二卷　李玉　乾隆间内府钞本　北图

61、连城璧传奇二卷　李玉　钞本　中国戏曲学院

62、昊天塔传奇二卷　同上　康熙间钞本　傅

63、五高风传奇二卷　同上　孔德图书馆傅抄本　首图（孔德）

64、七国记传奇一卷　同上　康熙间余庆堂钞本　傅

65、埋轮亭传奇一卷　李玉、朱佐朝　钞本　北图

66、莲花筏传奇二卷　朱佐朝　康熙间钞本　傅

67、锦云裘传奇二卷　同上　钞本　傅

68、九莲灯传奇　同上　同上　北图（郑）

69、牡丹图传奇四卷　同上　旧钞本　程

70、渔家乐传奇　同上　钞本　程

71、文星现传奇二卷　朱㿖　钞本　中国戏曲学院、程、巴

（龙灯赚　朱云从　钞本　北图　戏研所　（附？三种）

72、四奇观传奇四卷　朱佐熊、朱佐朝　雍正年高岱瞻钞本　程

73、四大庆传奇四卷朱佐熊、邱园、叶时章　钞本　中国戏曲
　　学院（梅）、程　　　　　　　　　邱园　双燕影

74、儿孙福传奇二卷　朱云从　康熙十年啸庐钞本　傅

75、福寿荣传奇一卷　郎潜长　钞本　中国戏曲学院（梅）

76、正昭阳传奇二卷　石子斐　雍正二年沈闿生钞本　北图（涵）

77、坦庵词曲四种四卷　徐石麒　顺治间南湖享书堂刊本　北图
　　吴

78、珊瑚鞭传奇二卷　同上　钞本　上图

79、乐府杂剧四种四卷　叶承宗　顺治间叶氏友声堂刊本
　　北图

80、陌花轩杂剧七种七卷　黄方胤　清初刊本　北图

81、续四声猿杂剧四种四卷　张韬　清初刊本　北图（郑）

82、蟾宫操传奇二卷　程瀛鹤　清初刊本　北图

83、合剑记传奇二卷　刘建邦　清初刊本　文学所

84、风前月下填词二卷　曹岩　清初品香阁刊本　北图、赵

85、迎天榜传奇二卷　□项傅　康熙四年刊本　吴、傅

86、节义仙传奇二卷二十七出　灰木（释）　康熙六年　刊本
　　北大（燕）

87、梅花诗传奇二卷　李应桂　清初刊本　上图、吴

88、小河洲传奇二卷　同上　同上　上图

89、遗爱集杂剧二种　陆曜、程端　虞山丁氏钞本　上图

90、玉马佩银簪记传奇二卷　路术淳　康熙间展谱斋刊本
　　北图

醉高歌傳奇四册　风雅主人（张雍敬）　乾隆三年灵鹊轩刻序　浙戏

91、拥双艳传奇三种六卷　万树　康熙二十五年粲花别墅刊本

北图、上图、南博、文学所、吴、傅

92、鸳鸯塚杂剧一卷　沈玉亮　康熙二十八年刊本　北图

93、春富贵传奇二卷　同上　钞本　民研

94、天山雪传奇二卷　马肇一　旧钞本　贾

95、小忽雷传奇二卷　顾彩　乾隆间一山主人钞本　南图

96、太忽雷杂剧一卷　同上　嘉庆间刘燕庭味经书屋校钞本

南图

97、拜针楼传奇一卷　王墅　康熙四十八年研露斋刊本　北图

98、万花台传奇二卷　张澜　康熙五十年疑馥斋刊本　北图

99、忠孝福传奇二卷　同上　康熙间疑馥斋刊本　北图

100、千里驹传奇二卷　同上　钞本　北图、傅

101、画眉记杂剧一卷　陈培脉　康熙五十五年刊《兰堂乐府》

本　吴

102、封禅书传奇二卷　朱瑞图　康熙五十七年秘书楼刊本　北

图　清峰（唐乾隆癸酉）

103、醉高歌杂剧一卷　张雍敬　乾隆三年灵鹊轩刊本　北图、

文学所、傅

104、曲波园传奇二种四卷　徐沁　康熙间曲波刊本　北图、

上图、文学所、吴、傅

105、广寒香传奇二卷　汪光波　康熙间文治堂刊本　北图、

上图、文学所、吴、傅

106、芙蓉楼传奇二卷　同上　康熙间叩钵斋刊本　北图(吴)

107、赤壁记传奇二卷　姜鸿儒　康熙间九经堂刊本　上图

108、归元镜传奇二卷　智达　乾隆四十九年重刊本　上图

109、后一捧雪传奇二卷　胡云壑　康熙间天枢阁刊本　北图、上图

110、芙蓉记传奇二卷三十出　江楫　康熙间刊本　文学所

111、御炉香传奇二卷　李漫翁　传钞雍正间刊本　北图

112、锡六环传奇二卷　孙炌延　奉化湖澜书塾刊本　北图、上图、吴

113、四名家填词摘斠四种四卷　车江英　雍正十三年刊本　北图

114、紫玉记传奇二卷　蔡应龙　乾隆间清梦山房刊本　北图、浙图、吴

115、镒中天传奇二卷　姜玉洁　刊本　吴

116、银河曲杂剧一卷　缪谟　朱丝栏精钞本　人民文学出版社

117、摘星楼传奇二卷　刘百章　旧钞本　北图（郑）

118、金鸾配传奇二卷　陈子玉　钞本　北图（涵）

119、一合相传奇二卷　沈君谟　钞本　北图、北图（郑）

120、风流配传奇二卷　同上　同上　中国戏曲学院（梅）、程

121、双合园一卷　蔡如锡　钞本　北图

（以上为顺、康、雍间作家生卒待考者）

122、雨蝶痕传奇二卷　浣霞子　顺治八年朗润轩刊本　北图、上图

123、宜和谱传奇二卷　介石逸叟　清初刊本　北图、

吴晓铃《古本戏曲丛刊》拟目

中央戏剧学院

124、双龙坠传奇二卷　新都笔花斋　清初笔花斋刊本　北图

125、才貌缘传奇二卷　东山痴野　清初漱余轩刊本　北图

126、双南记传奇二卷三十五出　越雪山人　康熙三十二年饮
　　　醇堂刊本　首图

127、镜重园填词一卷　枫江渔子　稿本　中国戏曲学院（齐）

128、氾黄涛传奇二卷三十六出　思齐主人　康熙间钞本
　　　北图

129、孔雀记传奇二卷　茸城七曼佣　漱芳斋刊本　南图

130、扬州鹤传奇三卷四十出　三原双生　钞本　上图（周）

　　　　　　（以上为顺、康、雍间作家用笔名者）

131、天宫宝传奇二卷　佚名　清初太原王氏曲局钞本　浙图

132、情中义传奇一卷　同上　同上　浙图

133、珊瑚坡传奇二卷　同上　康熙四十五年钞本　程

134、为善最乐传奇三卷　同上　康熙六十年钞本　中国戏曲
　　　学院（梅）

135、三凤缘传奇三卷三十三出　同上　康熙间钞本　北图

136、阴阳二气山传奇一卷　同上　雍正二年诵风堂沈氏精抄
　　　本　　北图（涵）

137、盘陀山传奇一卷　同上　镇海姚氏大梅山馆藏旧钞本
　　　文学所

138、金兰谊传奇二卷　同上　雍正十二年高份瞻钞本　　程

139、情中幻传奇四卷　同上　乾隆元年钞本　北图（涵）

140、西川图传奇二卷　同上　咸丰九年钞本　中国戏曲学院（齐）

141、七子图传奇二卷　同上　凝辉堂钞本　浙图

　　　　　　（以上为顺、康、雍间作家佚名者）

~8~

| 8 |

古代戏曲丛刊第五集目录（第二次修改稿）

1、秋虎丘二卷	王 㻏	清初刊本	北图，郑
2、双球梦二卷	王 㻏	清初刊本	北图
3、香草吟二卷	徐士俊	清初刊本	郑
4、载花舲二卷	徐士俊	清初刊本	郑
5、风流配二卷	沈君谟	抄本	程
6、红罗镜二卷	付 山	抄本	吴
7、扬州梦二卷	嵇永仁	清康熙刊本	傅
8、双报应二卷	嵇永仁	清康熙刊本	傅
9、奈何天二卷	李 渔	清初刊本	傅？
10、比目鱼二卷	李 渔	清初刊本	傅？
11、蜃中楼二卷	李 渔	清初刊本	傅？
12、怜香伴二卷	李 渔	清初刊本	傅？
13、风筝误二卷	李 渔	清初刊本	傅？
14、慎鸾交二卷	李 渔	清初刊本	傅？
15、凤求凰二卷	李 渔	清初刊本	傅？
16、巧团圆二卷	李 渔	清初刊本	傅？
17、玉搔头二卷	李 渔	清初刊本	傅？
18、意中缘二卷	李 渔	清初刊本	傅？
19、鱼篮记二卷	范希哲	清初刊本	郑
20、偷甲记二卷	范希哲	清初刊本	郑
21、四元记二卷	范希哲	清初刊本	郑
22、双瑞记二卷	范希哲	清初刊本	郑
23、万全记二卷	范希哲	清初刊本	北图

·1·

24、补天记二卷	范希哲	清初刊本	北图
25、双蜍记二卷	范希哲	清初刊本	北图
26、十醋记二卷	范希哲	清初刊本	北图
27、逍遥游二卷	丁耀亢	清初刊本	北图
28、化人游一卷	丁耀亢	清初刊本	北图
29、赤松游三卷	丁耀亢	清初刊本	北图
30、西湖扇二卷	丁耀亢	清初刊本	北图
31、表忠记二卷	丁耀亢	清初刊本	杜
32、磨尘鉴二卷	钮格	抄本	杜
33、颜峰灯二卷	孙郁	稿本	北图
34、双鱼佩二卷	孙郁	稿本	北图
35、天宝外史二卷	孙郁	稿本	北图
36、人天乐二卷	黄周星	清初刊本	浙图、仁
37、女昆仑二卷	裴琏	稿本	北图
38、双合园不分卷	蔡如锡	抄本	北图
39、广寒香二卷	汪光被	清初刊本	郑
40、芙蓉楼二卷	汪光被	清初刊本	北图
41、钧天乐二卷	尤侗	清刊本	待访原刊本
42、嫦宫操二卷	程瀛鹤	清初刊本	北图
43、两媒痕二卷	浣霞子	清顺治刊本	北图
44、软羊脂二卷	孔传志	抄本	北图
45、定天山二卷	铁笛道人	抄本	北图
46、阴阳判二卷	查慎行	清康熙刊本	北图
47、忠孝福二卷	黄兆森	清康熙刊本	郑
48、宣和谱二卷	介石逸叟	清初刊本	北图

·2·

49、翻水浒记二卷	介石逸叟	清初刊本	北图
50、锦香亭三卷	石 璠	清初刊本	邢、梅
51、两庭簪三卷	石 璠	抄本	郑
52、酒家佣二卷	石 璠	清初刊本	研院
53、天灯记二卷	石 璠	清初刊本	研院
54、忠烈传二卷	石 璠	清初刊本	北图
55、才貌缘二卷	无名氏	清初刊本	北图
56、金兰谊二卷	无名氏	抄本	程,郑
57、庆有余二卷	无名氏	抄本	郑
58、百子图二卷	无名氏	抄本	程
59、一诺媒二卷	无名氏	抄本	程,郑
60、锦彩旗二卷	无名氏	抄本	郑
61、不夜天二卷	无名氏	抄本	北图
62、七子图二卷	无名氏	抄本	浙图
63、 幻二卷	无名氏	抄本	吴
64、长生殿二卷	洪 昇	清康熙刊本	郑
65、桃花扇二卷	孔尚任	清康熙刊本	北图,郑
66、小忽雷二卷	孔尚任	暖红室刊本	郑
67、后琵琶记二卷	曹 寅（一作顾彩）	抄本	北图
68、风流棒二卷	万 树	清康熙刊本	郑
69、空青石二卷	万 树	清康熙刊本	郑
70、念八翻二卷	万 树	清康熙刊本	郑
71、双忠庙二卷	周稚廉	清初刊本	郑
72、珊瑚玦二卷	周稚廉	清初刊本	郑
73、元宝媒二卷	周稚廉	清初刊本	郑

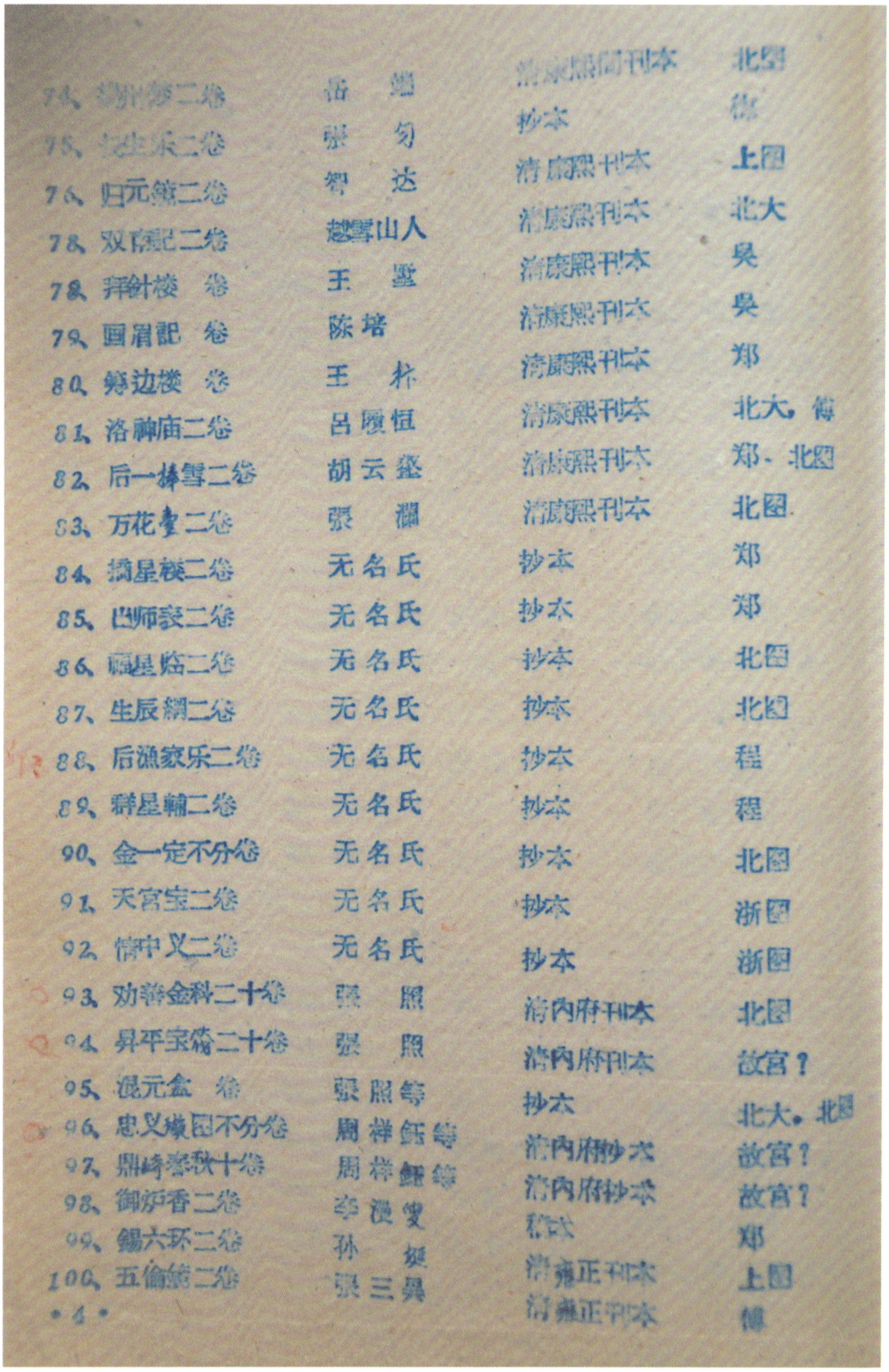

	作者	版本	藏处
74、锦州抄二卷	锡 匀	清康熙间刊本	北图
75、花生乐二卷	苗 碧 智 达	抄本	桴 上图
76、归元镜二卷		清康熙刊本	北大
77、双宜记二卷	越野山人	清康熙刊本	吴
78、拜针楼 卷	王 暨	清康熙刊本	吴
79、画眉记 卷	陈 堵	清康熙刊本	郑
80、鸳边楼 卷	王 朴	清康熙刊本	北大，梅
81、洛神庙二卷	吕 顾 恒	清康熙刊本	郑，北图
82、后一捧雪二卷	胡 云 瑆	清康熙刊本	北图
83、万花台二卷	张 澜	清康熙刊本	郑
84、摘星楼二卷	无名氏	抄本	郑
85、凹师衰二卷	无名氏	抄本	北图
86、丽星临二卷	无名氏	抄本	北图
87、生辰纲二卷	无名氏	抄本	程
88、后渔家乐二卷	无名氏	抄本	程
89、群星辅二卷	无名氏	抄本	北图
90、金一定不分卷	无名氏	抄本	浙图
91、天宫宝二卷	无名氏	抄本	浙图
92、情中义二卷	无名氏	抄本	北图
93、劝善金科二十卷	张 照	清内府刊本	故宫？
94、昇平宝筏二十卷	张 照	清内府刊本	北大，北图
95、混元盒 卷	张 照 等	抄本	故宫？
96、忠义璇图不分卷	周 祥 钰等	清内府抄本	故宫？
97、鼎峙紫歌十卷	周 钰 雯	清内府抄本	郑
98、御炉香二卷	李 濒 秘式		上图
99、锡六环二卷	孙	清雍正刊本	慎
100、五伦缘二卷	张 三	清雍正刊本	

·4·

《古本戏曲丛刊》第五集目录（三稿）

1. 断发记二卷　　　李开先　　　明万历间世德堂刊本　　　神田
2. 葛衣记二卷　　　顾大典　　　旧钞本　　　戏研所
3. 凌云记二卷　　　韩上桂　　　旧钞本　　　罗忼烈
4. 性天风月通玄记二卷　　兰茂　　　旧钞本　　　滇图
5. 文星现二卷　　　朱㿟　　　旧钞本　　　巴黎图
6. 四大庆四卷　　　朱㿟等　　　抄本　　　戏研所

　　　　附：四大庆二卷（残本）　　朱㿟等　　　抄本　　　戏研所

7. 风云会二卷　　　李玉　　　旧钞本　　　巴黎图
8. 连城璧二卷　　　〃　　　抄本　　　戏研所
9. 七国记二卷　　　〃　　　〃　　　〃
10. 五高风二卷　　　〃　　　传抄本　　　首都图
11. 一品爵二卷　　　李玉等　　　旧钞本　　　巴黎图
12. 万寿冠二卷　　　朱佐朝　　　〃　　　〃
13. 莲花筏二卷　　　〃　　　康熙间抄本　　　戏研所
14. 九莲灯二卷　　　〃　　　抄本　　　〃
15. 渔家乐二卷　　　〃　　　〃　　　〃
16. 锦西庙二卷　　　周公鲁（？）　　旧钞本　　　巴黎图
17. 十美图二卷　　　张匀（？）　　〃　　　〃
18. 正昭阳二卷　　　石子斐　　　雍正间抄本　　　北图（善）
19. 天成福二卷　　　佚名　　　旧钞本　　　巴黎图
20. 四合奇二卷　　　〃　　　〃　　　〃
21. 月华缘二卷　　　〃　　　〃　　　〃
22. 盘陀山二卷　　　〃　　　〃　　　〃

23.化人游一卷	丁耀亢	顺治刊本	文学所
24.赤松游三卷	〃	〃	〃
25.表忠记二卷	〃	〃	戏研所
26.西湖扇二卷	〃	〃	文学所
27.云石会二卷	包憓三	〃	北图（善）
28.怜香伴二卷	李渔	清初翼圣堂刊本	吴
29.风筝误二卷	〃	〃	〃
30.意中缘二卷	〃	〃	〃
31.蜃中楼二卷	〃	〃	〃
32.凰求凤二卷	〃	〃	〃
33.奈何天二卷	〃	〃	〃
34.比目鱼二卷	〃	〃	〃
35.玉搔头二卷	〃	〃	〃
36.巧团圆二卷	〃	〃	〃
37.慎鸾交二卷	〃	〃	〃
38.万全记二卷	〃	清初刊本	北图（善）
39.十醋记二卷	〃	〃	〃
40.补天记二卷	〃	〃	北图（柏）
41.双瑞记二卷	〃	〃	北图（善）
42.偷甲记二卷	〃	〃	〃
43.四元记二卷	〃	〃	〃
44.双锤记二卷	〃	〃	〃
45.鱼篮记二卷	〃	〃	〃
46.钧天乐二卷	尤侗	康熙刊本	戏研所

～3～

47. 扬州梦二卷	嵇永仁	康熙刊本	吴
48. 双报应二卷	■	■	■
49. 江花梦二卷	龙燮	乾隆刊本	北大
50. 耆英会二卷	乔莱	清初刊本	吴
51. 女昆嵛二卷	裘琏	旧钞本	北图（善）
52. 两钟情二卷	许逸	钞本	上图
53. 五鹿块二卷	■	■	■
54. 长生殿二卷	洪昇	康熙稗畦草堂刊本	北图（柏）
55. 海烈妇二卷	沈受宏	道光间刊本	文学所
56. 双星图二卷	邹山	乾隆间刊本	戏研所
57. 洛神庙二卷	吕履恆	康熙间刊本	北图（善）
58. 桃花扇二卷	孔尚任	康熙间介安堂刊本	北图（柏）
59. 阴阳判二卷	查慎行	康熙间刊本	上图
60. 四友堂里言一卷	黄钺	传抄本	吴
61. 虎口余生记二卷	曹寅	旧钞本	云大
62. 续琵琶二卷	■	■	北图（善）
63. 元宝媒二卷	周稚廉	康熙刊本	吴
64. 双忠庙二卷	■	■	■
65. 瑚珊玦二卷			上图
66. 扬州梦二卷	岳端	■	北图（善）
67. 软羊脂二卷	孔传志	抄本	上图
68. 软邮筒二卷	■	■	■
69. 软辊辌二卷	■	■	鲁图
70. 珊瑚鞭二卷	徐石麒	顺治刊本	上图

71. 蟾宫操二卷	程瀛鹤	清初刊本	北图（善）
72. 合剑记二卷	刘建邦	〃	文学所（善）
73. 迎天榜二卷	□顼	康熙刊本	吴
74. 梅花诗二卷	李应桂	清初刊本	〃
75. 小河洲二卷	〃	〃	上图
76. 空青石二卷	万树	康熙刊本	吴
77. 念八翻二卷	〃	〃	〃
78. 风流棒二卷	〃	〃	〃
79. 小忽雷二卷	顾彩	乾隆刊本	南图
80. 万花台二卷	张澜	康熙刊本	北图（善）
81. 忠孝福二卷	〃	〃	〃
82. 封禅书二卷	朱瑞图	〃	北图（柏）
83. 香草吟二卷	徐沁	〃	文学所
84. 载花舲二卷	〃	〃	〃
85. 广寒香二卷	汪光被	〃	北图（善）
86. 芙蓉楼二卷	〃	〃	〃
87. 赤壁记二卷	姜鸿儒	〃	上图
88. 增广归元境二卷	佚名	乾隆抄本	吴
89. 后一捧雪	胡云壑	康熙刊本	上图
90. 芙蓉记	江楫	〃	文学所
91. 御炉香二卷	李漫翁	抄本	北图（柏）
92. 锡六环二卷	孙凝	旧钞本	吴
93. 紫玉记二卷	蔡应龙	乾隆抄本	北图（柏）
94. 摘星楼二卷	刘百章	旧钞本	首图

95.金鸾配二卷　　　陈子玉　　　抄本　　　北图（善）

96.双合缘一卷　　　蔡如锡　　　〃　　　　〃

97.雨蝶痕二卷　　　浣霞子　　　康熙刊本　　北图（柏）

98.宣和谱二卷　　　介石逸叟　　清初刊本　　北图（善）

99.才貌缘二卷　　　东山痴叟　　〃　　　　〃

100.双南记二卷　　　越雪山人　　康熙刊本　　首图（善）

101.葫芦幻　　　　　佚名　　　　抄本　　　吴

102.金兰谊　　　　　〃　　　　　〃　　　　〃

103.玉梅亭　　　　　〃　　　　　〃　　　　〃

104.玉蜻蜓　　　　　〃　　　　　〃　　　　〃

105.三凤缘　　　　　〃　　　　　〃　　　　北图（善）

106.风前月下填词　　曹严　　　　品香阁刊本　　　〃

107.奎星现　　　　　积石山樵　　抄本　　　首图（善）

108.节义仙　　　　　灰木　　　　刊本　　　北大

109.一合相　　　　　沈君谟　　　抄本　　　北图

110.春富贵　　　　　沈玉亮　　　〃　　　　民研会

《古本戏曲丛刊》第六集目录初稿

吴晓铃拟

1. 新曲六种　　夏纶　　乾隆十四年世光堂家刊本　　北图、上图

2. 玉燕堂四种曲　张坚　乾隆间刊本　北图　　北大(另)

3. 古柏堂传奇杂剧十七种　唐英　乾隆间刊本　北图、傅

4. 寒香亭传奇四卷　李凯　乾隆四十二年怀古堂刊本　北图、

　　　杭大、傅

5. 菩提棒杂剧一卷　　陈德榮　　钞本

6. 迎銮新曲二种　　厉鹗、吴城　　旧钞本　　傅

7. 太平乐府十三种　　吴震生　乾隆间武林田翠舍刊本　北图

8. 蔴钗缘传奇二卷三十一出　　黄图珌　　康熙五十七年刊本

　　　首图、北大

9. 雷峰塔传奇二卷　同上　乾隆三年刊本　北图　　北大(另)

10. 楼云石传奇二卷三十二出　同上　乾隆八年写刻本　浙图、

　　　上图

11. 双痣记传奇二卷　同上　乾隆十四年承恩堂刊本　上图

12. 温柔乡传奇二卷　同上　钞本　北图

13. 天灯记传奇三卷　石琰　乾隆三十五年青素堂刊本　中国

　　　戏曲学院

14. 忠烈传传奇三卷　同上　同上　中国戏曲学院

15. 锦香亭传奇三卷　同上　乾隆三十六年青素堂刊本　北图

16. 酒家佣传奇三卷　同上　同上　北图、文学所

尾铁 17. 两度梅传奇三卷　同上　钞本　中国戏曲学院(梅)　北图(郑).

18. 芝龛记传奇六卷　董榕　乾隆十六年刊本　北图、上图　清刊卒

　　　　　　　　　　　　　　　　　　　　　　　　　　　北图(郑)

— 1 —

19. 砭真记传奇一卷　　韩锡祚　民国五年有正书局排印本　谭、
　　赵景深

20. 渔村记传奇二卷　　同上　乾隆三十二年妙有山房刊本　北
　　图、吴

21. 南山法曲杂剧一卷　　同上　乾隆三十二年妙有山房刊《渔村
　　记》本　北图、吴

22. 回春梦传奇二卷　　顾森　道光三十年三鳣堂刊本　北图、
　　上图、吴　北大（另）

23. 旗亭记传奇二卷　　金兆燕　乾隆二十四年雅雨堂刊本　北
　　图、上图、文学所、吴、傅　北大（另）乾隆二十九年重刻本

24. 婴儿幻传奇三卷　　同上　钞本　北图

25. 六如亭传奇二卷　　张九钺（原题"罗浮花农"）　道光七年
　　张氏赐锦楼刊本　北图、上图、吴、傅

26. 石榴记传奇四卷　　黄振　乾隆三十七年柴湾村舍刊本　北
　　图

27. 红雪楼十二种填词　　蒋士铨　乾隆红雪楼刊本　北图、吴

28. 西江祝嘏杂剧四种　　同上　乾隆间刊本　北图、吴、傅

29. 八宝箱传奇二卷　　夏秉衡　乾隆十五年秋水堂刊本　浙图

30. 双翠园传奇二卷　　同上　乾隆间秋水堂刊本　北图、吴、
　　傅　北大（另）

31. 诗中圣传奇二卷　　同上　乾隆四十九年秋水堂刊本　上图、
　　傅

32. 桃花吟杂剧一卷　　曹锡黼　乾隆二十三年颐情阁刊本　北
　　图（郑）、上图

33. 四色石杂剧四种　　同上　乾隆间刊本　北图（郑）、上图

34.浙江迎銮乐府九种九卷　　王文治　　乾隆间刊本　　吴

35.饲蚕记杂剧一卷　　同上　　乾隆间钞本　　北图

36.　　　　　　　（以上为乾隆间作家生卒可考者）

36.介山记传奇二卷　　宋廷魁　　乾隆间刊本　　北图、复旦　北大（另）

37.研露楼三种曲四卷　　崔应阶　　雍正、乾隆间香雪山房刊本
　　北图　北大（另）

38.鸳鸯帕传奇二卷　　张应秋　　乾隆十四年佩兰堂刊本　　北图、
　　上图、傅　北大（另）

39.玉剑缘传奇二卷三十六出　　李本宣　　乾隆十八年涵经堂刊本
　　北图、傅

40.玉田乐府八种　　袁栋　　乾隆十九年吴郡张氏刊本　　南图、
　　文学所

41.鱼水缘传奇二卷　　周书　　乾隆二十六年博文堂刊本　　北
　　图、上图、吴　北大（另）

42.雨花台传奇二卷　　徐昆　　乾隆间贮书楼刊本　　北图、吴

43.碧天霞传奇二卷　　同上　　同上　　吴

44.繁华梦传奇二卷二十四出　　王筠　　乾隆四十三年槐庆堂刊
　　本　　北图、吴　北大（另）

45.全福记传奇二卷　　同上　　同上　　北图、文学所

46.富贵神仙传奇二卷二十八出　　郑含成　　乾隆间刊本　　北
　　图、上图、吴

47.灵台记传奇二卷　　黄金台　　乾隆间刊本　　川图

48.双奇遇传奇二卷三十出　　戴春龙　　钞本　　傅

—3—

画图缘传奇二卷 （清）泰鼎沪上唯庵撰
（清乾隆字抄新刊本 二册一函（北大图）

49. 雷峰塔传奇四卷　　方成培　　乾隆三十七年水竹居刊《巾箱
本》　　北图、上图、吴　　北大（另）

50. 遗真记杂剧一卷　　廖景文　　乾隆三十八年恬心堂刊本
北图（郑）、赵景深

51. 珊瑚鞭传奇二卷四十二出　　胡业宏　　乾隆四十三年刊本
北图　　北大（另）

52. 一斛珠传奇二卷二十出　　程枚　　乾隆间刊本　　上图、傅

53. 谢园四种曲八卷　　永恩　　乾隆四十一年刊本　　北图
语言所

54. 海岳圆传奇二卷　　宫敩轩　　钞本　　北图

55. 义贞记传奇二卷　　吴恆宣　　乾隆间锄月山房刊本　　北图、
吴　　北大（另）

56. 彩毫缘传奇二卷三十二出　　谢兰阶　　旧钞本　　上图

57. 议大礼杂剧一卷　　刘聲　　乾隆五十年啸梦轩刊本　　北图、
上图、吴

58. 琵琶行杂剧一卷四折　　赵式曾　　乾隆间琴鹤轩刊本　　浙
图、北大（另）

59. 齐人记杂剧四卷四出　　熊超　　精钞本　　北图

60. 西江瑞传奇一卷二十四出　　周昂　　乾隆五十二年此宜阁刊
本　　南图、复旦

61. 玉环缘传奇二卷三十八出　　同上　　乾隆五十三年此宜阁刊
本　　北图、复旦　　北大（另）

62. 新西厢传奇二卷　　张锦　　乾隆间刊本　　北图

63. 新琵琶传奇二卷　　同上　　嘉庆四年贮书楼刊本　　吴

64. 写心杂剧十八种　　徐爔　　乾隆五十四年萍生堂刊本　　北
图、首图、上图、文学所、吴　　北大（另）

65.镜光缘传奇二卷　　同上　　乾隆间梦生堂刊本　　北图、文学所、吴、傅

66.百花梦传奇二卷　　张新梅　　嘉庆八年市隐庄刊本　　北图、吴、傅

67.七夕圆楼合记二卷　　刘阮山　　乾隆五十六年稿本　　北图

68.种石山房二种曲三卷　　司马章　　乾隆五十七年刊本　　傅

69.红香传传奇一卷十出　　徐攀龙　　红香山房稿本　　南图

70.黄鹤楼传奇二卷　　周瑆　　乾隆六十年荫槐堂刊本　　上图、吴　戏研所

71.滕王阁传奇二卷　　同上　　乾隆间刊本　　上图、吴

72.玉尺楼传奇二卷四十出　　朱齐　　乾隆间刊本　　北图（董）、上图、吴

73.双忠节传奇二卷　　郭宗林　　乾隆间活字本　　傅

74.一江风传奇二卷三十六出　　和睦州　　乾隆间稿本　　北图

75.双叩阍传奇二卷　　张蘩　　乾隆间宁府钞本　　程

76.凤凰楼传奇二卷　　燕子京　　乾隆间钞本　　上图

77.后寻亲记传奇二卷　　姚子懿　　道光三十年载福堂钞本　　北图（涵）北大

78.定天山传奇　　周溎　　钞本　　北图

79.方疑子二种曲　　张瑀　　蓝格钞本　　北图、北大（马）

80.武香球传奇二卷六十三出　　顾以豪、张仲芳钞本　　首图（孔德）　一名乌龙山传奇　钞本　戏研所

81.长生树传奇一卷　　赵宜梅　　钞本　　北图（吴）

82.卷石梦杂剧一卷　　许名崧　　稿本　　北图（郑）

83.陶然亭杂剧一卷　　同上　　稿本　　北图（郑）

（屋北燕）

旗亭记 二卷　　　蘭谷生　　　乾隆年间刊本　　兄前

双仙记傳奇二卷　　研露樓主人　　乾隆丁亥（1767）刊本　清華 上圖（周）

84. 小螺斋腊尽春回杂剧一卷　　金廷标　　稿本　　北图

（以上为乾隆间作家生卒待考者）

85. 拈花记传奇四卷　　　月镜主人　　乾隆间乐真别墅刊本　　北

图、吴、傅

86. 百宝箱传奇二卷　　　梅窗主人　　光绪二十年石印巾箱本

北图、吴

87. 如意缘传奇二卷　　　信天斋癯道人　　乾隆间钞本　　吴

88. 画图缘传奇二卷　　　汾上谁庵　　乾隆五十二年宁拙斋刊本

傅

89. 凤楼亭传奇二卷　　　休休居士　　乾隆间爱竹山房刊本　　吴

90. 离骚影传奇一卷八出　　楚客　　乾隆五十八年正气楼刊本

文学所

91. 玉门关传奇二卷十八出　　晋城山樵　　乾隆间刊本　　北图、

上图、吴、傅

92. 点金丹传奇二卷　　　西泠词客　　乾隆间刊本　　北图（郑）、

首图、文学所、复旦、吴、傅

93. 梦中因传奇二卷　　　掬水龙泉山人　　稿本　　傅

94. 玉梅亭传奇二卷　　　南兰卧月楼主　　旧钞本　　傅

（以上为乾隆间作家用笔名者）

95. 挟忠烈传奇 卷　　　佚名　　乾隆十三年淳朴堂钞本　　中国

戏曲学院

96. 义忠烈传奇四卷　　　同上　　钞本　　北图

97. 中州愍烈记传奇二卷　　同上　　乾隆十八年精钞本　　北图

98. 千秋鉴传奇二卷　　　同上　　乾隆间洪善堂钞本　　程

99. 义忠恩传奇一卷　　　同上　　乾隆间内府钞本　　北图

100. 玉杯记传奇一卷　　同上　　乾隆间升平署钞本　　北图

101. 增广归元镜传奇二卷　　同上　　乾隆间精钞本　　吴

102. 六美图传奇一卷　　同上　　乾隆间钞本　　北图（涵）

103. 游龙传传奇一卷　　同上　　同上　　北图（涵）

104. 秋竹山房二种曲二卷　　同上　　乾隆间刊本　　北图

105. 凤凰台传奇二卷　　同上　　乾隆间钞本　　傅

106. 飞影石传奇一卷　　同上　　同上　　傅

107. 紫玉花传奇二卷　　同上　　乾隆间刊本　　浙图

108. 蟠桃会传奇二卷　　同上　　咸丰五年曹春山订本　　北图
　　（涵）

109. 蟠桃会传奇一卷　　同上　　五色精钞本　　天一阁

110. 绣春舫传奇二卷　　同上　　同治四年曹春山订本　　北图
　　（涵）

111. 通仙枕传奇二卷　　同上　　同上　　北图（涵）

112. 两生天传奇二卷　　同上　　钞本　　北图（涵）

113. 玉楼春传奇二卷　　同上　　同上　　吴

114. 五福寿为先传奇二卷三十二出　　同上　　钞本　　浙图

115. 百子图传奇二卷二十五出　　同上　　钞本　　北图　中
　　国戏曲研究院（梅）、吴、程、傅

116. 万倍利传奇二卷　　同上　　同上　　北图（涵）、程

117. 龙凤祥传奇二卷　　同上　　同上　　程

118. 合欢图传奇一卷　　同上　　同上　　北大（马）

119. 顺天时传奇一卷　　同上　　同上　　程

120. 庆有余传奇二卷　　同上　　同上　　北图（郑）、傅

121. 出师表传奇二卷　　同上　　同上　　北图（涵、郑）

122. 两紥归传奇　卷　　　同上　　同上　　中国戏曲学院
123. 财星照传奇二卷　　　同上　　写样待刻本　　上图（周）
124. 玉蜻蜓传奇二卷　　　同上　　钞本　　北图、吴、程
125. 杏花山传奇四卷二十八出　　　同上　　同上　　北图、上图
126. 醉太平传奇二卷　　　同上　　同上　　北图
127. 珍珠塔传奇四卷　　　同上　　同上　　傅
128. 倭袍记传奇二卷　　　同上　　同上　　北图（郑）　*車王府抄有此種*
129. 禅真逸史传奇一卷　　　同上　　同上　　北图、吴
130. 宜男佩传奇二卷　　　同上　　同上　　中国戏曲研究院（梅）、
　　程
131. 龙凤配传奇二卷　　　同上　　同上　　北图（涵）、程
132. 迷楼现传奇一卷　　　同上　　同上　　北图（涵）、程
133. 定风珠传奇二卷　　　同上　　旧外三学精钞本　　北图（涵）
134. 达观记传奇二卷三十四出　　　同上　　钞本　　上图

（以上为乾隆间作家佚名者）

吴晓铃《古本戏曲丛刊》拟目

《古本戏曲丛刊》第七集目录初稿

吴晓铃拟

1.后四声猿杂剧四种　　桂馥　　怡兰堂蓝格精钞本　　吴　　北大（写）

2.乌阑誓一卷　　潘炤　　嘉庆十一年小百尺楼刊本　　北图、上图、吴　　北大（写）嘉庆二十年四尺楼刊，应在道间书

3.蓉哥杂剧一卷　　孔继涵　　乾隆间藤梧馆《红榈书屋词集》稿本　　北大（李）

4.竹初乐府二种　　钱维乔　　乾隆二十年刊本　　北图、上图、吴、傅

5.沈莫渔四种曲　　沈起凤　　嘉庆间古香林刊本　　北图、上图、文学所、傅　　伏虎韬二卷 北大（写）

6.云龙会传奇一卷　　同上　　旧钞本　　傅

7.大金钱传奇二卷　　郑兆龙　　钞本　　文学所

8.温经楼游戏翰墨四种　　孔庆林　　乾隆三十五年稿本　　首图 李了　（孔）已北大（写）

9.赤城缘传奇二卷三十二出　　江周　　嘉庆六年稿本　　待访

10.鸳鸯镜传奇二卷　　傅玉书　　光绪间刊本　　北图、文学所、吴

11.芙蓉亭传奇　卷　出　　黎简　　刊本　　冼

12.红楼梦传奇二卷五十六出　　仲振奎　　嘉庆四年红云绿雨山房刊本　　北图

13.怜春阁传奇一卷　　同上　　稿本　　严

14.桃花影传奇二卷　　范鹤年　　乾隆间刊本　　北图、首图、阿英

〈1〉

荃桂人□□卷二十出　　桂花塔一卷一○出

15.天香馆二种曲　　左潢　　嘉庆七年及十七年天香馆刊本　　北图、
　　图、上图、吴

16.芙蓉楼传奇二卷　　张衡　　乾隆五十六年刊本（嘉庆间印）
　　傅

17.玉节记传奇二卷　　同上　　嘉庆二十四年刊本　　上图

18.南枝莺□转杂剧四种　　汪应培　　嘉庆间刊本　　科图

19.花间九奏　　石韫玉　　嘉庆间花韵庵刊本　　北图、上图、吴、
　　傅

20.红楼梦传奇一卷　　同上　　嘉庆二十四年花韵庵刊本　　北图、
　　上图、文学所

21.六观楼北曲六种　　许鸿磐　　道光二十六刊本　　上图、文学
　　所、吴

22.双鸳祠传奇二卷　　仲振履　　嘉庆二十五年咬得菜根堂刊本
　　北图（郑）、常、胡

23.秣陵秋传一卷十五出　　庄逵吉　　稿本　　南图

　　　　　　　　　　（以上为嘉庆间作家生卒可考者）

24.游仙梦传奇一卷十三出　　刘熙堂　　嘉庆三年敦美堂写刊本
　　北图（郑）

25.红牙小谱杂剧二卷　　戴全德　　嘉庆三年刊本　　吴、傅

26.元圭记传奇二卷三十二出　　瞿佑　　乌丝栏钞本　　上图

27.雁门秋传奇一卷八出　　瞿颉　　乌丝钞本　　上图

28.桐泾月传奇一卷二十三出　　同上　　同上　　上图

29.鹤归来传奇二卷三十五出　　同上　　嘉庆初秋水阁刊本
　　北大

30.续琵琶传奇二卷　　高伯扬　　嘉庆四年重刊本　　北大（燕）

〈2〉

31. 青溪笑杂剧二卷十六种　　张曾虔　　嘉庆四年刊本　　吴 **16**

32. 续青溪笑杂剧一卷　　同上　　嘉庆五年刊本　　傅

33. 晋春秋传奇二卷四十出　　蔡廷弼　　嘉庆五年太虚　　斋刊本

　　北图、首图、南图、文学所、中国戏曲研究院、吴 **北大(3)**

34. 紫霞巾传奇二卷　　陈栋　　嘉庆六年刊本　　北图、吴、傅

35. 花月痕传奇二卷　　同上　　嘉庆间刊本　　北图、傅 **33**

36. 北泾草堂外集三种三卷　　同上　　嘉庆间剑南室刊本 **李3**

37. 红楼梦传奇二集三十六出　　万玉卿　　嘉庆八年青心书屋

　　刊巾箱本　北图、北大

38. 后红楼梦传奇二集二十四出　　同上　　嘉庆八年青心书屋

　　刊本　北图

39. 永报堂二种曲四卷　　李斗　　嘉庆九年刊《永报堂集》本

　　北图　**梦星记二卷二十四出，奇酸记四折二十六出**

40. 冰心册传奇一卷　　刘承安　　嘉庆九年稿本　　北图

41. 鸳鸯扇二卷二十四出　　同上　　嘉庆十四年稿本　　北图

42. 一亭霜传奇二卷二十八出　　同上　　同上　　北图

43. 绛蘅秋传奇二卷四十八出　　吴兰征　　嘉庆十一年　　抚秋

　　楼刊本　傅　**此书原为傅惜华所藏，现归北苏（吴春生）**

44. 皇华记传奇二卷　　常艺圃　　嘉庆十三年耀紫轩刊本　　北

　　图　故宫

45. 东海记传奇二卷　　陈宝　　嘉庆间刊本　　北图

46. 三星圆传奇四集九卷　　王懋昭　　嘉庆十五年尺木堂刊本

　　北图、浙图、文学所、傅

47. 琵琶侠传奇二卷　　董达章　　嘉庆十七年半野草堂刊本

　　津图

〈3〉

48. 宽大诏杂剧一卷　　王圻　　嘉庆二十年写刻本　　北图

49. 红楼梦散套　　吴镐　　嘉庆间蟾波阁刊本　　北图（郑）、
吴

50. 康衢新乐府十种　　吕星垣　　嘉庆二十四年乘槎亭刊本
吴

51. 锦绣台传奇一卷　　丁秉仁　　嘉庆间涛音书屋刊本　　傅

52. 鹦鹉梦传奇二卷　　赵开夏　　嘉庆间刊本　　北图

53. 红雨绿雪楼三种曲　　罗梅江　　旧钞本　　路 ~~追逸亭 十八出，散青~~

54. 雁停楼传奇一卷　　同上　　稿本　　北图 ~~石卵 十二出，三缘报十~~

~~二十二出~~ （以上为嘉庆间作家生卒待考者） ~~八出~~

55. 柴桑乐传奇一卷八出　　方轮子　　稿本　　南图

56. 梦花影传奇二卷四出　　桃源渔者　　嘉庆五年刊本　　中国
戏曲学院（齐）

57. 六喻箴传奇二卷　　四中山客　　嘉庆八年稿本　　北图

58. 避债台杂剧一卷　　大鼎山人　　嘉庆二十三年刊本　　吴、
傅

59. 牡砺园杂剧一卷四折　　雪樵居士　　道光元年刊《青溪风雨
录》本　　北图、北图（郑）

（以上为嘉庆间作家用笔名者）

60. 称心缘传奇二卷　　佚名　　嘉庆二十一年三槐堂王氏钞本
北图（涵）

61. 斗婵娟传奇一卷　　同上　　嘉庆二十二年稿本　　北图（涵）

62. 小金钱传奇一卷三十九出　　同上　　嘉庆间蒋氏三径堂钞本
北图

63. 紫微照传奇八卷四十一出　　同上　　同上　　北图

箫韶九成——《古本戏曲丛刊》编纂纪程

64.四美图传奇二卷　　同上　　嘉庆间钞本　　北图（严）、傅

65.十媚图传奇二卷　　同上　　同上　　吴、傅

66.合欢殿传奇四卷四十出　　同上　　同上　　傅

67.恒娥传奇一卷　　同上　　精钞本　　吴

68.睢阳节传奇一卷　　同上　　同治六年曹春山订本　　北图（涵）

（以上为嘉庆间作家佚名者）

69.红楼梦传奇八卷　　陈钟麟　　道光十五年广州汉青斋刊本
上图

70.瓶笙馆修箫谱杂剧四种　　舒位　　道光十三年汪氏振绮堂刊本
吴　　北大（另）

71.鸳鸯剑传奇一卷十六出　　徐绣山　　道光十五年布鼓轩誊清稿
本　　北图（郑）　　徐名禁字么秀山

72.洞庭缘传奇一卷　　陆继辂　　光绪六年刊本　　北图、文学所、
吴

73.碧桃记杂剧一卷　　同上　　《香苏山馆全集本》　　南图

74.荡妇秋思杂剧一卷　　孔昭虔　　钞本　　吴
　　　　　　　　　　　　　　　　　　　其中△又澹记切治许
75. 花杂剧一卷　　同上　　同上　　吴　　鸿磬研作（朱寿昌）的折

76.韫山六种曲　　朱凤森　　嘉庆十八年晴雪山房刊本　　吴、傅

77.逍遥巾杂剧一卷　　汤贻汾（原题"扫云道人"）　　旧钞本
北图　　北大（另）　　　　　　　　　　　　　　　即儒夹民城三初稿

78.春草堂四种曲　　谢堃　　道光二十五年谢氏春草堂家刊本
北图（郑）　　　　　　　　　　　　　北大（另）

79.补天石传奇八种　　周乐清　　道光十年静远草堂刊本　　吴

80.茗雪山房二种曲　　彭剑南　　道光六年茗雪山房家刊本
北图（郑）、吴

凤笛楼四种曲　　李文瀚　　道光乙巳（二十五）年宣城李氏刊序

81.秋声谱杂剧三种　　严廷中　　咸丰四年海昌周氏刊本　　吴
82.花里钟传奇二卷十出　　刘伯友　　道光二十八年刊本　　北
　　图
83.藤花亭四种曲　　梁廷枏　　道光十二年刊本　　北图
84.梅花梦传奇二卷　　陈森　　稿本　　北图
85.李后主欢悼旧周后杂剧一卷　　管廷芳　　誊正稿本　　浑图
86.酬红记传奇一卷　　赵对澂　　嘉庆二十五刊本　　北图、上
　　图、吴　　北大（弓）
87.乔影杂剧一卷　　吴藻　　道光五年莱山吴氏刊本　　北图（郑）
88.合浦珠传奇二卷十六出　　经济　　道光十六年刊本　　北图
　　（郑）　　吴
89.千金笑传奇二卷　　沈筠　　道光十四年守经堂刊本　　北图
90.玉田春水轩杂韵九种　　张声玠　　道光二十四年赐锦楼刊本
　　北图（郑）、浙图
　　　　　　　　　　　　　　　　　　　　　　北大（弓）
91.味尘轩四种曲　　李文瀚　　道光二十二至二十七年刊本
　　北图、吴
　　　　　　　　　　　道光十六年（1836）　北大（弓）
　　　　　　　　　　　原刻本　　　　　　　　　　　　清海盐黄
92.倚晴楼七种曲　　黄燮清　　道光间刊本　　北图（郑）、吴　　氏家刻序
93.玉台秋传奇二卷　　同上　　光绪七年桐城吴氏琼笏山馆刊本　　（清华）
　　吴
94.绛绡记传奇一卷　　同上　　旧钞本　　中国戏曲学院
95.梅心雪传奇一卷　　姚燮　　稿本　　浙图
　　　　　　　　（以上为道光间作家生卒可考者）
96.紫兰宫传奇一卷十二出　　蒋学沂　　钞本　　中国戏曲学院
97.麒麟阁传奇一卷　　同上　　钞本　　中国戏曲学院（齐）
98.祷河冰传奇一卷　　罗小隐　　道光间刊本　　北图（郑）、
　　吴、傅　　　　　　　　　〈6〉

99. 青衿侠传奇一卷三十二出　　　纪圣宣　　　道光五年钞本　　　鲁博

100. 四喜缘杂剧一卷　　　　春桥　　　道光五年稿本　　　傅

101. 玉指环传奇四卷二十出　　　张梦祺　　　道光五年钞本　　　上图

102. 生辰纲传奇二卷　　　金蕉云　　　道光五年钞本　　　北图（涵）

103. 双帕缘传奇二卷三十四出　　　于有声　　　道光五年刊本　　　周贻白

104. 红楼佳话传奇一卷　　　周宜　　　道光六年赵麟趾钞本　　　师大

105. 丹桂传传奇　　　江义田　　　道光十年彩笔堂刊本　　　北图（郑）、傅

106. 东脂记传奇四卷　　　汤世潆　　　申报馆排印本　　　北图（郑）、吴

107. 东海记传奇二卷　　　王曦　　　道光十一年宛陵书屋刊本　　　北图

108. 砥石斋二种曲　　　汪桂　　　道光间松月轩刊本　　　吴、傅、胡　*北大（写）*

109. 业海扁舟杂剧一卷六出　　　金连凯　　　道光十三年五色钞本　　　北图、上图、傅

110. 青灯泪传奇二卷　　　蒋思发　　　同治九年聚珍活字刊本　　　北图（郑）、吴、傅　*北大（写）*

111. 石榴亭传奇二卷三十五出　　　牛天宿　　　道光二十六年钞本　　　吴

112. 味蔗轩春灯新曲二种　　　黄治　　　道光二十七年椿阴轩刊本　　　北图、浙图　〈7〉　*北大（写）*

113. 蝶归楼传奇二卷三十二出　　同上　　钞本　　南图、赵景深

114. 盂兰梦杂剧一卷　　严保庸　　道光十九年刊《珊影杂识》本
北图、上图

115. 梨花梦杂剧五卷五折　　何佩珠　　道光二十年刊《津云小草》
本　　浙图、上图、吴

116. 桂香云影乐府一卷　　顾椿年　　嘉道间刊本　　北图、上图、
苏、吴、傅

117. 天上有传奇二卷　　黄燮　　道光间刊本　　北大、傅 （与）

118. 十出奇传奇二卷　　周大榜　　稿本　　北图

119. 天随愿传奇一卷　　袁云　　钞本　　北图（吴）

120. 绣旗记传奇二卷　　刘可培　　稿本　　北图

121. 桃花缘杂剧一卷四折　　徐朝彝　　道光间红蕉馆刊《梦恬书
屋诗钞》本　　南图

（以上为道光间作家生卒待考者）

122. 梦花因杂剧一卷　　鸥波亭长　　道光元年桐阴书屋刊本
中国戏曲学院（齐）

123. 椿轩居士六种曲　　椿轩居士　　道光间刊本　　北图、北图
（郑）

124. 镒花亭杂剧一卷　　孚斋主人　　道光二十九年稿本　　傅

125. 卉中缘传奇二卷　　雪松　　道光间稿本　　傅

126. 双义缘传奇六卷　　覆庵　　稿本　　吴

127. 四愁吟乐府一卷　　静斋居士　　刊本　　中国戏曲学院（齐）

（以上为道光间作家用笔名者）

128. 樊榭记传奇一卷十六出　　佚名　　钞本　　浙图

<8>

129.名花榜传奇一卷　　同上　　道光十八年曾氏订本　　北图
（涵）

130.阴阳钟传奇一卷　　同上　　道光十八年钞本　　北图（涵）

131.青石山传奇一卷　　同上　　道光二十年钞本　　傅

132.三义节传奇一卷　　同上　　同上　　北图（涵）

133.鸳鸯楼传奇一卷　　同上　　同上　　吴

（以上为道光间作家佚名者）

〈9〉

《古本戏曲丛刊》第八集目录初稿

　　　　　　　　　　　　　　　　吴晓铃 撰

1. 暗香媒传奇一卷　　　王增年　　咸丰元年稿本　　　吴

2. 玉狮堂十种曲　　　　陈烺　　光绪十一年乙酉刊本　　吴　*清华（武林刊本）*

3. 空山梦传奇二卷　　　范元亭　　光绪十七年辛卯范履福冀乡景署
　　刊本　　北图、吴　　　　　　*十年(1884)成都署衙刊本？*

4. 梅花梦传奇二卷　　　张道　　光绪二十年甲午刊本　　吴、复旦 *北大（另）*

5. 老圆杂剧一卷　　　　俞樾　　稿本　　　俞

6. 骊山传传奇一卷　　　俞凝　　光绪间刊本.　北图、吴

7. 梓潼传传奇一卷　　　俞樾　　光绪间刊本　　北图、吴

8. 碧声吟馆丛书六种　　许善长　　光绪十一年　　碧声吟馆刊本
　　吴　（北大）

9. 珍罗沙传奇一卷　　　胡盍朋　　古憧文献*攟*遗节第二种本
　　北图

10. 海滨梦传奇一卷　　　胡盍朋　　古憧文献*攟*遗节第三种本
　　北图

11. 暗香楼三种曲三卷　　郑由熙　　光绪十六年刊本　　北图（郑）、
　　吴

12. 桃花圣解盦乐府二种二卷　李慈铭　钞本　浙图　*石印
　　　　　　　　　　　　　　　　　　北大同治辛未本*

13. 红羊劫传奇二卷　　　朱子期　　钞本　　周村（江苏省文化局长）*浙江图书馆存
　　　　　　　　　　　　　　　　　　　　　刊本*

14. 返魂香传奇四卷　　　宣鼎　　光绪三年丁丑　申报馆排印本
　　吴　北大（另）

P551 15. 坦园丛书六种　　杨恩寿　　光绪年间　　长沙杨氏坦园家刊本
　　北图、吴

*倚晴楼传奇二卷　魏熙元
光绪十年(1884)玉绣馆刊本*

· 1 ·

16.后提繁传奇一卷　　　汪宗沂　　　光绪十一年乙酉泰州夏氏刊本

　　北图（郑）、上图、吴、傅　　　　　　　刊于北大（乌）

17.芙蓉碣传奇二卷　　　狄云骧　　　光绪间稿本　　　傅　　光绪癸未（九年）刊本

　　　　　　　　　　　　　　　　　　　　　　　　　吴　　案3 散书

18.壶庵五种曲五卷　　　韵藻元　　　《玉津阁丛书》本　　吴　　案3 散书 2

19.诵荻斋二种曲二卷　　　徐鄂　　　光绪十二年丙戌大同书局石印本

　案1　北图、吴　　北大（乌）

20.合浦珠传奇一卷十二韵　　林纾　　　民国六年　　　商务印书馆排

　　印本　　吴

21.天妃庙传奇一卷　　　林纾　　　民国六年　　　商务印书馆排印本

　　吴

22.蝶归楼传奇一卷　　　林纾　　　民国六年　　商务印书馆排印本　北图

23.蜀鹃啼传奇一卷二十韵　　林纾　　　民国六年　　　商务印书馆排

　　印本　　谭

24.鏊园五种曲五卷　　　徐家礼　　　钞本　　　浙图　　案5

25.与人歌杂剧四种四卷　　刘咸荣　　　民国十七年　　　成都排印本

　　川图

26.曾芳四传奇一卷　　　吴趼人　　　光绪三十三年　　　《月月小说》

　　第二年九号本　　　胡

27.鼍园杂剧五种　　　袁蟫　　　光绪三十四年　　　排印本　　吴

28.鼍园杂剧续编五种　　　袁蟫　　　宣统元年　　　晨风阁丛书甲集本

　　北图

　　　　　　　（以上咸同光宣间作家生卒可考者）

29.苏台璺传奇一卷　　　文镜堂　　　钞本　　　北图（郑）

30.如梦缘传奇二卷　　　陆和钧　　　同治十一年抄本　　　北图、吴

562
四种曲
傅本3.

31.探骊记传奇二卷　　徐祥元　　咸丰年间　　镜亭书屋刊本
　　严

32.扶鸾戏杂剧一卷　　林芝云　　民国六年　　桂林周氏据咸丰刊
　　本排印本　　吴

33.梨梦杂剧一卷　　江梦梨　　民国六年　　桂林周氏据咸丰刊本
　　排印本　　吴

34.仙合曲谱一卷一折　　何青耜　　同治七年刊本　　陕图、苏图

35.生佛碑传奇一卷　　陈学震　　同治间刊本　　北图（郑）、吴　　北大（另）

36.双旌忠节记传奇二卷　　陈学震　　同治间刊本　　北图（郑）、
　　吴　清华

37.珠玉圆传奇四卷　　柳浦散　　同治十一年刊本　　北图（郑）

38.儒酸福传奇二卷　　魏熙元　　光绪十年　　玉玲珑馆刊本
　　北图（郑）、吴　　北大（另）

39.梅花梦传奇　　汪筼庵（原题"桃潭歌者"）光绪十年成都龚氏
　　刊本　　北图

40.赛中天传奇不分卷十齣　　陈祖昭撰　　稿本　　鲁图

41.镜重圆传奇二卷　　陈祖昭　　稿本　　北图（郑）

42.支机石传奇一卷　　蔡荣䙊　　光绪十七年　　蔡希邠刊本
　　北图、吴　　北大（另）

43.乘龙佳话传奇一卷八齣　　何墉　　光绪十七年　　石印本
　　北图

44.佛门缘传奇一卷　　杨祖荣　　光绪二十年　　上海宝文书局
　　石印本　　北图　清华　北大（另）

45.招隐居传奇二卷十六齣　　钟祖芬　　光绪二十年蓉江吴氏刊
　　本　　川图

46.太守桑杂剧一卷　　吴宝鏳　　光绪二十二年刊本　　吴

47.水严宫传奇二卷　　洪炳文　　油印本　　南图、川图

48.悬嶴猿杂剧一卷五折　　洪炳文　　光绪三十年稿本　　温图

49.警黄钟传奇一卷十齣　　洪炳文　　光绪三十二年　　新小说

　　社排印本　　吴

56₄　50.挞秦鞭乐府　　洪炳文　　宣统三年　　新印书馆铅印本

　　温图

51.秋海棠传奇　　洪炳文　　宣统三年　　瑞安务本印书局石印

　　温图

52.秋海棠杂剧一卷三齣　　悲秋散人　　宣统三年　　《小说月

　　报》二年十二期本　　徐汇

53.后南柯传奇一卷十二齣　　洪炳文　　民国元年　　《小说月

　　报》本　　阿英

54.芙蓉孽乐府　　洪炳文　　民国二年　　温州公报馆石印本

　　温图

55.普天庆传奇　　洪炳文　　钞本　　温图

56.白桃花传奇一卷　　洪炳文　　钞本　　温图

556　57.小蓬莱仙馆传奇十种　　刘清韵　　光绪二十六年　　藻文书

　　局石印本　　北图（郑）、吴

58.镜中缘传奇二卷　　管兴宝　　光绪二十六年　　稿本　　北

　　大（乌）

59.武陵春传奇一卷八齣　　陈时泌　　光绪二十七年　　抄本

　　北图

60.非熊梦传奇一卷八齣　　陈时泌　　光绪年间　　排印本

　　吴

61. 维新梦传奇一卷　　欧阳巨源　　光绪二十九年　　《绣像小
　　说》本　　赵景琛

62. 维新梦传奇一卷　　佚名　　光绪三十年　　《大陆》本
　　阿英

63. 新上海传奇一卷　　欧阳巨源　　光绪三十年　　《廿世纪大
　　午台》第一期本　　徐图

64. 安乐窝传奇一卷　　孙镜寰　　光绪三十年　　《廿世纪大舞
　　台》第一期本　　徐图

65. 续牡丹亭传奇　　孙镜寰　　钞本　　北图（郑）

66. 冥闹杂剧一卷　　蒋鹿山　　光绪三十二年　　新小说社排印
　　《警黄钟》本附录　　吴

67. 海天啸杂剧八种八齣　　刘钰　　光绪三十二年　　小说林社
　　社排印本　　吴

68. 黄帝魂杂剧一卷　　陈星台　　光绪刊本　　待访

69. 侠女魂杂剧八卷八折　　蒋星缄　　宣统元年　　《杨子江小
　　说》本　　阿英

70. 东郭传传奇一卷　　苏源　　稿本　　北图（郑）

71. 苏台柳传奇一卷十二齣　　贡少芹　　宣统三年　　汉口《中
　　西报》刊本　　阿英

72. 朝鲜李晋殉国杂剧一卷一折　　陆恩煦　　宣统三年　　《东
　　方杂志》本　　胡

73. 血手印杂剧一卷　　陈恩煦　　宣统三年　　《小说月报》二
　　年四期本

74. 碧血花杂剧一卷四折　　王蕴章　　宣统三年　　《小说月报》
　　本　　阿英

吴晓铃《古本戏曲丛刊》拟目

75. 霜华掺杂剧一卷　　王蕴章　　《小说月报》五卷一、二号本
　　谭

76. 集绮台传奇一卷六齣　　王蕴章　　《小说丛报》第四至十期
　　本　　徐国

77. 香桃骨杂剧一卷　　王蕴章　　抄本　　北图（郑）

78. 玉鱼缘传奇一卷　　王蕴章　　《小说月报》九卷一期本
　　徐汇

79. 桃花源传奇一卷　　刘龙赒　　民国八年刊本　　北图（郑）　　此本（另）

80. 情环劫传奇一卷　　黄剑荪　　抄本　　北图（郑）

81. 东艳祸传奇一卷　　黄剑荪　　刊本　　上图

82. 南冠血传奇一卷　　黄剑荪　　刊本　　上图

83. 花菡侠传奇一卷　　吴子恒　　汉口扬子江小说日报馆排印本
　　赵景琛

84. 星剑侠传奇一卷　　吴子恒　　《小说新报》合订本　　赵景琛

85. 亡国奴传奇一卷　　谈善吾　　钞本　　胡

86. 萝桃杂剧一卷　　阮士式　　排印本　　阿英、吴

87. 菊花仙杂剧一卷　　张懋畿　　民国年间　　成都昌福公司排
　　印本　　川图

88. 袁浦花杂剧一卷　　张懋畿　　民国　　成都昌福公司排印本
　　川图

89. 点鬼簿杂剧一卷　　张懋畿　　民国　　成都昌福公司排印本
　　川图

90. 闹科场传奇一卷　　张懋畿　　民国　　成都昌福公司排印本
　　川图

91. 杨妃春醉杂剧一卷　　摺　　稿本　　吴

渔郭记二卷　　　妙有山人　　　咸丰乙卯（五）石门山房刻本　　清华

92. 镜圆记传奇一卷八齣　　　章庆思　　抄本　　浙图

93. 沈家园杂剧一卷　　　姚锡钧　　抄本《清人杂剧》之一　　北
图（郑）

94. 菊影记传奇一卷六齣　　　姚锡钧　　小说丛报本

95. 红薇记杂剧一卷　　　姚锡钧　　宣统刊本

（以上咸同光宣间作家生卒待考者）

96. 金陵恨传奇一卷十八齣　　　浮槎仙客　　稿本　　上图

97. 醉吟秋杂剧一卷　　　醉吟乡里人　　同治年间　　刊本　　吴

648 98. 味兰簃二种曲二卷　　　醉绮外史　　同治年间　　刊本　　北
图（郑）

99. 心田记杂剧一卷四折　　　渔庄钓徒　　据同治十三年稿本传钞
本　　南图

647 100. 养怡草堂乐府四种四卷　　　东仙　　同治十三年刊本　　北
图

101. 梦中缘传奇四卷　　　邯郸梦醒人　　光绪十一年刊本　　北
图　周

102. 双奇传传奇二卷　　　古洛心亮氏　　光绪十八年　　稿本
北大（燕）

103. 五代兴隆传传奇四卷　　　天中生　　光绪二十一年博文书局
石印巾箱本　　谭

104. 爱国女儿杂剧一卷一折　　　东学界之一军国民　　光绪二十
八年《新民丛报》第一年十四号本　　徐汇

105. 血海花传奇一卷　　　玉瑟斋主人　　光绪二十九年　　《新
民丛报》第二年二十五号本　　徐汇

106. 学海潮杂剧一卷四折　　　春梦生　　光绪二十九年　　《新
民丛报》第二年四十六、四十七、四十八号第三年七号
本　　徐汇

· 7 ·

吴晓铃《古本戏曲丛刊》拟目

107.广东新女儿杂剧一卷　　　玉桥忧患　　光绪二十九年《大陆报》
　　　待访

108.新中国传奇一卷一齣　　　横江健鹤　　光绪二十九年《江苏》
　　　第四期本　　阿英

109.革命军传奇一卷二齣　　　浴血生　　光绪二十九年《江苏》第
　　　六期本　　阿英

110.断头台杂剧一卷四齣　　　感惺　　光绪三十年《中国白话报》
　　　第十三至二十期本　　徐汇

111.三百少年杂剧一卷　　　感惺　　光绪三十年《中国白话报》二
　　　十一至二十四期　　阿英

112.侠客传传奇一卷　　　吴魂　　光绪三十年《觉民》第三号本徐
　　　汇

113.迷魂阵传奇一卷　　　吴魂　　光绪三十年《觉民》第　　号本
　　　徐汇

114.女英雄传奇一卷　　　觉佛　　光绪三十年　　《觉民》第四号
　　　本　　徐汇

115.活地狱传奇一卷　　　觉佛　　光绪三十年《中国白话报》本徐
　　　汇

116.人天恨传奇一卷　　　秋士　　光绪三十年　　《觉民》第七期
　　　本　　徐汇

117.邯郸梦传奇一卷二齣　　　铁郎　　光绪三十年　　《觉民》第
　　　九、十期合刊本　　徐汇

118.鬼燐寒传奇一卷　　　篆镜庐主人　　光绪三十年　　《二十世
　　　纪大舞台》第一期本　　徐汇

119.黄龙府传奇一卷二齣　　　幽纤子　　光绪三十年　　《二十世
　　　纪大舞台》第二期本　　徐汇

120.隔叶花传奇四卷　　勺园主人　　光绪三十年　　稿本　　傅

121.青楼烈传奇二卷　　勺园　　稿本　　吴

122.可怜虫传奇二卷　　勺园　　稿本　　吴

123.云萍影杂剧一卷二齣　　玉桥　　光绪三十年　　《绣像小说》
　　阿英

124.童子军传奇一卷　　遯庐　　光绪三十年　　《绣像小说》本
　　阿英

✓125.松陵新女儿杂剧一卷　　安如　　光绪三十年　　《女子世界》
　　本

✓126.女中华杂剧一卷　　大雄　　光绪三十年　　《女子世界》本
　　阿英

✓127.同情梦杂剧一卷四折　　挽澜　　光绪三十年　　《女子世界》
　　本　　阿英

128.海国英雄记传奇一卷十五齣　　浴日生　　光绪三十二年
　　《民报》本　　徐汇

129.叹老杂剧一卷　　南荃外史　　光绪三十二年　　新小说社排
　　印《警黄钟》本附录　　吴

130.海侨春传奇二卷十二齣　　南荃居士　　广智书局排印本
　　阿英、吴　　北大（万）

131.衍波笺传奇一卷　　十万护花铃调者　　光绪三十二年　　《新
　　世界小说报》本　　阿英

✓132.一家春杂剧一卷　　硕果　　光绪三十二年　　《复报》第一
　　期本　　阿英

133.渡江楫杂剧一卷一折　　竺崖　　光绪三十二年　　《第一晋
　　话报》本　　阿英

134.轩亭冤传奇一卷八齣　　萧山湘灵子　　光绪三十三年　　　上
洋小说支卖社石印本　　绍图、阿英、胡、吴

135.六月霜传奇一卷十四齣　　古越嬴宗季女　　光绪三十三年
改良小说会社本　　浙图

136.防城血传奇二卷二十齣　　吴兴太瘦生　　光绪三十四年
安雅报局刊本　　阿英、赵景深

137.轩亭血传奇一卷　　啸庐　　光绪三十四年　　《小说林》本
徐汇、阿英

138.爱国魂传奇一卷八齣　　川南小波山人　　光绪三十四年
《新小说》第二年第七号本　　赵景深

139.新西庙传奇一卷　　西湖长　　宣统二年　　改良小说社石印
本　吴

140.一箓春传奇二卷三十一齣　　闲止亭洴墨居士　　稿本　　北
图

141.哭尸记传奇二卷　　痴窝二痴子　　稿本　　津图

142.紫燕钗传奇一卷　　碧云词隐　　稿本　　吴

143.也春秋传奇一卷十六齣　　苑村居士、紫楼逸老、云岳山人
刊本　　浙图、傅

144.魁星见传奇二卷　　积石山樵　　抄本　　首图（孔德）

145.苍鹰击传奇一卷　　伤时子　　上海改良小说社刊本　　浙图、
阿英

146.赪绡恨传奇一卷三齣　　墨香词客　　《小说月报》五卷一号
本　谭

147.山人扇杂剧一卷一折　　宛君　　年　　《小说月报》九卷二
号本　　徐汇

148.针师记传奇　卷　　北　畴造诣、瞿安润文　　《小说月报》
　　九卷三号至八号本　　待访

149.黄花冈传奇一卷　　逋隐　　《小说丛报》第二期本　　徐汇

150.菊影记传奇一卷　　鹣鹣　　《小说丛报》第四、五期本
　　徐汇

151.金凤钗传奇一卷　　潮江蜀物　　《小说新报》合刊本　　赵
　　景深

152.指南公传奇一卷　　虞名　　《河南》本　　徐汇

153.义民迹传奇一卷　　璇三耶　　《东莞旬报》第一期本　　徐
　　汇

154.指南梦传奇一卷十龋　　孤　　剪报本　　阿英

155.血泪痕传奇一卷十龋　　无生　　剪报本　　阿英

156.唤国魂传奇一卷　　雪　　报纸剪贴本　　阿英

157.风月空杂剧一卷　　白云词人　　报纸本　　阿英

（以上咸同光宣间作家用笔名者）

158.南征记传奇一卷　　佚名　　咸丰九年稿本　　吴

159.双清影传奇一卷　　佚名　　同治九年刊本　　北大（李）

160.福星照传奇一卷　　佚名　　同治十年　　处德堂曾氏抄本
　　北图（涵）

161.天星聚传奇四卷　　佚名　　同治十年　　曾氏抄本　　北图
　　（涵）

162.十全福传奇五卷　　佚名　　同治间钞本　　中国戏曲学院
　　（梅）

163.麝尘香传奇一卷　　佚名　　光绪三十二年　　《新世界小说
　　报》本　　阿英

吴晓铃《古本戏曲丛刊》拟目

164.宝带缘传奇一卷　　佚名　　光绪三十二年至三十三年

《月月小说》第一年本　　胡

165.春坡梦传奇二卷　　佚名　　光绪间木活字本　　傅

✓166.毡笠缘传奇　　光绪间稿本　　程守中

167.神虎报传奇一卷　　佚名　　升平署抄本　　故宫

168.天香庆节传奇一卷　　佚名　　升平署抄本　　中国戏曲学院、

吴

169.新桃花扇传奇二卷三十二齣　　宣统元年　　石印本　　周村

山

170.昆山记传奇一卷九齣　　民国十二年　　殷荣棠钞本　　谭

171.巾帼魂传奇一卷存一齣　　《河南报》本　　阿英

172.陆沉痛杂剧一卷　　《汉声报》本　　阿英

173.扬州梦杂剧一卷　　《汉声报》本　　阿英

174.少年登场杂剧一卷　　佚名　　《黄帝魂》本　　阿英

（以上咸同光宣间作家佚名者）

175.霜天碧传奇一卷　　丁传靖　　光绪年间刊本　　北图

176.七襄果传奇一卷　　丁传靖　　民国十三年　　排印本　　北

图

177.沧桑艳传奇二卷　　丁传靖　　民国三年　　扫叶山房石印本

北图

光绪四年刊本（有图）　北图（郑）

178.云曩梦传奇四卷三十二齣　　曾朴　　民国二十年　　真善美

书店排印本　　吴

179.人兽鉴传奇一卷八齣　　王季烈　　民国三十八年　　正俗曲

社石印本　　吴

180.新罗马传奇　　梁启超　　光绪二十八年　　《新民丛报》第

一年十号至二十号本　　徐汇

181.劫灰梦传奇一卷一齣　　梁启超　　徐汇

182.侠情记传奇一卷一齣　　同上　　同上

183.碧山楼传奇二卷　　夏仁虎　　民国间排印　　北图、吴

184.疚斋杂剧八种八卷　　冒广生　　民国间　　排印《小三吾亭
　　外集》本　吴

185.幻缘记传奇二卷　　由云龙　　民国十八年　　排印本　吴、
　　赵景深

186.桃花梦传奇四卷　　陈栩　　光绪二十六年　　杭州《大观报》
　　刊本　赵景深

187.花木兰传奇一卷　　陈栩　　钞本　　胡

188.桐花战传奇一卷　　陈栩　　刊本　　北图（郑）

189.自由花传奇一卷　　陈栩　　上海著易堂印书局排印本　　赵
　　景深

190.媚红楼传奇一卷　　陈栩　　光绪三十四年　　《月月小说》
　　第二年四号本　胡

191.皖江血传奇一卷　　孙为霖　　钞本　　阿英

192.红楼真梦传奇一卷　　郭则沄　　民国三十一年　　石印本
　　吴

193.落花梦杂剧一卷　　叶楚伧　　抄本《清人杂剧》之二　　北
　　图（郑）

194.碧血碑杂剧一卷　　庞树柏　　光绪三十四年　　《小说林》
　　十一期本　徐汇

195.玉钩痕传奇一卷十齣　　庞树柏　　光绪年间　　《游戏报》
　　本　阿英

196.风洞山传奇二卷　　吴梅　　光绪三十二年　　《小说林》社
　　排印本　吴

197.轩亭秋杂剧一卷　　吴梅　　光绪三十三年　　《小说林》六
　　期本　徐汇　阿英

198.爨香楼杂剧一卷　　吴梅　　宣统二年　　《奢摩它曲丛》第
　　一集本　北图

199.绿窗怨传奇二卷四十九齣　　吴梅　　民国二年　　稿本
　　毁

200.白团扇杂剧一卷　　吴梅　　民国三年　　《女子世界》第三、
　　四期本　　上图（徐）

201.落溷记杂剧一卷　　吴梅　　民国五年　　长洲张氏敬苍水馆
　　排印本　吴

202.双泪碑杂剧一卷　　吴梅　　民国五年　　《小说月报》七卷
　　四、五号本　谭

203.东海记传奇一卷七齣　　吴梅　　民国五年　　《春声杂志》
　　第二期、四期本　徐汇

204.霜厓三剧三卷　　吴梅　　民国二十二年刊本　　吴

205.杨白花传奇一卷　　邹铨　　《流霞书屋遗集》本　　文学所、
　　谭

206.江南燕传奇一卷　　管际安　　《大成曲刊》本　　赵景
　　深

207.罗浮梦传奇一卷二十四齣　　赵尊嶽　　珍重阁乌丝栏稿本
　　上图

208.连理枝杂剧一卷　　蔡莹　　民国二十二年　　排印《南桥二
　　种》本　北图、徐

209.玉抢肚杂剧一卷二折　　王玉章　　民国十七年　　排印《木
　　棉甲集》本　吴

210.奸倭杂剧五种五卷存三种三卷　　王玉章　　稿本　　王

211.双星会杂剧一卷　　束世征　　《栩园汇编》本　　赵景深

212.苦水作剧　　顾随　　民国二十五年排印本　　吴

213.陟山观海遊春记杂剧二卷　　顾随　　民国三十四年　　《苦水作剧》第二集本　　吴

214.馋秀才杂剧二折　　顾随　　《辛巳文集》初集

215.谢庭雪杂剧　　顾宪融　　民国十三年　　彩文鹤记书局排印本　　赵景琛

216.四声雷杂剧四种　　顾宪融　　民国三十二年　　中西书局排印本　　吴

217.当垆艳传奇一卷　　李季伟、云查　　民国二十七年　　昆明排印本　　川图

218.将鼓记传奇一卷　　李季伟、云查　　民国二十八年　　重庆石印本　　川图

219.梦游月宫杂剧一卷　　陈璱　　民国十六年　　排印《翠楼曲稿》本　　北图

220.自由花杂剧一卷　　陈璱　　民国十六年　　排印《翠楼曲稿》本　　北图

221.护花幡杂剧一卷　　陈璱　　民国十六年　　排印《翠楼曲稿》本　　北图、赵景深

222.焚琴记传奇一卷十齣　　陈璱　　民国十六年　　排印《翠楼曲稿》本　　北图、赵景深

223.灵鹣影传奇一卷　　陈璱　　《栩园汇编》本　　赵景深

224.祝梁怨杂剧一卷　　常任侠　　民国二十四年排印本　　常

225.饮虹五种五卷　　卢前　　民国二十年　　渭南严氏刊本
　　吴

226.楚凤烈传奇一卷　　卢前　　民国二十七年　　朴园刊本
　　吴

227.窥帘杂剧一卷一折　　卢前　　民国三十一年　　排印本
　　赵景深

228.赐帛杂剧一折　　卢前　　民国三十三年　　《文史杂志》四
　　卷十一、二期排印本　　吴

229.十年记传奇一卷　　庄一拂　　民国二十五年　　石印本
　　吴

230.鸳湖塚传奇一卷　　庄一拂　　《大成曲刊》本　　赵景深
　　（以上民国以后作家生卒可考者）

231.金刚石传奇一卷四十齣　　李新琪　　民国元年　　排印本
　　川图

232.开国奇冤传奇二卷十八齣　　华伟生　　民国元年　　倘古山
　　房石印本　　阿英

233.章台柳传奇一卷二十八齣　　胡无闷　　民国三年　　大共和
　　日报馆石印本　　戏曲研究所

234.冲冠怒传奇残稿一卷　　章鸿宾　　民国七年　　排印本
　　北图、南图、吴

235.新西藏杂剧一卷四折　　杨子元　　民国八年　　成都探原印
　　刷局排印本　　川图、吴

236.女界天杂剧一卷　　杨子元　　民国五年　　四川蒲江连珊书
　　屋刊本　　川图

· 16 ·

237. 黄金世界杂剧一卷四折　　杨子元　　四川蒲江连珊书屋自刊
本　　川图

238. 觅裳艳传奇二卷二十龄　　许之衡　　民国十一年　　刊本
北图（郑）、吴

239. 慧镜智珠录传奇一卷　　吴承烜　　民国十二年　　香港中华
圣教总会铅印本　　赵景深

240. 花兰侠传奇一卷十五龄　　吴承烜　　排印本　　待访

241. 绿绮琴传奇　卷　　吴承烜　　排印本　　待访

242. 彝陵梦传奇　　高步云、吴熙曾、周方力　　待访
（以上民国以后作家生卒待考者）

243. 孟谐杂剧六种六卷　　民国五年中华书局排印本　　吴

244. 病玉缘传奇一卷三十龄　　莫等闲斋主人　　民国六年中华书
店排印本　　吴

245. 劲草堂传奇三种三卷　　劲草词人　　民国十三年　　石印本
沪局

246. 秦淮月传奇四卷　　裯痴　　排印本　　吴
（以上民国以后作家用笔名者）

艰难困苦　玉汝于成

——《〈古本戏曲丛刊〉编纂纪程》出版感言

经过一代又一代学者的不懈努力，编纂时间长达六十八年的《古本戏曲丛刊》终于画上完满句号。"看似寻常最奇崛，成如容易却艰辛。"面对这煌煌十集巨著，抚今追昔，感慨良多。我们希望借助这本《编纂纪程》，述往事，思来者，记录中国当代学术史上一段鲜为人知的艰辛历程。

《古本戏曲丛刊》（以下简称《丛刊》）的发起者郑振铎先生，是新文化运动的先驱者，一代文学巨匠，也是我国最早关注到戏曲文献保护与整理工作重要性的学者之一。他曾说："除了少数人之外，谁还注意到小说、戏曲的书呢？这一类'不登大雅之堂'的古书，在图书馆里是不大有的，我不得不自己去搜访。"（《劫中得书记》新序）我在《西谛书话的启迪》等文中谈到，郑振铎先生抢救、搜集小说戏曲文献，付出了常人难以想象的辛劳。譬如包括二百多种杂剧的《脉望馆钞校本古今杂剧》，就是抗战期间郑振铎先生在上海"孤岛"抢救下来的；他还与赵万里、马廉一起到宁波访书，连夜抄录《录鬼簿》，这些都可以看出他对戏曲文献留存的珍视。正是在郑振铎先生等前辈学者们的不懈努力下，昔日不受重视的戏曲文献得到抢救性的保护，陆续归入公立图书馆，被妥善保存，从此戏曲文献更多地进入到研究者的视野，一定程度上改变了文学史研究的面貌。

郑振铎先生在筹划文学研究所工作时，就将编纂《古本戏曲丛刊》和《古本小说丛刊》列入到科研规划中。他对编纂戏曲资料丛刊的必要性和困难早有预见："只有从事搜集资料的人，只有研究戏曲史的人，方才知道搜集资料是如何的困难。那工作是艰苦的，是可遇而不可求的，是要一点一滴积累起来的。"郑振铎先生不避繁难，精心谋划，大到编纂方针，小到印制细节，他都一一过问，并且提出具体指导意见。就这样，他集腋成裘，将公私收藏的稀见戏曲文献，汇聚一编，陆续影印出版，得以化身千百，服务于研究者和爱好者。可惜的是，他只编集到《丛刊》四集。1958年，郑振铎先生因飞机失事不幸罹难，《丛刊》编纂工作一度搁置下来。后来，齐燕铭和吴晓铃等先生牵头，又组成新的编委会，继续编选剩下的各集，终于在1964年出版了第九集。由于"文革"的原因，此项工作停滞近二十年。不仅如此，由于时事变迁，已经交到出版社

的书稿业已遗失，且原始档案亦残缺不齐，为后续工作带来极大的困难。八十年代，李一氓、吴晓铃等先生又主持出版了《丛刊》第五集，本想一鼓作气，完成其余各编，无奈面临着巨大的经济压力，《丛刊》编纂再次被迫中断，一晃又是二十多年过去。

2012年，中央文史研究馆馆员、中华书局编审程毅中先生向全国古籍整理出版规划领导小组递交了《关于完成〈古本戏曲丛刊〉的建议》，希望把《丛刊》后续部分列入国家古籍整理出版规划项目，使全书得以完璧。古籍整理出版规划领导小组很快就将《丛刊》的第六、七、八等三集列入出版规划，由我忝为主持，实际是继承老所长郑振铎先生的遗愿，做一些协调性的工作；具体选目及版本确认工作委托吴书荫先生负责。2014年1月18日，文学研究所和国家图书馆出版社共同组织召开了第一次编纂出版工作会议，确定了《丛刊》编纂出版工作规划及具体工作方案。会议决定《丛刊》第六、七、八集的编纂出版工作将在充分吸收前辈学者已有成果的基础上，拟定目录，开展搜集底本工作，并确定了出版时间。在学术界和出版界诸位先生的无私襄助下，这三集由国家图书馆出版社相继出版。2021年，《丛刊》第十集也如期面世，延续长达六十八年的编纂工作最终告竣。

《丛刊》的编撰出版，生动具体地反映了文学研究所秉持的"谦虚的、刻苦的、实事求是的工作作风"，脚踏实地，不尚浮华。常言道："坐而论道，谓之王公；作而行之，谓之士大夫。"文学研究所自成立以来，始终致力于学术资源的整合，夯实学科基础。其中，文学资料的收集与整理，一直就是文学所坚持不懈的基本工作方向之一。《丛刊》编纂工作虽然困难重重，但最终得以完成，正是源于这样一种学术信念，博观而约取，厚积而薄发。

《丛刊》的编纂出版，也从一个层面反映了我国古典戏曲研究的发展进程。郑振铎先生是"五四"以来重视研究中国古代小说、戏曲等通俗文学的重要学者之一。他主持制定《丛刊》的编纂原则，就是要将孤本和罕见的本子收录在一起，让更多读者有机会利用这些存世珍本，不仅为学者们深入研究提供便利，更重要的是，通过对这些资料的系统整理与研究，为古典戏曲学科的建构奠定坚实基础。多年来中国古典戏曲研究名家名作迭出，海内外大量相关研究成果陆续刊布，大都受益于《丛刊》的编纂与出版。可以说，一部《丛刊》支撑了一个学科。由此可见，郑振铎先生在学科建设方面确有远见卓识。这也为我们

箫韶九成——《古本戏曲丛刊》编纂纪程

今天思考如何完成"三大体系"建设，提供了有益的启示。

《丛刊》的编纂出版，还从一个侧面反映了我国古代文学研究工作者在文献搜集、保护、整理与研究等方面所付出的劳动和智慧。本书收录的文字，大多出于为《丛刊》编纂倾注心血的学者之手。"将我国古代最重要的一千余种戏曲文献完整呈现出来"，这是郑振铎先生的初心，更是无数亲历者的决心。这些回顾性的文字，追忆往昔，深情地记录下不同时期的参与者如何栉风沐雨、寻访书籍，如何搜寻底本、比勘版本，如何编纂选目、考订作者。这些努力，终有收获。"宝剑锋从磨砺出，梅花香自苦寒来。"诚如吴晓铃先生在《丛刊》第五集的序中所说，"他们默默地辛勤着，不求闻达，未为人知；然而永远也不会被我们忘记"。不忘所来，才有未来。亲历者的感受，后来人的追忆，是一笔宝贵的精神财富，值得珍惜，更需要我们发扬光大。

"杜鹃再拜忧天泪，精卫无穷填海心。"《丛刊》从初集到十集，收录元明清杂剧传奇一千一百九十三种，集中汇聚中国灿烂辉煌的戏曲文化遗产，不仅实现了郑振铎先生生前的愿望，完成了他未竟的事业，也彰显出所有参与者的奉献精神。他们在克服无数困难的同时，也见证了我们国家在古籍文献的收藏、编目、研究等方面的长足发展。

本书出版在即，要说的话，千言万语。感动之余，我想唯有"致敬"二字可以表达我此刻的心情。在此，谨向郑振铎等前辈学者致敬！向参与《丛刊》编纂和出版工作的同行致敬！向关心支持这项工作的各界同仁致敬！向永无止境的古籍编纂与研究事业致敬！

刘跃进

2021 年 5 月 12 日记于京城爱吾庐

艰难困苦 玉汝于成

目 录

附 录

上编

谈《古本戏曲丛刊》的出版 ①

　　我认识郑西谛，是在1925年"五卅运动"的时候。那时候作家和大学生有一个联络组织，我们就是在那种情况下认识的。以后，他到北方当教授，我去了江西，我们之间就没有什么来往了。

　　我同他比较熟悉还是在1949年进城以后，他当文化部副部长兼文物局局长，我知道他是个藏书家，以收藏小说、戏剧、木刻画为最有名。当时文学家收藏这三类书籍是非常时髦的。我原来是收藏字画的，也买一些有关词的书籍，后来也赶时髦，跟着他们竞相买小说、戏剧、木刻画。当然我的财力有限，市场上的这类书籍也不很多，所以所收藏的东西是无法和他相比的。但是我的词书和郑先生是差不多的，甚至于有的他还不如我的好。我们曾相约拿出词书来互相比赛，但由于1958年他坠机异国，这件事以后也就无从谈起了。

　　我最佩服郑西谛的是他对于中国古文化的爱好的真诚，现在北京图书馆、故宫博物院所藏的一些郑西谛的精品，都足以证明。特别是他在木刻美术上花了很大的功夫，跟鲁迅合作刻的《北平笺谱》和《十竹斋笺谱》，在中国近代美术史上都是巨大的工程。后来他又独立编印了《中国古代美术版画图录》。这些对现在的中国美术界都有很大影响。

　　特别值得敬佩的是他以个人力量编印了《古本戏曲丛刊》四集，共约四百册。但是由于他因公殉难和十年浩劫，第五集以后就没有人继续编印下去了。原来郑西谛的志向是很大的，他想编《中国古本戏曲丛刊》这样巨著，把所有的中国戏曲全部都网罗进去，作为中国戏曲史的基本资料，从中可以发现中国的戏剧、文学、音乐在中国文化史上的发展。这部书除前四集外，还印过一个第九集清宫廷的戏本（升平署）。从那时起中间一直缺第五、第六、第七、第八四集。为着继续郑先生的事业，为着全国戏剧事业的发展，我们有责任把《古本戏曲丛刊》第五、第六、第七、第八集陆续编印出来。我非常高兴看到《古本戏曲丛刊》第五集已经印出来了，这件事情从1982年起我们已经做过很多努力，但是由于一些原因没有能够马上编成、付印。我作为接替郑先生管理古籍整理规划的职

---

① 本文原载于1986年8月3日《解放日报》。

责和郑先生很亲密的一个朋友，现在可以放心了，可以算对得起他了。我非常欢迎中国社会科学院文学研究所和上海古籍出版社合作，把《古本戏曲丛刊》第五集编印出来了。我更希望他们继续密切合作，把第六、第七、第八集陆续编印出来。这不仅是中国戏剧界的大事，也是中国文化界的一件大事。我诚恳地希望各国家图书馆、大学图书馆和保有这类书籍的戏剧研究所和戏剧研究者，支持中国社会科学院文学研究所和上海古籍出版社的这一工作，提供资料，底于完成。其实下面这几集是比较容易编辑的，明本已经不多了，大体上都属于清本，是很容易搜集得到的。同时我认为编辑的时候不一定把著作时间的顺序限制得那么严，假如说编第六集的时候都是康乾本子，夹一个同治本子也无所谓。我个人的意见以快为主，况且第六集早已定下了一个目录稿，稍加整理就可以了。因为我个人是希望能够看见第六、第七、第八集的出版。至于说第十、第十一集以后，说一句老实话，我也就无法去关心它了。反正这件事情，编印《古本戏曲丛刊》既然郑西谛已开其端，我们这些人就应该给他继续下去。

对于郑先生，我认为他是中国文化界最值得尊敬的人，譬如有传世的宋人信札（包括范仲淹的《道服赞》）很多封，抗战胜利后一直没有下落，他是费尽心机在全国寻找，最后还是被他找到了。现在归公在故宫博物院。当他找着这批信札的时候，大喜若狂，并且进行过一次内部展览。他有很多好书，我有一些书缺页缺版，他都慷慨的借给我抄补起来。有时我们两人也在琉璃厂争书，因为他长期在琉璃厂活动，面子大，我总争不过他。现在想起来已经是三十多年前的往事了。

由于《古本戏曲丛刊》第五集的出版，让我们大家都深切地、深切地怀念他。

李一氓
7月27日于上海石油化工总厂

《古本戏曲丛刊》参考资料 [①]

目录

编印说明

在今后几年内《古本戏曲丛刊》编辑和出版工作的计划草案是：完成正集八集，外集二集和别集一集的刊行。正集自第五集至第十集主要是清代的传奇和杂剧，同时对于第一集至第四集的元、明、清初三代的传奇和杂剧做一些补遗的工作。第十一集和第十二集收录的是清代宫廷大戏。外集收戏曲选集和文献资料，别集一集是《古本散曲丛刊》。由于在这种大规模结集的工作上缺乏经验，所以迫切希望听到来自各方面的宝贵意见；由于负责具体编制目录的工作人员见闻有限，又未能广事调查，所以更加迫切希望关心这一工作的同志对于选目以及版本多加补充，这儿印出的一些资料只是为了向大家提供参考。

《古本戏曲丛刊初集序》和《古代戏曲丛书》选目初稿是郑振铎先生的未发表稿，前者可以说明这个结集的旨趣，后者则是在全书编成之后计划精选若干种，每种加以校点、

---

① 本文为 1961 年 9 月印制的内部文件，由《古本戏曲丛刊》编委会和中华书局编辑部编印，封面有"内部文件、请勿转载、注意保存"的字样，内收入郑振铎为《古本戏曲丛刊初集》撰写的未刊序文初稿和《古代戏曲丛书》选目初稿。

注释并撰写前言，排印普及版，公开发行。

我们计划今年发印第十一集，明年发印戏曲选集和散曲，如果第十二集的辑佚工作能及时完成，该集也可以发印，所以将这几集的目录初稿附在这里。第五集至第十集的目录已拟出初稿，还有待选择补充，将另行印出目录求正。

外集文献资料一集，原定选择需要较大、价值较高、版本较好者，陆续付印出版，不作整套发行。现已收集了数百种资料，拟定第一批发印的二十一种目录，在这里一并印出，以便征集各方面的意见后肯定下来。其余的也将在以后陆续另行印发。

如蒙对这份资料提示意见，请寄北京东总布胡同 10 号中华书局文学编辑组收。

郑振铎《古本戏曲丛刊初集》序

郑振铎先生的这篇未刊稿，是在《古本戏曲丛刊》编辑委员会旧档里发现的。经吴晓铃同志查考结果，知道写成于 1953 年 11 月 29 日，比印本序文早两个多月（印本序文是在 1954 年 2 月 11 日写的），内容和文字都有较大的出入，可以看出作者的较早的编辑意图。

由于作者在写这篇序文时正在维也纳，手头缺乏参考文献，只凭记忆写成，所以有的数据可能与实际情况不符，有的地方当时还留有空白，我们为保持原貌起见，一概未加改动。

中国戏曲的传统是很悠久的，从宋代（约十二世纪左右）就有了创作的剧本。此后，历代均有大量的好的剧本产生出来。王国维的《曲录》，著录宋元以来的剧本凡□千□百□种。但此外，还可增补不少。总计是应该有□千□百□种以上的。随生随灭的没有刊印、没有见诸著录的，恐怕远较此数为多。这样数量众多的剧本，在八百年间流传着，亦时时散佚，今存者尚不下于□千□百种。唐诗、宋词、元曲、明传奇，是被艳称为一代之胜的。虽然正统派的文士们对于戏曲不加重视，目之为"不登大雅之堂"的东西，但他们在人民群众里是有深厚广大的基础的。他们产生于人民群众之间，着根于人民群众的土壤之中，为历代的人民群众所喜闻乐见。没有一种"文体"，比戏曲更接近人民群众，更使人民群众感到亲切，感到欣慰的了。他们宣达着人民的情感与愿望，人民的愤怒与不满，人民的痛苦与欢愉；凡是人民所反对的、所憎恨的贪官污吏、奸贼恶霸，则戏剧作者也必予以贬斥，使之丑化，使之被唾弃于群众。将历千年如一日。凡是人民所崇敬的、所喜爱的正直的忠

贞的人物或英雄，则剧作者也必加以煊染，使之发扬正气，其受灾受难，往往使观众感动到哭泣。即剧中人偶有好处，也必予以不同的看待，像《议剑》《献剑》中的曹操，《法门寺》中的刘瑾。人民的爱憎是分明的，在戏曲里最容易看出来，人民的眼睛是雪亮的，人民的喜憎与褒贬是正确的。他们不会冤枉了一个好人，也不会饶恕过一个坏蛋。在戏曲的人物创造上，我们是看得最为明白。长期的封建社会里的矛盾与其兴衰治乱的起伏、因由，在这里是能够充分说明的。在数量这么众多的古代剧本里，凡能广大流行，凡能传唱极盛，且历久不衰的，总不会违反这样的规律。亦有皇家供奉之作，帝室歌颂之章，但那是少量，且是恹恹无生气的。从一开始，剧作者便是为人民写作的，他不是依靠着少数人，而是为广大人民群众所爱戴、所喜欢的，像关汉卿，他就是一个伟大的人民的剧作家。中国戏曲的历史一直是生气勃勃的，产生于人民之中，而为人民服务。

在过去，中国戏曲曾有过若干次的结集。凡单本孤本之著作，最易散佚难传。好事者往往集合若干单本，订为一部。像元明杂剧，明代的于氏和赵清常就曾集合三百多本，合订为六七十册。祁氏淡生堂也曾合订过。亦有选刊者，像臧懋循的《元曲选》一百种，孟称舜的《古今名剧柳枝集》《酹江集》六十种，沈泰的《盛明杂剧》初二集八十种，邹式金的《杂剧新编》四十种，我的《清人杂剧》初二集八十种等等。传奇则篇帙较多，汇刻为难，唯有毛晋的《六十种曲》最为巨观。但金陵唐氏富春堂所刊，闻在百种以上，文林阁、继志斋所刊，为数亦夥，唯未得其总目，不知究竟刊出多少，有无总名。至清末，乃有刘世珩的刊《暖红室汇刻传奇》二十余种，稍后，则有吴梅《奢摩他室曲丛》，海宁陈乃乾影印明传奇四种，我亦印明传奇六种。迄未有臧晋叔、汲古主人之魄力，一举而印一百种、六十种者。北京图书馆曾有印行善本戏曲丛书之议，所拟目不过三十余种。我们可以说，三百年来，迄未有大规模的结集之举，散佚者不在少数。许多好的剧本，流传虽广，而佳本难得，大多数都是孤本单行，收之便存，失之便逸。有的还是稿本、抄本，天壤间仅存之物。我前曾影印清人杂剧八十种、明人传奇六种，不过存十一于千百耳。

三年前曾和商务印书馆谈过，希望他们能够续印《四部丛刊》。直到今春，他们才同意这个计划，但首先应该印些什么呢？还是印些戏曲罢。这正是今天所需要的。一，保存现有的，不令其散佚；二，作为专家及戏改工作者的参考；三，剧作家在这里可以得到很多的原料，作为推陈出新的依据；四，得书之难，于今为甚。需要之切，今日亦

大大超过往日。不仅《元曲选》不易得，即流行之《六十种曲》亦得之不易。且书价奇昂，得一明刊戏曲书，如过去之得一宋版书。今汇集数百千种的书于一集，有系统的印出，且完全保全原来面目，是一件可喜的事。他们同意了。就邀请各方面来谈，一致赞成此举。或出书，或出力，群擎易举，初集一百种乃得于短时期内告成。这是空前的一个最大的结集。但我们的愿望不止于此。我们还要继之而印出二集、三集乃至七集、八集来。预计，在两三年之内，我们将要印出传奇五六百种，杂剧一千多种。这计划完成后，将较三百多年的《元曲选》与《六十种曲》的大总集，多过十倍以上。但我们并不是以多为胜。我们还是有所选择的。大抵乾隆以前的古剧，几乎全部收入。乾隆以后，则加以慎重的选择。因尚易得，暂可不必重印也。不仅杂剧、传奇全收，即弋腔、秦腔、汉调、徽调和皮簧戏等的地方戏剧本也择要收入。初集为元明传奇，二集为明代万历以后的传奇，三集为明清之间的传奇，四集为元明人的杂剧，五集为明人杂剧，六集为清人传奇，七集为清人杂剧，八集为地方戏的剧本。每集以一百册至一百二十册为度。预计，全部印成后，将有一千册以上。还想搜集明清以来的曲选、曲谱、曲目、曲话等若干种，编为外集。

但像这样的一个大总集，决不是，也不宜向广大读者推荐。这些只是参考资料性质的内部刊物，特别是，作为戏曲史研究与戏改工作者、剧本创作者的参考资料之用。从这里是不难找出若干公认的好的名著，将以另一种方式印出，并加以适当的注释，作为群众性的读物。

这个工作的能够初步完成，首先应该感谢商务印书馆，他们是负责印刷的，根据过去的经验，仔细而慎重的保全原来的面目，并不加以修补，有缺页者也只好照旧；差不多每一页都加以研究。其成绩是肯定的。丁英桂先生和□□□先生特别应该致谢。对于拟目及供给底本的，有向达先生、赵万里先生、阿英同志、张光年同志、马彦祥先生、梅兰芳先生、程砚秋先生、傅惜华先生、杜颖陶先生、吴晓铃先生等，始终热忱赞助的有宋之的同志、洪深先生等，均应在此致谢。没有他们的赞助与鼓励，这个古本戏曲的大结集是不会完成的。假如有什么错误与不安不妥之处，那是应该由我个人负责的。最初的目录的选定是经过大家三番两次的讨论的，并不是我个人的意见，但最后的目录，却是由我综合了大家的意见而编定的，所以应该由我负责。

一九五三年十一月二十九日写于维也纳

郑振铎《古代戏曲丛书》选目初稿

郑振铎先生生前曾经打算，待《古本戏曲丛刊》出齐以后，从中精选100种左右剧本，加以校勘和适当的注释，并冠以序文，公开发行，供一般读者阅读之用。为此，他还拟订了一个选目初稿。现在我们把它刊载如下，供有关同志参考。

这个选目初稿也是吴晓铃同志最近从《古本戏曲丛刊》编辑委员会旧档里发现的。

西厢记	王实甫	明弘治间刊本	题红记	王骥德
琵琶记	高　明	陈刊本或陆勒先刊本	梦境记	苏汉英
荆钗记		影明初刊本	绾春园	沈孚中
拜月亭			偷桃记	吴德修
杀狗记		富春堂刊本	樱桃记	史　磐
白兔记		富春堂刊本	红梨记	徐复祚
苏皇后鹦鹉记		富春堂刊本	永乐大典戏文三种	
何文秀玉钗记		富春堂刊本	赵氏孤儿	
香囊记	邵　璨		苏武牧羊	
绣襦记四卷			东窗记	
灵宝刀			草庐记	
鹦鹉洲			香山记	
祝发记	张凤翼		金貂记	
三祝记	汪廷讷		举鼎记	
玉簪记			连环计	
节孝记			祝发记	
虎符记			春灯谜	
青虹啸			摩尼合	
崖山烈			双金榜	
宵光剑			妆楼记	
英雄概			古城记	
乾坤啸			破窑记	

朝阳凤	藤花亭小四梦　梁廷栖
十五贯	珊瑚玦　周稚廉
未央天	元宝媒
三报恩	双忠庙
出师表	异梦记
红梅记二卷	双忠记　富春堂本
锦笺记二卷　周履靖	目莲救母戏文
蓝桥玉杵记　杨迥	精忠旗　李梅实
古玉环记	双雄记
西湖记	万事足
箜篌记	梦磊记
大雅堂杂剧　汪道昆	洒雪堂
四声猿	喜逢春
东郭记　孙仁儒	望湖亭记
醉乡记　孙仁儒	长命缕　梅鼎祚
牡丹亭	凤求凰
南柯记	鸳鸯棒
邯郸记	花筵赚
紫钗记	转天心　唐英
紫箫记　富春堂本　不全	天缘债
丹桂记	虞兮梦
旗亭记　郑之文	英雄报
焚香记	女弹词　长生殿补缺
玉丸记　朱期	十字坡
量江记　佘翘	三元报
浣纱记	佣中人
金印记	梁上眼
千金记	巧换缘

香山还带记	芦花絮
南西厢记	梅龙镇
燕子笺	面缸笑　以上唐英
清忠谱	雷峰塔　黄图珌
两须眉　顺治间原刊本	忠孝福　黄兆森
眉山秀　顺治间原刊本	四才子　黄兆森
一捧雪　李玉	巧团圆
人兽关　李玉	偷甲记
占花魁　李玉	鱼篮记
永团圆　李玉	四元记
桃花扇　康熙间刊本	万古情
长生殿　康熙间稗畦草堂原刊本	万家春
介山记	酒家佣　石琰
雷峰塔　方成培	宣和谱　介石逸叟

古本戏曲丛刊第十一集目录

吴晓铃

　　《古本戏曲丛刊》初集至十集收宋元到清代的传奇和杂剧，估计在二千种以上。清代内廷编撰的历史故事和传说的"大戏"，将集中编为第十一、十二两集。第十一集提前付印，计划在今年内出版。这类大戏一般都在一百出以上，绝大部分是以历史故事作为题材的，依照时代顺序，可以从殷周一直排到明末，很可能当时的宫廷作家有编写"全史戏曲"的企图。但是由于许多剧本并无全帙，需要作一番辑佚整理工作。这里先就完整的十二种剧本，照历史时代的先后，草拟成这份《古本戏曲丛刊》第十一集目录。将来第十二集编成之后，剧本的次序当重新作通盘的调整。这份目录于今年7月召开编委会商讨同意，现即按此进行印制工作。

　　这十二种剧本的内容是：《封神天榜》根据小说《封神演义》，衍周武革命故事。《平龄会》衍秦始皇帝统一六国故事。《楚汉春秋》衍刘邦和项籍争霸故事。《鼎峙春秋》衍

《三国演义》魏、蜀、吴三分故事。《昇平宝筏》衍《西游记》玄奘入梵取经故事。《劝善金科》衍民间传说目莲救母故事，托诸唐代。《盛世鸿图》衍宋初战伐故事。《昭代箫韶》衍宋代杨家将故事。《忠义璇图》据《水浒传》衍梁山英雄故事，迄于北宋之亡。《辟兵珠》衍莫宾变态发迹故事，传出宋代，故附《忠义璇图》之后为殿。《如意宝册》据《平妖传》小说衍唐赛儿起义故事。《忠义传》一名《香莲帕》，又名《女中魁》或《文武榜》，衍徐达之后徐延超与李良政治斗争故事，京剧《大保国》《探皇陵》及《二进宫》即从此出。

这十二种剧本的版本问题也很复杂。这个目录中所注的版本是经过选择确定下来的，其具体情况，出版时将在每个剧本之后撰写跋文加以说明。

封神天榜十本二百四十出	清佚名撰	清乾隆间升平署抄本	北图
平龄会十本一百六十出	清佚名撰	清乾隆间升平署抄本	北图
楚汉春秋十本二百四十出	清佚名撰	清升平署抄本	北图
鼎峙春秋十本二百四十出	清周祥钰撰	清升平署抄本	首图
升平宝筏十本二百四十出	清张照撰	清升平署抄本	故宫
劝善金科十本二百四十出	清张照撰	清乾隆间殿刊五色套印本	吴
盛世鸿图十二本九十六出	清佚名撰	清乾隆间升平署抄本	北图
昭代箫韶十本二百四十出	清王廷章撰	清嘉庆十八年癸酉殿刊朱墨本	北图、吴
忠义璇图十本二百四十出	清周祥钰撰	清升平署抄本	北图
如意宝册十本一百四十二出	清佚名撰	清升平署抄本	首图
辟兵珠十本一百四十出	清佚名撰	清升平署抄本	首图
忠义传十八本八十出	清佚名撰	清升平署抄本	故宫

《古本戏曲丛刊》第十二集目录（初稿）

吴晓铃

1. 列国传

以《锋剑春秋》《金台春秋》《英烈传》为基础，辑录《温泉会》《棋盘会》《兴隆会》等剧。

2. 东汉春秋

以《中兴图》为基础，辑录《闹昆阳》《三元店》《古迹岗》《夺魁元》等剧。

3. 建业昇平

衍隋唐故事，又名《兴唐外史》《兴唐传》《建太平》。以出数较多之本为基础，辑录《临潼山》《长叶林》《千金闸》《闹花灯》《贾家楼》《黄土岗》等剧。

4. 唐传

以《平南传》及《征西异传》为基础，辑录《战西凉》《桃花岭》《锁阳关》《红罗山》等剧。

5. 残唐传

未见完整之本，主要根据《心田福》《鸡宝山》《飞虎山》《聚云桥》等剧辑录。

6. 宋传

以《欣见太平》及《飞龙传》为基础，辑录《风云会》《胜龙寺》《忠义烈》《四奇缘》等剧。

7. 铁旗阵

以《铁旗阵》第一段至第十五段为基础，辑录《下河东》及《下南唐》等剧。

8. 明传

未见完整之本，根据《采石矶》《鄱阳湖》《神传砲》《九华山》《金龙印》《平蛮图》《兴隆福》等数十种辑录，自明初朱元璋起义起，明代各朝重大历史事件多有传剧。

谨案：《古本戏曲丛刊》第十二集的特点是，各剧均无完整之本见存，有的甚或都是单出，要做一番细致的整理辑录工作。这里列出的仅是一个草目，需要各方面多多提供资料，以便充实它的内容。我们将随时根据工作进程，汇报具体情况。

《古本戏曲丛刊》外编"剧选"目录（初稿）

周妙中

全家锦囊　佚名　嘉靖间刊本　西

新刻京板青阳时调词林一枝四卷　明黄文华选　万历新岁刊本　中华有存版（缺末页，以人学本补。）

鼎雕昆池新调乐府八能奏锦六卷（存三卷）　明黄文华选　万历新岁刊本　中华有存版

鼎刻新兴滚调歌令玉谷调簧六卷　明吉州景居士汇选　万历三十八年刘次泉刊本中华有存版

新刊徽板合象滚调乐府宫腔摘锦奇音六卷　明龚正我选　万历三十九年敦睦堂张怀三刊本　中华有存版

吴歈萃雅四卷　明周之标编　万历四十四年章镛刊本　北图

新刻乐府珊珊集四卷　明周之标编　万历间刊本　北图（胶卷）

新刻汇选辨真昆山点板乐府名词二卷　明鲍启心校　万历间周敬吾刊本　北图、北图（郑）

选古今南北剧十卷　明徐渭选　万历间刊本　北图（郑）

群音类选二十六卷　明胡文焕选　万历间文会堂刻《格致丛书》本　首图、南图

乐府南音二集　明洞庭萧氏选辑　万历间刊本　中国戏曲学院（照片）

新刻天下时尚南北新词尧天乐二卷　明殷启堂汇辑　明燕石居刊《秋夜月》本　北图

新锲天下时尚南北徽池雅调二卷　明熊稔寰汇辑　明燕石居刊《秋夜月》本　北图

新选南北乐府时调青昆四卷　明黄儒卿选　明书林四知馆刊本　北图（胶卷）

新刻精选南北时尚青昆徽池雅调　明江湖知音者校选　明刊本　民研（卷一二十二叶以下缺，以文学所藏本补）

鼎锲徽池雅调北宫腔乐府点板曲响大明春六卷　明程万里选　明刊本　中国戏曲学院（照片）

乐府遏云编三卷　古吴楚问生槐鼎、钟誉生吴之俊选定　明刊本　南图

风月锦囊□卷　佚名　明刊本　西班牙圣劳伦佐图书馆

新镌南北时尚乐府调万曲合选（一名《新传乐府时曲万家锦》）　□□□选　南阳郑氏奎璧斋刊本　傅

新刻乐府清音歌林拾翠初集、二集不分卷　佚名　明宝圣楼刊本　北大

新镌乐府争奇存上、中卷　明汪公亮校辑　明汪公亮刊本　北图

新锲梨园摘锦乐府菁华□卷　□□□选　明刊本　英国大英博物馆

月露音四卷　沛国凌虚子汉瞻父辑　明杭城李衙刊本　旅图

古今传奇万锦生春□卷　□□□选　天启间刊本　待访

新镌绣像评点玄雪谱四卷　明锄兰忍人辑　明末刊本　中华（存印样）

缠头百练□卷　□□□选　刊本　上图

新刻出像点板怡春锦曲六卷　明冲和居士辑　明末刊本　文学所（此书附有乾隆间封面，印时删去）

新刻出像点板缠头百练二集六卷　明冲和居士辑　崇祯间刊本　北图

新刻出像点板北调万壑清音八卷　明止云居士辑　黄光宇刻本　傅、北图（照片）（傅藏本存四卷，其余以北图照片补）

万锦清音四卷　明方来馆主人点校　顺治十八年刊本　傅

来凤馆合选古今传奇残存一集上　邀月主人辑　清初刊本　北图

征歌集存第一卷　清汪光华选　清玩虎轩刊本　北图

新镌缀白裘合选四卷　郁冈樵隐、积金山人辑　康熙戊辰翼圣堂刊本　北大

缀白裘四集续缀白裘四集　杨仲芳校正　雍正间最乐堂刊本　北图（郑）

清音小集四卷　佚名　乾隆癸卯敏修堂刊本　清华

新刻出像点板时尚昆腔杂出醉怡情八卷　青溪菰芦钓叟点次　致和堂刊本　吴

万家合锦（一名乐府新声）不分卷　佚名　乾隆间刊本　日本长泽规矩也

千家合锦不分卷　佚名　乾隆间刊本　日本长泽规矩也

本目录中列有数种原书见存国外，将来印行与否，要看能否借得原书或复制品而定。

《古本戏曲丛刊》外编"资料"第一批付印目录（初稿）

周妙中

一、曲目

（1）录鬼簿二卷　元钟嗣成撰　说集本　科图

（2）录鬼簿二卷　康熙二十五年曹氏刊本　辽宁图书馆

（3）录鬼簿二卷及续编一卷　天一阁旧藏抄本　北图（郑）

（4）曲录六卷　王国维撰　马廉、吴晓铃批校本　吴

二、曲律

（1）旧编南九宫谱十卷　明蒋孝撰　万历刻本　北图（胶卷）

（2）方诸馆曲律四卷　明王骥德撰　天启五年原刊本　北图、北大（马）

（3）汇纂元谱南曲九宫正始十七卷　清徐庆卿等　清抄本　北图

（4）曲谱大成总论不分卷　佚名　稿本　首图

三、曲韵

（1）中原音韵一卷　元周德清撰　谢左杭旧藏刊本　文学所

（2）音韵须知二卷　清李书云、朱素臣纂　停云室刊本　吴

（3）问奇一览二卷　清李书云、朱素臣纂　停云室刊本　吴

（4）中州全韵二十二卷卷首一卷　清周昂撰　乾隆间此宜阁刊本　吴

（5）中州全韵十九卷　清范善溙纂　首图（孔德）

四、曲品

（1）曲品三卷　明吕天成　乾隆五十六年杨志鸿抄本　清华

（2）远山堂剧品不分卷　明祁彪佳　明蓝格抄本　北图

（3）远山堂曲品不分卷　明祁彪佳　明蓝格抄本　北图

五、曲论

（1）雨村曲话二卷　清李调元撰　乾隆四十九年初刻函海本　北图

（2）剧话二卷　清李调元撰　乾隆四十九年初刻函海本　北图

（3）剧说六卷　清焦循撰　稿本　北图

（4）花部农谭一卷　清焦循撰　稿本　北图

六、史料

（1）青楼集一卷　明抄说集本　科图

（2）青楼集一卷　清抄本　北大（李）

关于戏剧理论著述虽有《中国古典戏曲论著集成》等书籍已经出版，但若想作深入研究，一睹善本古籍，仍须遍访各图书馆和藏书家，花费许多时间精力。因此古本戏曲

丛刊编委会决定，在继续编印古本戏曲的同时，更将戏剧理论部分陆续影印出版，公开发行。就目前所获资料，于曲目、曲律、曲韵、曲品、曲论及戏曲史料，选其需要较大、价值较高、版本较好者各三四种先行付印，使它们早日和读者见面，促进社会主义文化事业的发展。其余版本尚须比较、内容有待研究者待以后陆续发印。兹将我们所选的第一批目录刊出，就正于研究戏曲的专家和爱好戏曲的同志们。

《古本散曲丛刊》目录（初稿）

周妙中

总集

乐府新编阳春白雪前集五卷后集五卷　元杨朝英编　元至正间刊本　南图

阳春白雪残存二卷　元杨朝英编　元刊本　南图

阳春白雪九卷　元杨朝英编　旧抄本　北图

朝野新声太平乐府九卷　元杨朝英编　元刊本　上图

梨园按试乐府新声三卷　元佚名编　元刊本　北图

类聚名贤乐府群玉五卷　元胡存善（？）编　程龙骧等抄、吴梅校本　北图

乐府群珠四卷　明佚名编　明抄本　北图

北曲联珠五卷　明佚名编　明抄本　天一阁（？）

万花集二卷　明佚名编　正德刊《盛世新声》后附本　文学所

重刊增益词林摘艳不分卷　［附①嘉靖乙酉刊本《词林摘艳》北小令（北图）；②《盛世新声》《词林摘艳》目录对照表］　明张禄辑　影印刘氏嘉业堂旧藏本　吴

雍熙乐府二十卷［附嘉靖十九年楚藩重刻本长春山人序（北大）］　明郭勋辑　吴梅旧藏嘉靖卅年刊本　北图

吴骚集四卷　明王稺登编　万历十二年刊本　清华（此本缺卷一第15页、以北大藏本补）

吴骚二集四卷　明张琦、王辉编　万历四十四年刊本　北图（郑）

白雪斋选订乐府吴骚合编四卷　明张楚叔、张旭初编　崇祯十年刊本　北图（郑）

北宫词纪六卷　明陈所闻编　万历三十二年刊本　吴

北宫词纪外集二卷　明陈所闻编　抄本　吴

南宫词纪六卷　明陈所闻编　万历三十三年刊本　吴

词林白雪八卷　明窦彦斌选　万历三十四年刊本　北图

精选点板昆调十部集乐府先春三卷　明陈继儒选　万历间徽郡谢少连刊本　北图

新编南九宫词不分卷　明蒋孝（？）编　万历间三径草堂刊本　北图

南词韵选十九卷　明沈璟编　万历间吴江沈氏刊本　上图、吴

摘乐府小令二卷　明刘熙宇编　万历间蓝丝阑抄本　傅

昔昔盐五卷　明魏之皋编　影明万历间抄木　赵

吴姬百媚二卷　题吴下宛瑜子醉峰题引　万历间贮花斋写刊本　北图

南北词广韵选十九卷　明徐复祚编　抄本　北图

词林逸响四卷　明许宇点校　天启三年刊本　科图

太霞新奏十四卷　明顾曲散人编　天启七年刊本　北图、北大（马）（北大本无图，以北图本补）

彩笔情词十二卷　明张栩编　天启间刻本　北图（郑）（郑本存第一、二、五、九、十卷，其余以北图胶卷补）

新镌乐府争奇三卷（存上、中二卷）　明汪公亮校辑　汪公亮刊本　北图

情籁第三、四卷（第一、二卷为词）　明骑蝶辑秘选　明刊本　北图

北曲拾遗一卷　明佚名编　明抄本　赵

名媛诗纬雅集二卷　明王端淑辑　明刊本　施

古今奏雅存卷一卷二卷六　明佚名编　明末写刊本　北图（存卷六），（卷一卷二待访）

元明小令钞不分卷　清孔广林辑　稿本　首图

南音六卷　清佚名编　稿本　北图（郑）

元别集

自然集不分卷　佚名　道藏本　北图

秋涧乐府四卷　王恽　秋涧大全集本（卷七十四至七十七）　北图（胶卷）

云庄休居自适小乐府一卷　张养浩　成化十九年边靖之刊本　北大（李）

箫韶九成——《古本戏曲丛刊》编纂纪程

乔孟符小令一卷　乔吉　嘉靖间刊本　北图（胶卷）

文湖州集词一卷　乔吉　抄本　南图

小山乐府不分卷　张可久　天一阁旧藏明影元抄本　北图（郑）

张小山小令二卷　张可久撰、李开先辑　嘉靖间刊本　北图

小山乐府六卷　张可久撰、徐渭辑　抄本　北图（胶卷）

张小山北曲联乐府四卷　张可久撰　清劳权辑　影元写本　南图（北图有汲古阁抄本）

竹窗乐府一卷　沈禧　董氏诵芬室抄《南词十三种》第四册《竹窗词》后附本　北图

益斋乱稿所刻曲□卷　高丽李齐贤　万历间刊本　南图

清闷阁词一卷　倪瓒　万历间刊《倪云林诗集》本（？）　南图

明别集

笔花集不分卷（附赵万里《笔花集校记》）　汤式　天一阁旧藏明抄本　北大

淮海新声一卷、凌溪灯词一卷、射坡芜城曲一卷　朱应辰　清詹应申校刻本　待访

诚斋乐府二卷　朱有燉　宣德间刊本　北图

省愆北乐府□卷　黄准　传抄宣德间刊本　赵

侨庵北乐府一卷　李祯　汲古阁刊《宋金明人九家词》《侨庵诗余》附刻本　北图

南峰乐府不分卷　杨循吉　明刊本　北大（李）

乐府余音一卷　杨廷和　嘉靖间刊本　北图（胶卷）

碧山乐府不分卷　王九思　嘉靖间刊本　北图（郑）

碧山新稿、碧山续稿不分卷　王九思　嘉靖间刊本　北图

南曲次韵一卷　王九思、李开先　崇祯十三年刊《碧山乐府》后附本　北图（郑）

柏斋何先生乐府一卷　何瑭　崇祯十三年刊《碧山乐府》后附本　北图（郑）

拟元人乐府一卷　朱让栩　明刊《长春竞辰稿》（余稿卷三）)本　科图

唐六如散曲一卷　唐寅　清嘉庆六年唐仲冕刊《六如居士全集》本　北图

西楼乐府一卷　王磐　嘉靖三十年张守中校刊本　北图（郑）

沜东乐府二卷　康海　嘉靖三年康浩刊本　北图（郑）

鸥园新曲一卷　夏言　嘉靖二十五年刊《夏桂洲词》后附本　北图（胶卷）

《古本戏曲丛刊》参考资料

苑洛余音一卷　韩邦奇　嘉靖间刊《苑洛集》本　北图（胶卷）

陶情乐府四卷　杨慎　嘉靖三十年简绍芳刊本　北图

陶情乐府续集一卷　拾遗一卷　杨慎　嘉靖三十年简绍芳刊本　北大（李）

玲珑倡和一卷　杨慎等　嘉靖间刊本　北图（胶卷）

杨升庵先生长短句四卷附夫人乐府词余五卷　杨慎、黄峨　万历间刊本　北图（郑）

常评事写情集二卷　常伦　嘉靖间刊《常评事集》本　南图

射阳先生曲存一卷　吴承恩　饮虹簃刊本　北图

海浮山堂词稿四卷　冯惟敏　嘉靖间刊本　傅

醉乡小稿一卷　高应玘　嘉靖三十二年刊本　杜

秦词正讹一卷　秦时雍　嘉靖四十年刊本　北图（郑）

双溪乐府二卷　张炼　明抄本　吴

词余一卷　郑若庸　康熙三十八年程定远刊《荥阳杂俎》本　北图

江东白苎二卷、续稿二卷　梁辰鱼　嘉靖间刊本　北图（郑）

坐隐先生精订梁少白江东白苎不分卷　梁辰鱼　万历间环翠堂刊本　北图（郑）

鹤庵乐府一卷　朱庵菴　嘉靖间鲁藩刊本　赵

葵轩词一卷　夏旸　嘉靖间刊本　北图（郑）

词脔不分卷　（附《良辰乐事》刘永芳序，北图）　刘效祖　胡介祉重刊本　北图

明农轩乐府一卷　殷士儋　万历六年刊本　北图（郑）

醒世词一卷　朱载堉　道光元年刊本　待访

芳茹园乐府一卷　赵南星　明刊本　北大（马）

林石逸兴十卷　薛论道　万历十八年刊本　傅

滑稽余韵一卷　陈铎　万历三十九年环翠堂刊本　傅

月香亭稿一卷　可雪斋遗稿一卷　秋碧轩稿一卷　梨云寄傲一卷　陈铎　万历三十九年环翠堂刊本　北图（郑）

梨云寄傲一卷　陈铎　明抄本　北图（郑）

自娱诗余不分卷　俞婉伦　万历四十六年章镛刊《自娱集》后附本　文学所

萧爽斋乐府一卷　金銮　万历间环翠堂刊本　北图（郑）

笔花楼新声一卷　顾仲方　万历间刊本　北图

络纬吟卷十　徐嫩媛　万历间刊本　北图（胶卷）

新刻三径闲题二卷　杜子善　万历间刊本　北图（胶卷）

阆风馆诗余一卷　马朴　待访

鹤月瑶笙四卷　（附郑旧藏万历乙巳金陵叶如春刊《螺冠子咏物诗》中之《词余》）

周履清　万历间刊本　北图（郑）

清明曲一卷　陈继儒　万历间刊《晚香堂小品》本　首图

太平清调迦陵音一卷　叶华　万历间刊《青莲露》本　故宫

隅园集曲一卷　陈与郊　天启辛西赐绯堂刊《隅园集》卷十八　北图

鞠通生乐府五卷存三卷　沈自晋　吴梅抄本　北图

花影集乐府五卷　施绍莘　小嬭嬛藏金泰卿写刊本　民研

小令一卷　丁彩　明崇祯间刊本　吴

续小令集一卷　丁惟恕　抄本　赵

蘖弦斋杂笺一卷　王屋　崇祯间刊《草贤堂词笺》本　北图

万古愁曲一卷　题归庄　赵氏又满楼刊本行　北图

击筑余音一卷　题熊开元　卢氏慎始基斋刊本　北图（郑）

程仲权先生集一卷　程可中　抄本　北图（郑）

中洲草堂曲一卷　陈子升　诗雪轩校刊《中洲草堂遗集》本（卷二十）　吴

回首窝稿三卷 王□□　稿本　赵

南北词曲随笔不分卷　范坦　明刊本　北图

步雪初声一卷　张瘦郎　明刊本　待访

晚宜楼杂曲一卷　毛莹　民国初年排印本《晚宜楼集》本　待访

陶情令一卷　杨应奎　清抄本　北图

泺函乐府一卷　叶承宗　顺治庚子友声堂刊《泺函》本　北图（郑）

钝吟乐府一卷　冯班　汲古阁刊《钝吟老人遗稿》本　北图（郑）

山居咏一卷　王徵　清刊《泾阳录》本　待访

山居咏和一卷　张炳潏　清刊《泾阳录》本　待访

《古本戏曲丛刊》参考资料

天乐正音谱一卷　佚名　待访

狱中草一卷　夏完淳　庄师洛刊《夏节愍集》卷八　北图

清别集

毛诗乐府一卷　佚名　清初刊《乔中和全集》附刻本　北图

坦庵乐府忝香集一卷　徐石麒　南湖享书堂刊《坦庵词曲六种》本　北图（郑）

棣萼香词二卷　宋徵璧等　顺治间刊本　北图

月夜咏怀一卷　李继燕　顺治间刊《撷花词稿》附刻本　北图

榖贻山房集四卷　韩允嘉　康熙六年刊本　赵

有怀堂曲二卷　王永命　康熙十七年刊《有怀堂笔》卷三卷八　北图

鹊亭乐府四卷　陆椒　康熙二十五年南田草堂刊本　北图

经世堂曲钞□卷　徐□□　康熙间徐氏家刊本　待访

夏为堂散曲一卷　黄九烟　康熙间刊《夏为堂集》本　北图

四照堂时曲一卷　卢綋　康熙间汲古阁刊《四照堂诗集》附刻本　北图

百末词余一卷　尤侗　清刊《西堂全集》本　北图

林惠堂填词一卷　吴绮　康熙间刻《林惠堂全集》本（卷二十六）　首图

东江别集卷四卷五　沈谦　康熙间刊本　北图

啸雪庵词余一卷　吴绡　郑旧藏《小檀栾室诗余》后附本　待访

叶儿乐府一卷　朱彝尊　秀水朱氏家刊《曝书亭集》附刻本　北图

和天倪斋题曲一卷　郭钟岳　光绪间刊《和天倪斋词》附刻本　科图

北乐府小令一卷　厉鹗　乾隆间刊《樊榭山房文集》本　北图

看山阁南曲四卷　黄图珌　乾隆间刊《看山阁集》本（第三函第三、四册）　科图

冬心先生自度曲一卷　金农　乾隆间刊本　北图（郑）

铜弦曲一卷　蒋士铨　乾隆间刊《蒋清容先生遗稿》本（第十册铜弦词后附）　北图

明善堂词余一卷　作者待查　刊本《明善堂诗余》后附　北图（郑）

春巢乐府一卷　何承燕　嘉庆间刊《春巢诗余》后附本　北图

温经楼游戏翰墨　卷八至二十、续录一卷　孔广林　稿本　首图

赐绮堂杂曲一卷　詹应甲　道光间刊《赐绮堂集》本　北图

梅边吹笛谱补录曲一卷　凌廷堪　嘉庆十八年刊《校礼堂全集》本　北图（郑）

花间乐府一卷　石韫玉　清刊本　吴

菱江集杂曲四卷　王庆澜　乾隆间刊本　北图（郑）

比玉楼曲一卷　黄振钧　光绪刊《比玉楼词》后附本　北图（郑）

会心集一卷（内集上卷之曲）　刘一明　抄本　吴

红雪词余一卷　冯云鹏　嘉庆间刊本　吴

碧箫词余一卷　张埙　嘉庆间四雨庄刊《碧箫词存》后附本　北图（郑）

莺花小谱□卷　半标子定　判花人参　嘉庆二十四年刊本　待访

藿田集曲一卷　范驹　道光重刊《藿田集》本　南图

北泾草堂曲一卷　陈栋　道光三年刊《北泾草堂集》本　北图（郑）

栖香阁曲一卷　顾文婉　道光间刊《栖香阁词》本　北图

香南雪北曲一卷　吴藻　道光刊《香南雪北词》本（第二册）　北图（郑）

烟波渔唱附钞南北曲一卷　張应昌　道光二十四年刊本　北图（郑）

香消酒醒曲一卷　赵庆熺　道光二十九年刊《香消酒醒词》附刻本　科图

红豆曲二卷　王景文　民二十三年刊《变风变雅楼丛书》本　北图

江山风月谱一卷　许光治　咸丰刊《别下斋丛书》本　北图

城北草堂词一卷　顾夔　咸丰六年治安堂所刻书第十一册　北图

簧华屋曲一卷　吴卿弼　光绪庚寅晚香堂刊本　吴

有正味斋南北曲二卷　吴锡麒　清刊《有正味斋外集》本　北图（郑）

养默山房散套一卷　谢元淮　道光间刊本　傅

小罗浮馆杂曲一卷　赵对澂　道光间刊《小罗浮馆集》本　吴

隐梅乐府一卷　隐梅道人　咸丰八年刊本　北图（郑）

有恒心斋词余一卷　程鸿诏　清刊本　北图（郑）

愿为明镜室曲一卷　江顺诒　同治间重刊《愿为明镜室词稿》本　南图

怀白轩南北曲一卷　［附录 ①妙香庵题壁　许惠；②跋桐城许桂仙茂才惠秦淮感旧曲（见文钞卷二）］　陆初望　同治五年刊《怀白轩全集》本　北大（李）

牧笛余声一卷　张文虎　光绪间刊《舒艺室全集》本　北图

昨非曲一卷　刘熙载　抄本《昨非集》本　北图（郑）

裁云阁曲一卷　秦云　同治间刊《裁云阁词钞》附刻本　科图

玉玲珑馆曲存一卷　魏熙元　同治间刊《玉玲珑馆词存》　附□本　北图（郑）

莲漪曲一卷　郑由熙　同治间刊《莲漪词》附刻本　北图（郑）

妙吉祥室南北曲一卷　朱葵之　光绪十年刊《妙吉祥室诗□》附刻本　北图（郑）

窥生铁斋曲一卷　铁岭宗山　光绪间刊《啸吾遗集》本　南图

坦园词余一卷　杨恩寿　光绪间长沙刊《坦园全集》本　北图

题画曲一卷　周闲　光绪间阳湖韩述甫活字排印《范湖草堂遗稿》卷六　北图

绣墨轩曲一卷　俞庆曾　光绪间刊《绣墨轩遗稿》附刻本　北图（郑）

蘼芜春晓曲一卷　陈寿嵩　光绪间刊《三家曲》本　吴

花胎曲一卷　何春旭　光绪间刊《三家曲》本　吴

春剪曲一卷　华諟　光绪间刊《三家曲》本　吴

樱桃花下银箫谱一卷　沈清瑞　南图

鸥影曲一卷　言家驹　民国二年言氏家刊《鸥影词钞》附刻本　科图

勷堂乐府十一卷　顾家相　刊本　北图（郑）

莲湖乐府一卷　夏文范　待访

怀舫杂曲一卷　魏荔彤　刊本《怀舫别集》本　北图

壶庵散曲一卷　胡薇元　民国十年石印《壶庵五种曲》本　科图

隶猗曲定二卷　姚华　民国二十一年石印本　北图

霜厓曲录二卷　吴梅　民国二十五年丙子金陵卢氏饮虹簃刊蓝印本　吴

附录：藏家简称表

1. 公藏

北图　北京图书馆

北图（郑）　同上（郑振铎旧藏）

北图（吴）　同上（吴梅旧藏）

北图（涵）　北京图书馆（涵芬楼旧藏）

首图　首都图书馆

首图（孔）　同上（孔德学校图书馆旧藏）

津图　天津市图书馆

上图　上海市图书馆

辽图　辽宁省图书馆

浙图　浙江省图书馆

旅图　旅大图书馆

南图　南京图书馆

科图　中国科学院图书馆

文学所　中国科学院文学研究所图书室

语言所　中国科学院语言研究所图书室

故宫　故宫博物院图书馆

北大　北京大学图书馆

北大（马）　同上（马廉旧藏）

北大（李）　同上（李木斋旧藏）

北大（燕）　同上（燕京大学旧藏）

清华　清华大学图书馆

中央戏剧学院　中央戏剧学院图书馆

中国戏曲学院　中国戏曲学院图书资料室

中国戏曲学院（梅）　同上（梅兰芳旧藏）

中国戏曲学院（齐）　同上（齐如山旧藏）

北堂　北堂图书馆

2. 私藏

阿英　钱杏邨

常　常任侠

程　程砚秋

杜　杜璟

傅　傅惜华

路　路工

施　施蛰存

吴　吴晓铃

严　严敦易

俞　俞平伯

赵　赵万里

3. 国外藏

内　日本东京内阁文库

吉　日本吉川幸次郎

巴　法国巴黎国家图书馆

西　西班牙马德里爱斯高里亚尔静院图书馆

吴晓铃　周妙中编纂

江南访曲录要

　　为了继续编辑《古本戏曲丛刊》第五集以后的几集，和新编《古本散曲丛刊》，我奉了新组成的丛刊编委会和中华书局的指示，于去年12月7日离开首都，到上海、南京、扬州、苏州、杭州等地进行访书工作。在八十天的时间中，拜访了二十七位研究戏曲的专家，走遍了各图书馆和戏曲的研究、演出单位，浏览了五百余种书籍，收获不少。这里仅将所见书籍中的珍本和较稀见的本子加以介绍，以就正于研究戏曲的专家和爱好戏曲的同志们；同时也希望抛砖引玉，能引起全国有关单位和专家的重视，将我们未见到的珍籍介绍给我们。

　　这篇稿子的完成，多蒙魏建功、吴晓铃、邵曾祺、谢伯阳四位先生热情协助，提供了不少有关资料，谨致谢忱！

目　录

---

①　本文原载于《文史》（第二辑），中华书局，1963年版。

（一）传奇、杂剧

李丹记

此剧传本久佚，1933 年杜颖陶于程氏御霜簃藏曲中发现抄本《再来人》传奇一部，又得明刊本《万壑清音》卷七中选《李丹记》二折，其《梁芳证道》一折即《再来人》第七折，始知《再来人》即《李丹记》，有《始得李丹记校读记》一文发表于《剧学月刊》。1961 年第三期《文物》载王树伟同志《记最近所见几部珍本戏曲小说》一文，其中亦有《李丹记》，惜二者皆仅存卷上。其后见报刊载上海图书馆购得《李丹记》全帙，颇以不能一饱眼福为憾。此次南下访书，得偿此愿，亦一快也。

此本系明刊本，二册，半叶十行，每行曲二十字，白十九字，低一格。卷首有题辞，署"云间陈继儒撰"。原封面不存，不详原书有无序文及作者姓氏。题辞后有凡例、目录。上下二卷，上卷十八折：开宗、合志、燕喜、降丹、得师、游戏、征道、闺课、鼎试、出山、旅逢、初度、成名、窥郎、妒差、遇故、初访、掷李。下卷十八折：诉异、勒刑、再访、入梦、入幻、完姻、索媵、辞家、积功、贞修、梦魔、难奔、幻魔、再度、双升、归省、演法、朝真。演道士梁芳奉许真君命于终南山李树下埋灵丹，以度裴谌、王恭伯、赵瑶娟成仙事。系据李复言《续玄怪录》所载裴、王故事敷衍而成，仅细节稍有不同。第一折开宗略述梗概云：

> 【玉楼春】新词歌出天风送，昼锦堂前嘉客众，斟翻绿蚁酒千钟，唤醒黄粱人一梦。尘缘无奈情根重，金丹难待天仙种，爱河跳出即真宗，试访终南白鹿洞。【满庭芳】恭伯王生，偕朋修道出山，爱欲纠缠，连姻贵戚，丰彩认花前。奉使绯衣按狱，泛高邮惊遇渔船，青园路弹筝畅饮，掷李戏瑶娟。仙家多幻法，中途寄妾，裴马茫然。便了悟还山，魔障逢冤。堪美贞修赵女，藉仙妹得道偏先。功行满，指吞丹李，拍手大罗天。

> 常净常明的许都仙分丹度谪籍，若有若无的裴道友设法醒迷人；
> 疑真疑假的赵小姐弹筝得正果，受魔受难的王评事吞李了前因。

此本与杜颖陶所记无异，第二折折目与文物所载书影亦同，知此三者实为一剧。近闻大兴傅氏、高阳齐氏（今归北京图书馆）、均藏有《李丹记》上卷，余未见，中国戏曲学院有齐藏《李丹记》之传抄本，亦与此本同。

关于此剧作者，陈继儒《题李丹记》一文首称："浙东海日先生，尝以建言出部曹，又以神明宰名色（邑之误），一旦挂冠，逍遥山水间，悯一切群生沉五欲，昧三生，非庄语格言所能觉，乃借裴谌、王伯敬故事作《李丹记传奇》。"又王士禛《香祖笔记》云："王抃大父缑山先生作《郁轮袍》及《裴谌和合》二曲，词曲家称为本色当行。"《甬上耆旧传》著录周朝俊《李丹记》一种，《方诸馆曲律》著录吕天成《李丹记》一种。中国戏曲学院藏本署"天放道人刘还初编；云间陈眉公批评、方外彭幼朔续评、社友赵当世订正。"王树伟同志文中云："明刘还初撰……作者别署天放道人，事迹无考。明周朝俊、吕天成《李丹记》今俱失传……"据此知王同志所见当即戏曲学院藏本。祁彪佳《远山堂曲品》逸文著录《李丹记》，注云："刘慈水阅掷李事，寄之属郁蓝生，二十日而成，郁蓝尚自逊为握管未疾也。"此剧既系眉公评本，当即海日先生所撰。可知刘还初别号海日先生，浙东人。缑山先生即王衡。衡太仓人，非浙东人，所撰《裴湛和合》已佚。如《甬上耆旧传》著录无误，谅周朝俊所作《李丹记》亦已不传。

据陈继儒《题李丹记》下文，知海日先生所宰"名邑"为合肥。查嘉庆间左辅所修《合肥县志》卷十六职官表，万历间县令姓刘者有二，一为刘志选，慈溪人，进士；一为刘徽，清苑人，进士。慈溪位于浙东，刘志选籍贯已与眉公所记相符。又查乾隆《慈溪县志》卷四选举制，刘志选为万历十年壬子（1582）举人，万历十一年癸未（1583）进士，官至操江佥都御史。吕天成为浙江余姚人，万历间诸生。二人既为同时人，籍贯又为相邻二县，刘嘱吕制曲不无可能。祁彪佳所称"刘慈水"或即刘志选，此种称谓正如世称宋杨简为"慈湖先生"也。故余疑刘志选、刘还初、刘慈水为一人，若果如此，则还初之于此剧亦犹孔云亭之于《小忽雷》，而吕天成即此剧作者。

息宰河

南京师范学院图书馆藏，为数年前新发现之孤本，至可珍贵。明刊本，二册。半叶九行，行二十字。下卷卷末八叶抄配，上卷卷首无序、跋、目录，有残缺矣。《今乐考证》著录七、

萧韶九成——《古本戏曲丛刊》编纂纪程

《曲录》卷四著录，为沈嵊所撰三种之一。《今乐考证》注云："嵊字孚中，一字唵庵，或称孚中道人……"《曲录》云："沈孚中撰，孚中字会吉，钱塘人。"此本署"唵庵孚中道人填词，漆水再生流寓点次。"卷首书名题"且居批评息宰河上卷"，书口有"且居藏"字样，上有眉批。可知批评此剧之人即收藏并刊印此本之人，惜"且居"之姓氏生平无考。

曲共三十折，分上下二卷，上卷十五折：教忠、酋警、山守、救溺、谑诬、义感、塾陋、被掳、乞抚、避乱、受降、释艳、泣变、狼迫、销衅。下卷十五折：量移、奇刺、遘章、攀卧、雌伏、逐媭、祷月、梦嗣、蹉迹、妒慧、争将、援主、卜合、醮圆、小登。

上卷第一折前有楔子，略述全剧梗概：

【望海潮】客无哗者，听芟侍御，鳞章激怒权奸。时有普酋，破州围郡，故令出守南滇。交趾又兵连，内无军无饷，外且无援。单骑招降，勒铭息宰俪燕然。　家遭寇掠堪怜，有十龄奇子，被掳音愆，四载善藏，夜枭贼首，相逢义仆同旋。薛女更贞坚，投渭河，守节姑媳，周全天使，举家重合圣湖边。

余慈相会

谭正璧先生藏。旧抄本，一册。一折南曲。署"上海雁峰顾思义编"。《远山堂剧品》著录，列于逸品，评曰："从《锦笺》中之《争馆》讨出神情，乡语毕肖，而曲之致趣，亦自娓娓。"此评价可称中肯。《剧品》作者祁彪佳生于万历三十年，弘光二年殉国死（1602—1645），可知顾思义为明人。由此剧署名得知其籍贯、字号。至于平生事迹则有待于更多的发现。此剧沉埋多年，人多以为不传，谭先生于1959年无意中发现之，极可宝贵。

剧演塾师胡一年失馆还乡，路遇卫空头，同至酒店小饮，从旅客包无事口中得悉其妻行为不检，三年连生三子。卫空头系至上海觅馆者，向胡一年请教处馆经验，胡教以须百般忍受，百般奉承。体现了封建社会贫苦读书人之不幸遭际。胡本余姚人，卫乃慈溪人，故名"余慈相会"。

如意珠

《今乐考证》著录十著录，系姚梅伯据《曲考》从《纳书楹曲谱》入录者，未详考作者姓氏生平。此本藏南京图书馆，旧抄本，四册。秦子陵撰。书名叶除篆书"如意珠"三字外，上署"第五楼"三字，右署"卧云山房"四字及印记三，左侧亦印记三。卷首有题辞十，署"子陵一兄先生雅正，振夫弟汪承铎未定草""柿亭弟马金铎未定草""霞城朱轩""锡蕃刘之晋""颐园沙岭""丁卯小除夕范覃""丁卯除日黄方莲""陈国璋""季士裘""杨寿同"。作者秦子陵及撰写题辞之汪、马、刘、沙、范、黄、陈、季、杨九人，生平俱不详；朱轩为明松江华亭人朱国盛次子，字韶九，号雪田，贡生，工诗善画。国盛万历进士，官至工部尚书。轩亦应生于万历年间。卧云山房乃明鄞人范大澈室名，大澈为明代著名藏书家天一阁主人范钦从子，字子宣，又字子静，号讷庵，官鸿胪寺序班，月俸悉以聚书，著有《灌园丛谈》《卧云山房遗稿》。朱轩、范大澈俱明末清初人；则秦子陵亦为明末清初人无疑，而此本或即天一阁故物（天一阁目未著录）。范覃题词当在天启七年（1627）丁卯，此剧当写成于是年，或稍早。

剧凡四十八出，每卷十二出。卷一：词原、楼感、辞墓、饯友、谪鲛、贯珠、访珠、梦引、诘珠、病珠、感春、窥六。卷二：神合、订钗、文穷、叹雁、笺慰、鲛叹、卖琴、史逐、琴穷、收鲛、会骆、沉友。卷三：寿徵、串珠、剑穷、掉珠、导化、闹花、错珠、遣穷、赚珠、闹珠、詈珠、激珠。卷四：泣珠、完珠、还珠、荐珠、友觇、京会、冒试、赠花、代遣、讹榜、联珠、结梦。署"如皋莲湘秦子陵填词"。第一出略述大意云：

【金菊对芙蓉】海上龙蟠，云间凤困，昙花古寺栖逢；索珍珠万颗，方嫁临邛。书生欲访藏书友，遇鲛客，贬出龙宫。谁知恶友不分河润，竟付东流东。　　归来串夺娇红，生旋故里，困倒英雄。鲛人问病，痛哭途穷。望海楼头，魂断处，珠还合浦庆从龙。神交至友，同心易考，两折芙蓉。

凯书生交遍九流不使凶终隙末，访玉人路觅三生几至花残月缺；

借英雄途穷一哭方能吐气眉扬，易心友上万言书竟尔珠联璧合。

麟阁待传奇

未见著录，为近年所发现之孤本，至足珍贵。苏州戏剧研究室藏。刊本，似明末清初物。

四册，半叶九行，行曲十九字，白十八字，低一格，有眉批。上下二卷，惜首末俱已残缺，目次仅存二行，第十五至十八出；第一出首叶前半已佚；不详原有序、跋、题词、作者姓氏否。卷下最末两出曲文亦佚。所赖题目及第一出后半曲文尚存，对理解全剧情节并无妨碍。卷上十八出，第一出题目亦不存，自第二出以下为：简抚、饯托、瞥觏、苣晤、揸寇、贿结、逗情、妬凶、速讼、治绩、泣逮、计脱、闺闹、盟害、激杀、刺误、判合。卷下十九出（第十九至三十七出）：遣遁、洋警、决策、掇陷、殉节、陋掬、闹海、骇诬、途掠、谊恳、雌庇、脱试、魂诰、警掳、俘获、席擒、总圆、攀陈、大庆。第一出后半叶所存曲文，可见全剧梗概：

……中。巨奸豪恶，睹色两淫凶，构意公然抢杀，赖神明鞠断平空。判田生，给偕伉俪，鱼水两和同。漏网从南去，投充海寇，大闹沙崇。戮力统兵堵剿，御敌冲冲。鸾凤又遭拆散，喜报捷，两下重逢。贯三吴，豫开麟阁，旋归万古荣。

各凶徒备极奸盗淫邪，数正人包完忠孝节义；

摘抚治无非借景生情，麟阁待遂成新奇传记。

续情灯　醉月缘

上海图书馆藏。明末绣霞堂刊本，半叶九行，行曲二十字，白十九字，低一格。薛旦撰。薛氏剧作，《今乐考证》著录八著录十六种，《曲录》卷五著录十种。《今乐考证》较《曲录》多《后西厢》《飞熊兆》《紫琼瑶》《赐绣旗》《齐天乐》《翡翠园》《玉麟符》《粉红襴》《喜联登》九种，《曲录》所收《九龙池》《长生桃》《一霄泰》三种为《今乐考证》所未收，如两书著录无误，且无别名，则薛氏作品当有十九种，除上述十五种外，尚有《玉生愿》《战荆轲》《状元旗》《芦中人》四种。《曲海总目提要》收《齐天乐》《玉麟符》两种，可能尚有传本，唯不详现藏何处。目前薛氏作品可见者只有三种，除此二种外，尚有《杂

剧新编》所收之《昭君怨》杂剧，至可惜也。

《续情灯》卷首残缺，序仅存后半，署"崇祯癸未（十六年，1643）中秋望日绣霞堂主人听然子撰"，题辞署"听然子漫题"，正文署"听然子编，古怀民评"。有图十幅。演景韶与尹停霞、秦坚与冯娟娟姻缘事，以续情天灯为关纽，故名。剧情半据同名小说，而多有增饰。上下二卷，卷上十七出：灯引、拈句、赠药、画扇、考市、迷箕、童诨、泮试、雪遇、订盟、私问、载月、密晤、传约、霄遁、迎春、许姻。卷下十六出：说艳、喜隽、赚女、闻变、驰驿、失真、侠救、脱难、弹奸、误传、远戍、榜笑、弃官、起忠、舞灯、追灯。

《醉月缘》为周氏言言斋故物，四册。卷首亦残缺，序仅存一叶半，且有缺字，署"餐英主人题"。正文署"吴门听然子编，古怀民评"。上下二卷，卷上十八出：缘略、结义、登舟、窥艳、饯别、胜会、赠绫、惊和、弹词、留亲、错访、私释、寇聚、海市、婚诨、习词、被掳、塞合。卷下十六出：分首、谈心、奸计、改妆、假合、赠试、泣秋、赎妾、赌婢、京聚、闻歌、吐真、话旧、病遇、招安、缘毕。

天宫宝传奇

未见著录，浙江图书馆藏。清初太原王氏曲局乌丝栏写本，一册；半叶九行，行二十字。

无序、跋、题辞、目录，亦未署作者姓名字号。上下二卷，上卷十八折，下卷存十三折（第十九至三十一折），第三十一折九十二叶、九十三叶仅存前半，以下缺。各折只著折数，不标题目。第一折略述全剧梗概云：

> 【绮罗香】相种良臣，山阴白氏，麒麟定结朱陈。泰岳遐龄，东床介寿，奸人谋娶，诬陷书生。侠气慈恩，相携上路，号屈赴公庭。　廉明荐士，贞女投波，舟中旅邸诉衷情。仇豪计拙，帅府招贤，大战磐山，大士指迷津。剿灭狮蛮，虏功独占，文武两完婚。

雨蝶痕

未见著录,上海图书馆藏。郎润斋刊本,半叶九行,行二十字。扉叶署"延陵先生制",上卷署"商山浣霞子编次,三余主人阅",下卷署"商山浣霞子填词,四香楼主人评定",知作者姓吴,徽人。卷首序署"顺治辛卯(八年,1651)季春堆山衲末书于家园之凝远楼",此剧应作于是年或稍早。有薛寀等"参阅品评姓氏"人名表,卷末有汪台山、程庶咸、程永孚三跋及作者自题七律一首。数人生平皆待考。上下二卷,上卷十七折:发端、叙旧、忠愤、阅文、雨缘、分题、私羡、造谋、蝶梦、腾谤、决俊、面发、欲姻、同舟、朋奸、月诉、秋捷、被逮。卷下十八折:枉鞫、泣别、归叹、假诺、惊逸、潜移、衬绐、返园、哭灵、疑鬼、恩遇、逢故、刃恶、京集、露踪、珠还、解疑、璧合。每折后有评语,非出一人之手,当即上述表中人所为。第一折发端云:

【西江月】亘古满腔悲愤,普天一缕柔情,翻来覆去破愁城,总在排场打混。　巫峡沉沉欲暗,庄蒙栩栩如生,几番风雨几番晴,留得舞春小影。【玉蝴蝶】这段风流公案,辟天才俊,绝世娉婷,偶尔春游遇雨,雨里生情,初缘在文心投契,继梦得粉蝶流痕。霎时间五行颠倒,造化翻腾。　离群,忠奸难敌,爪牙肆横,祸害纷纷,到底冤伸,其间就里未分明。真不真以生易死,假不假认鬼为人。待功成,星星说破,这段原因。

桂小姐好眼力阅文决俊,白公子巧机括遇雨分题;

休认作大排场情缘离合,只算得细播弄人世痴迷。

珊瑚鞭

上海图书馆藏。旧抄本(似清初抄本),二册。徐石麒撰,题"坦庵徐又陵填词,幔亭仙史袁令昭评阅"。有朱批。上卷十七出:作者意、话钟情、女传书、闹东篱、辞婚怨、叹遐征、访诗豪、误辞娇、返銮舆、新柳吟、乞鞭阻、和鸾笺、宾筵错、青衣诧、怜同调、乔赠金、诗场笑。下卷十六出:美人题、暗抛情、征途遇、返金陵、探虚宅、两谈心、曳裾游、啼怨耦、卜良缘、暗得偶、悲失偶、代投书、议东床、争附炎、两团圆、承天宠。

剧演苏友白、白红玉、卢梦梨婚事，系据《玉娇梨》小说敷衍而成。作者意云：

【蝶恋花】许古风流会掣肘，服贵心奢，难遇风流偶。都是憨郎轻破口，谈情只是闲花柳。　几曲清歌催梦陡，聊借他缘，塑我擎花手。金屋名姝何处有，惺惺还惜惺惺否。【凤凰台上忆吹箫】苏子莲仙，白媛红玉，才名并驾金陵。看题梅咏柳，两掷金声。可奈村郎妄想，换诗笺误赚娉婷。机缘巧，花间遘会，重订鸳盟。　行行，穷途卖赋，有侠女卢姬，慧眼投情，把明珠脱赠，执手叮咛。天遣南辕避难，才女——双树双莺。风流谱，相思相见，士女丹青。

考订宫商已有年，闲情偶尔寄吟编；

座间谁是周郎者，细听歌儿拂管弦。

以《珊瑚鞭》命名，演小说《玉娇梨》故事之传奇并不止此一本，北京图书馆藏有清胡业宏所撰《珊瑚鞭》，系吴梅先生旧藏，乾隆戊戌（四十三年，1778）穿柳堂刊本，作于甲午（乾隆三十九年，1774）冬日，里封面题"相城胡苕塘外集，天津王西园校定。"卷首有甲午冬日自序、戊戌十月望夕蒋士铨序、雍阃茂止中秋多陶我序、乾隆乙未吴人骥序、乾隆四十三年戊戌上浣王嵩龄序、张鸿恩、姚兴㳘、张裕荦题词，及胡氏自撰例言。亦上下二卷，卷上二十一出：提纲、秋兴、复召、女课、赏菊、约试、婚拒、边警、托女、闻报、才遇、遣媒、诧丑、怒斥、召侄、借鞭、欢饯、和柳、贿阍、婢智、私觑。卷下二十一出：赴任、亭试、计泄，双膺、质鞭、检诗、议馆、赠金、入幕、戚圆、连隽、闺疑、惊闭、再误、挂冠、赏功、遇仙、婚定、闺叹，访旧、鞭圆。署"桐城胡业宏苕塘填词，天津吴人骥念湖定谱，天津王嵩龄西园论文"。卷末有富森布跋文。

此外中国戏曲研究院所编《曲海总目提要补编》亦著录《珊瑚鞭》，云"不知何人所作"，文中详述全剧内容，并对剧中人及剧情略作考证，惜未提出数及出目，不详即上述二者之一否。

《今乐考证》著录八著录徐石麒《珊瑚鞭》《九奇逢》《辟寒钗》《胭脂虎》四种，《曲录》卷五著录徐石麟（麒之误）《珊瑚鞭》《九奇缘》《胭脂虎》三种，同卷又著录徐善《珊

瑚鞭》一种，注云："国朝徐善撰……"卷三《买花笑》《大转轮》《浮西施》《拈花笑》四种注云："右四种徐石麟撰，石麟字又陵，江都人。案《传奇汇考》载国朝徐善撰《大转轮》杂剧，善字长公，江都人，与石麟里相同，疑石麟一名善，字长公，非别一人也。"余亦疑徐善即徐石麒，但徐善为另一人，所作《珊瑚鞭》为别本亦不不可能，《曲海总目提要补编》所载《珊瑚鞭》或即徐善之作亦未可知。胡氏之作则未见著录。

梅花诗

未见著录，上海图书馆藏。李应桂撰。清刊本，半叶九行，行二十二字。里封面题"李蕊庵先生填词"。正文署"蕊庵李应桂填词"。《曲录》卷五著录李氏所撰《小河洲》一种，并略记其生平云："荫（应）桂，未详其字，山阴人。"卷首有项度序，中云："李子叶梦，余别六七年，己酉余访叶梦于燕邸，读其诗文外，更出其所作《梅花诗传奇》示余……"自板刻视之，似清初物，故己酉当即康熙八年（1669），此剧应作于康熙二年至八年间。据此剧与《小河洲》（见《小河洲》）署名及序文，可知李氏名应桂，字叶梦，一字孟芬，号蕊庵。《今乐考证》著录十著录李蕊庵一种《盖世雄》，依此剧及《小河洲》内容视之，非为别名，则李氏制曲至少应有三种也。

此剧所演故事纯出创造，叙石液与梅凌春、毕临莺二女，因《梅花诗》及十首《柳枝词》结为夫妇事，其中穿插假名士冒名出丑，女扮男装代未婚夫订婚拜花烛等情节。上下二卷，上卷十五折：奇略、苦名、诗缘、情泪、堕计、庭训、馆试、寄箫、掠贪、歌词、招饮、雨逃、店会、雠膺、超召。下卷十四折：乞食、衙会、脱冤、待访、词合、雌霭、巧会、假魂、诘婿、释嫌、允婚、媒复、双圆、补诗。奇略一折略述梗概云：

【凤栖梧】真假文章谁个晓，鱼目龙珠，厮溷真胡嘈，纬利经名何日了，乾坤量大容群小。　　喜得新闻非草草，一凤双凰，撮合缘梅老，造化欺人偏自巧，利图争似文人好。【凤凰台上忆吹箫】石液才人，弃名求丽，姻缘错乱才乔，听丝桐露意，肠断琼箫。可恨玻璃劝醉，避恶计风雨潜逃。赌馆谷，梅诗雠膺，西席魂消。　　萧条，西风乞食，知己遇，衙舍报夺秋标。喜为夫巧婿，毕女情高，误怪新知夺配，花婆重见说根苗。初心悔，群英宴贵，匏合双娇。

有俊气值艳访艳的可笑，无酸态为男扮男的可思；

真怜才慕诗泪词的可感，假名士趋利附势的可悲。

小河洲

《曲录》卷五著录："李应桂撰。一名《双奇侠》。"清刊本，半叶九行，行二十二字。上海图书馆藏。李氏所撰《梅花诗》既作于康熙二年至八年间，此剧编写时间亦应相去不远。上下二卷，上卷署"会稽林景蔚约文父阅，山阴李应桂孟芬父填词"，卷下署"山阴李应桂孟芬父填词，会稽徐莹端玉父评阅"。凡三十七出，标目在外。上卷十八出：得揭、假允、成况、见母、逼从、密筹、移花、闹堂、惊丑、嘱奸、过门、智脱、侠遇、潜移、谋窥、起病、计左、入寇。下卷十九出：缮本、诉院、遣媒、念儿、却婚、雏倾、途感、保将、起兵、谒督、凯旋、访贤、议姻、赘耆、局婿、家耆、覆奏、殿耆、晋秩。各出出目下注明宫调及韵脚。此剧据《好逑传》小说改编，演铁中玉与水冰心，屡以患难相扶，而不涉于私故事。《曲海总目提要》卷二十三叙述剧情甚详。标目一节略述梗概云：

【临江仙】世上姻缘聊且就，都来一见绸缪，谁能名教出鸳俦，风流成道学，新创《小河洲》。【沁园春】铁子探亲，为怜鸳侣，罪正奸侯。水冰心俏胆，移花接木，万回千转，不肯回头。两侠相逢，受恩知报，敢冒嫌疑下榻留。梁间子，见灯花影里，道义绸缪。　　奸谋，恨却婚求，用毒计忠良幸不休。喜救人拼命，将身敢保，旧衔还借，一战功收。百计千方，反惊肝胆，花烛三番真好逑。封章奏，见人伦义侠，名教风流。

铁中玉侠怜鸳侣，大夬侯坐失娇娃；过公子痴心捉月，水小姐俏胆移花。

潜下榻知心报义，莽保将为国忘家。察隐情风维世俗，验完璧光灿骍珈。

五鹿块　两钟情　蓬壶院

未见著录。许逸撰。乌丝栏抄本，半叶九行，行二十一字。上海图书馆藏。《五鹿

块》卷首有同治八年（1869）作者玄孙许登寿识语："……吾高祖适斋公所填南北九宫，实足为曲家金科玉律。吾祖琴南公藏之已久，今翻阅《五鹿块》《蓬壶院》《两钟情》类多残缺失次，登寿勉编而续成之。"其后有《五鹿块传奇自序》，及乾隆乙巳（五十年，1785）孟秋许士良识语；前者署"适斋许廷录撰"，后者署"孙许士良琴南谨识"。剧演晋公子重耳出亡事，上下二卷，卷上十四折：鉴义、伸荐、宵谮、速祭、毒胙、赐缢、诫将、亿祸、斩怯、招亲、缔隗、姬悼、图适、却迎。卷下十四折：别隗、受块、赘齐、议泄、醉遣、逐戈、飧璧、飨楚、商赘、嬴魃、兵会、班朝、讨叛、钦诏。题目正名：五义士出救蒲城难，晋公子归拜周王恩。

《两钟情》一名《分煤恨》，卷首有丙戌春仲适斋自序。剧演申厚卿、王娇娘故事，上下二卷，卷上十五出：大意、情概、适馆、品图、谑逗、赓吟、登台、分煤、遣将、帅媒、共火、谈心、醉误、求姻、军残。卷下十五出：别泪、攻城、病缄、誓神、袭迹、偕归、赠佩、束召、祟迷、欢馨、姻幸、诀别、花殒、恸缢、仙诰。署"虞山许逸适斋撰，同里冯武简缘阅"。第一出大意介绍剧情云：

【满庭芳】情种申纯，舅家探问。娇娘兄妹相呼，酒阑灯暗，絮语意偏孚；暗把诗章赓和，分兰尽结下情逋。萧天后兴兵南犯，擒去白家儿。钟情甚，天恩完聚，古今世间无。

信盟言的王娇娘绝食殒命，不负心的申厚卿投环几尽；

求美丽的白梦容势力空劳，耽风月的黎情鬼假充难认。

《蓬壶院》卷首有序二篇，一署"康熙岁次癸未（四十二年，1703）七十八老人简缘冯武序"，一署"康熙丙午（五年，1666）仲夏七十五种菜叟水南徐淑题"。曲共四折，演唐明皇李隆基与贵妃杨玉环故事，题目正名"杨贵妃断送马嵬坡，唐明皇永会蓬壶院"。署"古虞许廷录适斋撰，同里徐淑水南阅"。卷末有癸未三月、己丑二月作者识语二则、作者六世孙识语一则。后者云："六世祖适斋公制曲三种，曰《五鹿块》，曰《两钟情》，曰《蓬壶院》。曩刊《东野集》后，今版毁而不复流行矣……辛酉九秋众弟孙昭谨识。"

作者许逸，一名廷录，字升闻，适斋其号也。常熟人。工书善画，长诗词，喜度曲，著有《东野轩暇集》（见后）。《东野轩暇集》自序作于康熙己丑（四十八年，1709），《蓬壶院》作于康熙五年以前，可证《两钟情》自序作于康熙丙戌（四十五年，1706），《蓬壶院》识语作于康熙癸未、康熙己丑。足见作者一生活动期间全部在康熙一朝。假设作者撰《蓬壶院》时年二十余，则许氏应生于顺治元年（1644）左右，至康熙四十八年正值年近古稀整理刊刻毕生著述之时。其卒年在康熙四十八年以后，享年约六十六岁以上。

遗爱集

《曲海总目提要》卷二十五、《曲录》卷五并著录。上海图书馆藏。乌丝栏抄本，一册。半叶九行，行二十一字，书口记叶数及出目。卷首有康熙壬子（十一年，1672）秋七月顾宸序，序云："余姻家程子岂一，才情蜂勃，所著《西厢印》，老词人余澹心、邓颐庵辈皆为之心折。乃岂一更以才情运其经济，如《虞山碑》杂剧暨弦索调新词……"序后为《遗爱集》杂文、目录及正文，其后有祭文、诔辞、纪事等及《虞山碑》《岘山碑》杂剧和散曲四套。

《虞山碑》，程端撰，卷首有康熙壬子七月戊午自序，开场《西江月》云："可见人心不死，却嫌天道无知，一歌一曲奏新词，弹出民间血泪。　迎汲儿童想像，借恂父老追思，《虞山碑》继《岘山碑》，愿得于公再世。"凡四折：力行官兑、下察民情、百姓唧哀、城隍留任。演于宗尧任常熟知县，洞悉民间疾苦，为官公正廉明等事迹，并及殁后为城隍，惩处前任县令瞿鳄孙事。

《岘山碑》，虞山陆曜撰，亦四折：吁天、巷哭、闹祠、跨鹤。前半演于氏生前实迹，后半增入于氏本为上界五云阁吏，被谪下凡，死后回洞霄宫，仍掌修文院事等情节。

乐府（散曲）四套：《送于公遗像入祠》，程端撰，北双调新水令套。《哭于父母小引》，钱岳如撰，曲用南北合套新水令、步步娇等。《双调新水令》，龚景渊撰。《于公祠万姓迎神曲》，钱岳如撰，用正宫端正好套。皆歌颂于氏德政之作。

卷末附朱笔识语："三种俱为上寿堂刊版，自罟里瞿本传录。公殁二百五十年矣……丁巳六月望初我校毕识。"据《纪事》知于氏卒于康熙壬子，下推二百三十五年为民国六年丁巳（1917），谓二百五十年，盖举其成数。初我，姓丁，名藏书家，民国十八年（1929）

尚在。

小忽雷

《今乐考证》著录八及《曲录》卷五俱列于孔尚任名下,《曲海总目提要》卷二十九云"不知何人所作",所注云孔尚任与顾彩合撰,实则为顾彩所作。此次访书,得见抄本三种,俱署"岸堂主人鉴定,梦鹤居士填词"。孔尚任《桃花扇》自序亦云:《小忽雷》剧皆顾子天石代予填词",可见孔氏本人亦不讳言此事。兹将所见三种抄本分述如下:

一、上海图书馆所藏旧抄本。原封面不存,卷首有《小忽雷记》,署"曲阜桂馥撰",末行书(笔迹典《小忽雷记》不同)"诜案:准今工部营造尺一尺四寸八分"字样及"叶志诜"印记一方。题词六篇:《小忽雷二绝句》署"曲阜孔尚任";《小忽雷歌》署"德州田雯";《孔东塘座上听关东客弹小忽雷》署"海宁查嗣瑮";《小忽雷歌和田山疆韵》题"曲阜颜懋侨";《小忽雷歌》署"缪沅";《和渔洋先生赠樊棫诗》署"张笃庆"。上下二卷,上卷二十出:上苑开场、曲江题壁、相府延宾、梁门樊婿、代聘联姻、争琴起衅、坊市鞫凶、园林避迹、青楼访丽、朱邸献花、分襟灞上、掷果街头、强藩肆掠、弱妹特贞、快聚江船、误投淮帐、烧丹逼妹、挟策从军、雪夜收城、华筵改报。下卷二十出:郑注冒功、士良选秀、私寻旧院、巧遇新亭、三气糟糠、再逢陌路、认妻遭辱、奏伎邀封、搜谱箧中、落名榜外、寒馆评诗、秋宫拨怨、血书定计、甘露伏兵、系颈泄仇、钓鱼得配、忽雷归土、鹞子惊魂、皇帝赐婚、平章荐士。事演《太平广记》所载唐文宗朝内弟子郑中丞事,又多所添饰而成。

二、南京图书馆藏嘉庆间刘燕庭味经书屋蓝格校抄本《小忽雷、大忽雷》,四册,半叶八行,行曲二十字,白十九字,书口有"东武刘燕庭氏"六字。《小忽雷》题辞首篇署"康熙丙子(三十五年,1696)长至镜莽居士书",以下即孔尚任、田雯、查嗣瑮、颜懋侨、缪沅、张笃庆题词,岸堂《小忽雷歌》《博闻闲情》,梦鹤居土《传奇大意》及岸堂主人《开场》四篇。署名、卷数、出数皆与上海藏本同。卷末有朱为弼、蒋学沂、赵起、赵申嘉、方履籛、吴特徵、谭敬昭、仪克中、陈寿祺、吴嵩梁、端木国瑚、林从炯、刘锡申、陆继辂题词。

《大忽雷》分买胡琴、碎胡琴二折,卷末有残缺。剧演西蜀陈子昂千金买胡琴,邀

客听琴，当场将琴摔碎；并送文集与听客，遂与名诗人王、杨、卢、骆结识事。

三、南京图书馆藏清乾隆间冯氏订抄本《小忽雷》，二卷四十出，分为四册，半叶十行，行二十字。卷首残缺，序文仅存一叶，且已残缺。题辞存孔尚任、田雯、查嗣瑮、颜懋侨、缪沅、桂馥六人之作。张笃庆题辞已佚。目录尚存。卷末署"一山主人抄阅"。此书为贵池刘世珩旧藏，与嘉庆间刘燕庭校钞本同为据以刊入《暖红室汇刻传剧》之胎本。

扬州梦

《扬州梦》有三：一为元乔孟符所撰杂剧，一为清康熙间嵇永仁所撰传奇，俱演杜牧事。此本较稀见，《曲海总目提要》卷四十、《曲录》卷五著录，《提要》作无名氏。实为康熙间岳端所撰传奇，演《太平广记》卷十六引唐李复言《续玄怪录》及《醒世恒言》卷三十七所载杜子春事。情节与《醒世恒言》大体相同。上海图书馆藏。康熙间精刊本，三册一函，半叶九行，行二十二字，半叶图二十四幅，署"鲍承勋子摹"。原封面及里封面不存，卷首有尤侗及洪昇序，后为目录。首叶署"长白玉池生填词；长洲鹤栖老人尤侗鉴定；无锡朱襄、吴江顾卓、新安俞澜同校"。上下二卷，卷上十二出：标引、辞家、一遇、归家、点化、游园、运金、计贫、投亲、再遇、祖饯、赏灯。卷下十二出（第十三至二十四出）：被逐、索债、指路、三遇、云游、守丹、转轮、说亲、做亲、报子、扑子、升仙。

按岳端一名蕴端，字正子，一字兼山，号红兰主人。清宗室，能文好客，而蹇于遭逢。生于康熙十年辛亥，卒年无考。封授多罗勤郡王，康熙二十九年庚午二月降为固山贝子，康熙三十七年戊寅四月缘事革爵。尤、洪二序均作于康熙三十八年己卯十月，可见此剧当成于被革之后。作者所以选择此种厌恶世情冷暖、向往得道飞升之主题思想，决非偶然。

太平乐事

《今乐考证》著录四著录。复旦大学藏。柳山撰。清刊本，一册，半叶十行，行十九字。卷首题词云："……柳山先生出使江左，铃阁多暇，含风咀雅，酌古准今，撰太平乐事杂剧以纪京华上元……癸未（康熙四十二年，1703）腊月钱塘后学洪昇拜记。"自序署"己丑（康熙四十八年，1709）九月十五日柳山居士书"，凡十出：开场、灯赋、山水清音、

太平有象、风花雪月、龙袖骄民、货郎担、日本灯词、卖痴呆、丰登大庆。卷末有柳山后记。此外柳氏向有《北红拂记》杂剧一种，亦罕见。

南京图书馆亦藏有之，册数、出数、行款与复旦藏本全同，惜卷首已残缺，正文亦有缺字。

软羊脂

孔传铦撰。上海图书馆藏。旧抄本，二册，半叶九行，行二十字。封面书名下署"少卓敬读""六艺世家著"。卷首题诗二首：

软玉何曾奉紫貂，木香亭畔更魂消，蕊娘无限相思曲，肠断歌儿白管箫。

侠士由来能几多，才人方可作荆轲，谁传至正年间事，玉笛新声永不磨。

辛卯（康熙五十年，1711）初夏西峰樵人题于半野亭。

有"陈山人""西山草堂"印记。署"补闲斋编词"。

《阙里孔氏诗钞》记传铦字振文，号西铭，别号蝶庵，袭五经博士，著有《补闲集》二卷、《清涛词》二卷。《阙里孔氏词钞》所记略同。近吴晓铃先生已考出孔氏生于康熙十七年（1678）。

此剧未见著录。演古董商李溍之子兆骞与河东防御使完颜盖之女蕊琼事。完颜盖欲夺李溍所藏玉杯软羊脂，以兆骞为质，其女蕊琼见而悦之，私订约。又经一些曲折，以有情人终成眷属结束。上下二卷，首出大概云：

【沁园春】李子书痴，蕊娘娇女，素昧平生，为婪谋骋势，珍奇逼献，误婴羁泄，邂逅花亭，挟贯难求，输情慨许，暗约佳期。在帝京嗟拙计，遣崔蒲肆劫，老父遭惊。　才郎翊戴功成，又虎榜高标第一名。正邻翁吁变，章飞行省，贪夫被逮，讼结公庭。设阱奸徒计穷，身迫柯斧，重操代请荆。双玉椀，向妆台并列，证就姻盟。

鬻古玩的老徽君炫珍招祸，布奸谋的馋录事卖友生心；

用得当的古青锋立除权相，盗不去的真玉椀稳聘千金。

地行仙

一名《后昙花》，《今乐考证》著录十著录，列吴可亭名下，注云："署曰玉勾词客十三种之一，则其所著者富矣，惜不传。"此本为浙江图书馆所藏，乾隆刊本，四册，半叶九行，行二十字。书口上书"太平乐府"，下书"地行仙"。序署："元黓摄提格（壬寅，康熙六十一年，1722）云间淑节转华氏书于柳于庄院松间茅屋之选梦阁"，亦署"玉勾十三种之十三"。凡四十六出：仙案、别师、怜孟、贺张、婚介、庆弦（弦缺末笔，避康熙讳）、谳冢、谐王、看产、判冥、导杨、劝曹、教猱、媒韦、赛僧、讶葬、嬲妪、战姑、逐义、除羊、游江、斗雷、相胎、晓郭、笪尉、助墓、喻令、谒尼、絮影、诤卿、戏涅、谈尸、诫尹、说牟、诲郑、证衹、醒源、得苏、猎狗、勤隐、负冉、讯秽、礼佛、话鸳、望浦、会昙。第一出仙案略述剧情：

【中宫慢词】【沁园春】鲁国儒孙，蜀中常在，共一仙师。得延龄千载，更名混俗，遍游诸夏，娵妇生儿。更有弦超，婚兼天女，益寿添精到处嬉。师安道，贞元谍议，后土作娇妻。【换头】都稀隔世，杨侯遇故夫，把甄奴重活，李源怜鬼，还胎郑采，转看平夷。墓鬼夜义，猿羊狐狗，与彼淫雷又不奇。扶南体，延州锁骨，孔李总该知。

卷末署"重来倒好嬉子编，武林田翠舍梓行"。

按此剧作者乃吴震生，可亭其号也。氏仁和人，字长公。累试不第，入赀为刑部主事，旋乞归。耽吟咏，善制曲，所制《玉勾十三种》即：《换身荣》《天降福》《世外欢》《秦州乐》《成双谱》《乐安春》《生平足》《万年稀》《闹华州》《临濠喜》《人难赛》《三多全》《地行仙》，有乾隆年间刊本。姚梅伯未见，故云"惜不传"。或谓吴氏剧作传世者凡十二种，可见此本应是收入合刻本前之原刊本。其创作时间当迟于其他十二种。

扬州鹤

未见著录，上海图书馆藏。朱丝栏抄本二册，半叶十行，行二十四字。署三原双生编著。卷首有辛亥小阳春二十三日松石闲人序及癸丑仲秋于振序。

于振，金坛人，雍正元年状元。癸丑当是雍正十一年，辛亥为雍正九年。于序署"金坛学弟"，当与作者年齿相若，则三原双生必生于康熙年间，卒于雍正或乾隆年间。

此本为吴兴周氏言言斋故物，亦演杜子春得道飞升事，分上中下三卷，上卷十六出：标引、殿春、道筏、魔横、赴京、诉穷、失窖、暴富、赠友、一遇、波斯、劝组、舞钱、卖子、再遇、殡友。中卷十一出：读画、嘱子、代谋、梦诉、三遇、闺悟、寻舟、拒匪、云台、海舶、守丹。下卷十三出：魔婚、魔情、魔试、魔恐、魔遂、走丹、魔喜、道证、飞升、道情、五岳、建祠、仙圆。卷末有残缺。

首出标引【沁园春】略述全剧梗概：

> 杜氏子春，三上长安，跨鹤扬州。为真仙炼汞，几番度世，邪谋害道，四贼兴谋。周子埋金，贾翁暴富，转眼繁华不到头。娇儿痛报，恩人葬友，梦里说根由。　周游虬侠风流，遇道骨仙风一瞬留。上云台访旧，丹炉守护，香闺习静，清夜虔修。打破情关，劈开生死，非道非魔一旦休。游仙去，造金身拔宅，佳话播千秋。

孔雀记

未见著录，南京图书馆藏。清漱芳斋刊本，二册。署"茸城堨佣编次"，题词署"金匮王灏春明""舒城钟世锽金奏"。茸城堨佣、钟世锽生平俱不详，待考。王灏，雍正二年进士，谅此曲约作于雍正、乾隆年间。上下二卷，卷上十五出：贺雀、签示、唆间、织闹、堂启、山氛、夜诀、晨别、道订、筹运、拒媒、幸嫁、试工、逼醮、失殉。卷下十五出（第十六至第三十出）：仙述、投池、别母、姻舛、解悬、箜篌、靖寇、交訾、因梦、祝诞、谋劫、廊遇、舟鞫、复圆、恩诏。演《孔雀东南飞》故事，而以大团圆结束，最后焦仲卿与刘兰芝在尼庵重逢，仲卿官至尚书，兰芝封为一品夫人。

江流记

上海图书馆藏。五色抄本，一册，与《进瓜记》一册合为一匣，半叶八行，行二十一字。作者姓氏无考。有"延秋阁物"方印及内府藏书印三方。装潢极讲究，匣以木制，上镶

十样锦花卉，深蓝绢护书，白绢签条，上书"《江流记》共十八出全册"，以黄丝线装订。抄写亦极精工，与刊本无异；题目、宫调、曲牌用黄色，出数、曲文、弋腔、边框、叶数用黑色，出目、句读用绿色，科介用红色。五色相宜，读之使人神怡目悦。

剧演《西游记》第九回陈光蕊一家悲欢离合故事，与《升平宝筏》中只写三藏出身者不同。玄奘父陈光蕊相府招亲，上任途中被寇劫略。母殷氏隐忍产子，被迫撤于江中，为僧人所救，收为徒。最后冤仇得雪，夫妻母子团圆。出目如下：

第一出　相府门楣招快婿　　第二出　彩楼欢会配良姻
第三出　布衣喜得深恩至　　第四出　慈母欢从意外来
第五出　纵赤鲤施仁积德　　第六出　遇凶棍起难生灾
第七出　海龙王报全慈惠　　第八出　狠强盗丧却良心
第九出　掠人色胆包天大　　第十出　撤子贞名似水清
第十一出　一水顺流飘匣至　　第十二出　玄奘入定悟前因
第十三出　思儿许氏贫兼病　　第十四出　寻母高僧喜共悲
第十五出　遇瓦窑祖母知因　　第十六出　设祖饯龙王答义
第十七出　昭彰恩怨登时判　　第十八出　母子夫妻一旦欢

书上记明"两个时辰零四刻"，应是当时演出所用时间，可见此剧并非连台本。《今乐考证》著录七无名氏院本中著录《江流》一剧；附录徐文长《南词叙录》所载南曲目中有《陈光蕊江流和尚》，注云："本录收无名氏《江流》本，未知即此剧否。"《曲录》卷四明无名氏传奇中收《江流记》《陈光蕊》二种，可能一为南戏，一为传奇；亦可能系一剧二名，王氏不察，以为二剧。详考五者关系如何，尚有待于来日，然此本从上述四者演化而出却颇有可能。

进瓜记

装潢及行款与《江流记》同，卷首附许叶芬氏识语云："此乾隆初大内节戏院本，时海宇乂安，每内廷演剧，辄命张文敏制词，如《屈子竞渡》《子安题阁》各依时令演之，谓之'月令承应'，其于内廷诸庆事，奏演祥征瑞应者，谓之'法宫雅奏'……光绪八年壬午正月二日早起晴窗宛平许叶芬识。是日雨水节。"《远山堂曲品》著录《进瓜记》

一种，或即此剧。

剧演《西游记》第十回、第十一回所叙龙王违犯天条，误点降雨，求唐太宗援救，以及太宗入阴，刘全进瓜等故事。亦十八出：

第一出水晶宫龙王称祝　　　第二出风雪岸术士指迷

第三出奇闻早动冲冠怒　　　第四出钓艇冤遭溺水灾

第五出占天卜易惊神鬼　　　第六出设计施谋犯罪愆

第七出打招牌惊求术士　　　第八出察躔度祇迓天曹

第九出梦许龙魂思拯厄　　　第十出灭驱鬼祟报深恩

第十一出魏丞相寄书托友　　第十二出崔判官添册酬恩

第十三出施惠泽旨宣御座　　第十四出赴幽冥榜揭朝门

第十五出全信义阴司进果　　第十六出感怜念地府还魂

第十七出离合悲欢圆大梦　　第十八出夫妻恩爱胜前缘

卷末有许叶芬跋："雪庵太史所贻，不知得之谁氏，盖当时进御副本，故抄订极工（凡牌名黄字，曲文墨字，科白绿字，场步注脚红字），承平乐律，前辈词华，展诵之余，深为向往。惜只开场两记，未能得观其全，心诚阙如。此曲坊间不致有刻本，会向内城藏书家物色之。光绪八年壬午正月二日早起晴窗宛平许叶芬识。是日雨水节。"此二剧自成起讫，系取《西游》故事之一段演成傅奇，而非《升平宝筏》开场两记，许氏未见《升平宝筏》及《南词叙录》《今乐考证》，故有此语。

栖云石

《今乐考证》著录九著录。黄图珌撰。浙江图书馆藏。乾隆刊本，二册，半叶十行，行十九字。卷首序署"乾隆八年（1743）二月二日峰泖蕉窗居士题于瓯东之春雨轩"，正文署"峰泖蕉窗居士填词"。上下二卷，上卷十六出：提纲、行春、迷津、贿托、心许、密约、得梦、传情、双残、惊变、同穴、盗棺、复生、哭女、内召、倡乱。下卷十六出：避兵、据吴、驿会、决疑、解围、逐婚、穷途、雪遇、图霸、闺思、惧遁、入选、说亲、再合、赠金、石圆。第一出提纲略述剧情：

【恋芳春】生未同衾，死先共穴，古今一段奇闻。幸得情根不灭，复返双魂。

驿路巧相遇合。逐佳婿，不相闻问。鹏程奋，再缔朱陈。风流事，证栖云。

为情痴的女子实足情痴，善说辞的皮婆仍旧说辞；

好势利的泰山无非势利，讨便宜的夫婿到底便宜。

卷末书后署"癸亥（乾隆八年）中秋同学弟张廷乐僭评"。题辞属"当湖陆汝钦题"。

黄图珌，字容之，蕉窗其号也，又号守真子，著有《看山阁集》。据《看山阁集》卷三《堂上翁》曲小序，同卷《凤鸣玉》曲小序、赋序、闲笔《林明伦序》等，知黄氏于雍正六年戊申春入都谒选，分守杭州，乾隆五年庚申分守三衢，乾隆十九年甲戌夏，以秩满入觐，时黄氏已将老矣。

根据《看山阁集》亦可考出黄氏生卒之大致年限，南曲卷三《堂上翁》曲序云："甲辰年……先君沾染疟疾未愈……明年乙未（？）冬，营葬九峰中之细林山，戊申春服阕……"诗卷七云："乙巳仲冬，余构献岁堂，明年丙午元旦后二日立春堂落成，遂奉觞称寿于先大夫前……"《忌辰思亲》云："六月十五日，是我父生辰，不闻诗礼训，三十又二春。"于此，知黄氏之父于雍正二年甲辰（1724）患疟疾，雍正四年丙午（1726）正月初三尚在。乙未应是丁未（雍正五年，1727）之讹，是雍正五年营葬九峰，可知其父应卒于雍正四年或五年。戊申为雍正六年（1728），是年春季除服，依旧俗父丧三年（实为二十七个月）计算，其父应卒于雍正四年春，即献岁堂落成后不久。下推三十二年，知《忌辰思亲》作于乾隆二十三年戊寅（1758）。《忌辰思亲》又云："忆自出山来，恭逢大圣人……分守于峡口……倏忽二十载，维以分自循……"黄氏分守三衢在乾隆五年，至乾隆二十三年，凡十九年，谓二十载盖举其成数。与此诗同卷，尚有《六十自寿思亲》一诗，估计此二首创作时间当相去不远，可见黄氏应生于康熙三十八年（1699）左右。则黄氏入都谒选时年三十，分守三衢时年四十三，乾隆十九年入觐时年五十六，与"已将老矣"正合。查《看山阁集》所收有年月记载者，皆在乾隆二十三年以前，谅黄氏卒于是年以后不甚久。

《看山阁南曲》有《花月歌》一阕，系为伶人请新制《栖云石》行世而作，小序云：

　　《雷峰》一编不无妄诞，余借前人之齿吻，发而成声，于看山之暇，饮酒之余，紫箫红笛以娱目赏心而已。一时脍炙人口，轰传吴越间。好事者粗知音律，窃弄宫商，以致错乱甲乙，颠倒是非；使闻者生嗟，见者欲呕，为千古名胜之雷峰，一旦低眉削色，致声价顿减也（以上指所作《雷峰塔传奇》为人窜改）。至若续填之《栖云石》，虽亦蹈袭陈言，附和往迹，然而句句写怨言情，笔笔描眉画颊，是月露风云之本色，非蛇神牛鬼之荒谈，未能合乎时，宜乎众；是以久贮囊中，秘而不宣者，已寒暑两易矣。今伶人欲请行世，窃恐后蹈前车，反为世所薄，余莫之许。伶遂重贿家僮，出原本与之录去。于是酒社歌坛，莫不熟闻其声。二阅月，有客自姑苏至，顾予言及，始知家僮利财故耳。欲罚之，僮曰："卖爷文字是买爷清名也，何罪之有？"因发一大笑乃免。

曲云：

　　【插花三抬头】却不道知音绝少，我欲碎琴不弹，大地间繁华是好，一人儿清凉独难。

　　【人月圆尾】问如何入得时人眼？且多买胭脂画牡丹。真堪叹！又谁能知湘灵鼓瑟，声落人间。

　　据此，《栖云石》刊印行世至少应在写成两年之后，然则此剧应作于乾隆六年（1740）以前，黄氏时年四十左右。

双痣记

　　未见著录。上海图书馆藏。乾隆间刊本，半叶九行，行二十四字。里封面题"山阴蕉窗主人编"，自序题"乾隆十四年岁在己巳端阳后三日山阴汉胄氏书于珠江书屋"，后有"承恩堂图书""蕉窗"印记两方。"汉胄"，"黄"也，蕉窗为黄图珌别号，故此剧为黄氏所作无疑。序云："闻昔年有莱姓者，忘其名，为人诚笃，□□砭夕，欲挟

资客岭南，里中人共讪其非良贾才，必蹈反薛故事。莱生奋其言而果行，卒为奸侩所获，遂淹留不归。先曾向人言：'必尽复其本。'人亦笑之。无何而衣食不给，遂隐姓名，肩舆糊口。风餐露宿一十八年，即乡中人之久客于此者，亦莫知其踪迹也。其妻本儒家女，痛夫不返，恐堕家声，乃尽散其资业，课子成名。后为岭南司马，赴任之初，莱生应募，适荷其妻。盖莱生颈上有赤痣如豆大，遂为其妻物色得之，共偕老焉。予初哀其遇，继喜其终于遇也，因援笔而敷衍成文。言虽过实，事逼真耳，是为序。"然剧中所演情节除最后妻认夫外，与序文所谈大异。略云：萧山人莱玉，字璞全，娶妻何氏。相士独明子谓莱将有灾，信之，移居钱塘祖茔避难。路过钱塘江，遇风浪，夫妻失散。妻归萧山，族中人逼嫁不从，教子旬龙成人，得中状元。有石敢当者，只生一女，依神灵指示，与旬龙订婚。莱玉亦为渔人所救，在富阳玉虚观调养。又遇独明子，教以往潮州一带，决有意外奇逢。遂去潮州，为当地人拉夫。时旬龙去潮州为官，何氏随子赴任，见轿夫颈有赤痣，夫妻父子始得团圆。

曲凡二十出，分上下二卷，卷上十出：相厄、梦祥、埋书、劫路、产墓、伏潮、拆群、遇仆、语道、获麟。卷下十出：族哄、闺课、惊花、订婚、逢謦、顺母、假元、乔婚、识盗、认夫。第一出前有标目略述全剧梗概：

【蝶恋花】十八年来都实事，不作惊涛，怎见掀天势。莫诤狂生演赘史，心中相法原如此。　　水火同仇谁日济，种玉藏书，去住曾无二。死死生生非别致，笔花欲判阴阳痣。【汉宫春】莱玉糟糠，偶遇独明谈相，腋下韬光，避难忻离祖宅，仍依坟堂。星游墓库，鼓红炉兼厄帆樯。泉路里，更生还璧，此恩永赖钱塘。　　平地灾生族匪，顿凌孤毁操，断送玉香。□梦龙吟土窟，缔就鸾凰。大义存祀，协同心花烛凄凉，愁落解，状头天赐，归来前度刘郎。

莱璞同痣辨阴阳误，石敢当梦结生死媒；

钱塘君潮伏中秋日，周掌院元宝报春魁。

黄图珌剧作今存者有《梦钗缘》《雷峰塔》《栖云石》《解金貂》《温柔乡》，得此剧已足六种矣。

遗真记

一名《桃花影》，未见著录。赵景深先生藏。刊本，一册，书口有"惬心堂"三字，半叶八行，行十九字。剧演冯小青故事，凡五折：挑灯、游湖、写照、送花、点化。后附题词及后序，后序署"乾隆癸巳（三十八年，1699）闰上巳羡行氏书"。

此剧极鲜见，以余所知，仅长乐郑氏亦有藏本，系吴兴周氏言言斋故物，今归北京图书馆。卷首有乾隆辛巳（二十六年，1761）孟夏上浣古檀氏自序，及青溪廖景文古檀、邗江毕怀

图花江、练塘高景光桐邨等人题辞。故知作者古檀氏即廖景文，青溪人。较景深先生藏本多《请师》一折，后附古檀诗话及羡行氏序。

杏花山

《笠阁批评剧目》《曲海总目提要》卷四十四、《曲录》卷五著录，皆不详作者姓氏。此本藏于上海图书馆，无序跋，亦未署作者姓氏，上卷卷首有"羽仙小像"一幅，书中夹一纸笺，云：

> 徐凤字羽仙，本山东人，姓刘氏，岁饥，转徙至吴，入乐籍，故冒姓徐。以善歌有声金阊间。长而益进，转老歊气，别为新媚；则古准今，穷极要眇，歌工谱之，名徐孃腔。良辰佳节，狎游者以不得凤为恨。赋性刚戾，鞭挞使女往往过差好。（疑有讹误）得遇贵游，屡受窘辱，不悛也。晚而絜资嫁吾邑戴仲，仲固名家子，室亦巨族，不能容，乃假"定远山楼"居焉。忽一夕为人缢，戴惊归，炉香未销，薰衣尚热，凤则绝矣。伤痕宛然，主名不立。戴遽葬之，人皆知其冤也。后记谭四、陈三魁、张师雅等事，并录其自题画像诗云："饮冰食蘖已多年，飘泊浑如不系船，作得衣裳谁是主，空将歌舞受人怜。"录自冯舒己苍《怀旧集》下卷末一则徐凤事。

此剧演东晋时大将军党杰麾下先锋柳成龙，掠乐天民之女云生，记室参军安文俊释云生，云生投村媪杨氏家中。成龙恨甚，欲杀文俊，使前军校卫吉世芳纵火焚文俊。世

芳私告文俊，与俱走。见成龙追急，分道而逃。文浚亦至杨媪家，与云生订姻盟而去。世芳逃入曹郡刺史祥景园中，祥女琼英纵之去。成龙至，为杨媪之子上官毅及里民所杀。里民拥毅为寨主。后杨媪告大将祥景：毅即其子，景遣文俊招降，俱得官。而文俊与云生、世芳与琼英亦得珠联璧合。剧情与徐凤无涉，疑徐凤即此剧作者。

是编未见有刊本行世，据笔者所知，唯北京图书馆藏抄本一部。此本亦抄本，四册，上下二卷，凡二十八出，不记出目，第一出略述梗概云："侠气公衍，英豪文俊，少年仗剑从军。党杰心怀异志，柳成龙残虐黎民，乐氏遭逢强暴，参军义释，面辱奸凌起祸根。施恩暗救，追兵紧，两下分群。祥小姐闺英侠概，识英雄，救脱灾星。乐天民悲歧幼女，上官毅失母起刀兵。祥司马领兵征讨，辕门招抚，一时会合君可闻，杏花山旌封合卺，双奇配齐荷皇恩。"

《笠阁批评旧戏目》附刻在乾隆二十七年（1762）刊本《清笠阁渔翁笺注牡丹亭》中，则此剧必作于是年以前。

砭真记

未见著录。赵景深、谭正璧先生俱有藏本。民国五年有正书局铅印本。韩锡胙撰。卷首有序，云："少微山人是吾族祖湘岩公。"并述此作是为崔张故事翻案："览《会真记》者，见张之弃崔，未有不愤然怒者也，则人之览《砭真记》，见神之罪张，未有不怡然畅者也……民国四年（1915）仲冬裔孙震东敬题。"自叙署"乾隆甲申（乾隆二十九年，1764）元夕少微山人序。"正文署"少微山人戏笔"，正文前附凡例及元微之《会真记》原文。剧凡六出：雌黄文字、搜索幽冥、芳魂皎洁、真假分明、穷途反本、苦行除愆。

富贵神仙

《今乐考证》著录十、《曲录》卷五著录，郑含成撰。浙江图书馆藏，姚梅伯大梅山馆故物。乌丝栏旧抄本，四册，半叶八行，行二十字。卷首自叙署"乾隆三十五年庚寅冬十月上浣影园灌者书"。正文署"影园灌者填词，玉斧山樵校阅"。上下二卷，上卷十四出：开谱、起局、现彩、庆寿、逢金、千立、炉香、特聘、红集、龙跃、色闹、孙扶、错捉、回庄。下卷十四出：醉红、双趣、赠旗、大冲、百献、贺同、独吊、合斗、

夺锦、顺风、旌奖、团圆、禅悟、散花。首出开谱介绍全剧情节：

【汉宫春】百子仙郎，佳人二十，配合相当。钱虎掌财送宝，陟获金藏。奸僧行窃，满簏投献万花降。龙门跃早，姻由禅订，色闹急回庄。　最笑乱红急捉，小环奔告，炉铸阴阳。更有大千旗赠，夺锦成双。喜顺风旗奖，种得麒麟雏凤凰。参禅处，散花天上，人愿尽能偿。（童）谱内之人是何名姓（末）？

　　白玉红夺锦搴旗原是个凤麟祥瑞，石念娘花雨炉香定该作英雄匹配；

　　万花兜错捉争冲却晓得风顺归降，大千师佛力慈心成就了神仙富贵。

秣陵秋传奇

此剧仅姚梅伯据赵怀玉词集《秋籁吟》录于《今乐考证》著录十，未见传本，治曲者多以为已佚。此本近年在扬州发现，今归南京图书馆，至可宝贵。稿本，四册。庄伯鸿撰，署"蓉塘别客制"，卷首自序署"庚子冬杪蓉塘别客自记于海西头之停云山馆"。曲共十五出：提纲、访秋、桂卜、考帘、访云、谋饵、入闱、闹板、赠囊、盲荐、兰茵、情诉、芳会、饯别、梦证。首出提纲略述梗概云：

【金缕曲】无限伤心话，总付与登场傀儡，一齐抒写。绿酒红灯三寸管，滚滚天花飞下，却半是诙谐怒骂，世事而今都类比，哭西风，清泪纷纷洒，算是个多情者。　渡江文战帆争挂，尽看着三三五五，性耽风雅。得失无凭何足论，且各寻欢水榭，怜风景如花如画。儿女英雄同一梦，但相知便是姻缘，也不必问真和假。【满庭芳】参政清标，云英姿态，相逢白下秋风。香囊画扇，表赠两情通。信是三生凤契，送殷勤云雨巫峰。还相约，他年玉镜，完与照芙蓉。　群花同放艳，兰幽莲静，馥淡娥浓。尽青溪十里，竞绿争红。可奈酒阑人散，蓦回头各自西东。黄茅店潇潇夜雨，离合梦魂中。

　　鱼甫卿画梅订后约，王云仙置酒送归舟；

季山樵情钟萍水遇，涂小鹤梦破秣陵秋。

赵怀玉题《秣陵秋传奇》曲见《秋籁吟》卷三，系《离庭燕》一阕，小序云："题庄伯鸿（逵）《秣陵秋传奇》即送之官秦中。"词曰："凭却移宫换羽，写出一时儿女，便使人归沙叱利，也算奇缘千古。秋草没长千，回首旧游何处。　又别东华尘土，去听灞桥风雨，收拾疮痍烽火后，地是从前歌舞。且待遍栽花，再把闲情重赋。"

细读赵氏词集，其有年月记载者依次为【青衫湿】（乾隆丁酉，即四十二年，1777）、【貂裘换酒】（癸卯除夕，即乾隆四十八年，1783）、【前调】（甲辰元日，即乾隆四十九年，1784）、【凤凰台上忆吹箫】（甲辰中秋）、【夺锦标】（癸丑五日，即乾隆五十八年，1793）、【貂裘换酒】（辛酉元日，即嘉庆六年，1801）、【卜算子】（庚午元夕，即嘉庆十五年，1810）、【水龙吟】（辛未五月四日，即嘉庆十六年，1811）、【乳燕飞】（作者六十七岁生朝，即嘉庆十八年，1813）、【浪淘沙】（乙亥三月，即嘉庆二十年，1815）。可见此书体例采用系年，则赵氏题《秣陵秋传奇》时应在1793至1801年间，因【离庭燕】一阕列于癸丑五日所制【夺锦标】后，辛酉元日所制【貂裘换酒】前。由此推之，伯鸿自序当作于乾隆四十五年庚子（1780），此剧应作于是年，或稍早。

【离亭燕】既作于伯鸿"之官秦中"之时，则当时伯鸿应在壮年，而制《秣陵秋》时至少亦应在二十岁以上，可见伯鸿乾隆二十五年（1760）至乾隆五十八年（1793）在世。

彩毫缘传奇

此剧一名《鸳鸯梦》，谢兰阶撰。未见著录。上海图书馆藏。旧抄本，四册一函，半叶九行，每行曲二十字，白十九字，低一格。署"小画溪玉亭填词"，卷首序署"乾隆四十五年岁次庚子仲秋上浣玉亭谢兰阶漕浦氏题于虎邱舟次。"上下二卷，卷上十五出：梦略、寺醉、婢絮、和韵、觇艳、花祝、求婚、闺试、情痴、奸怒、荐婚、强娶、惊嫁、河拯、苏访。卷下十七出（第十六至三十二出）：忆婢、谋害、边寇、逮狱、闻捷、拒奸、仙引、闺盟、情颠、梦授、劝弹、削籍、琼林、谒座、平乱、认婢、双合。

首出《梦略》【满庭芳】略述全剧梗概：

闺女题诗，才郎和韵，奇缘竟许成双。陈生契友，曾为表情肠。谁料煨糟公子，夸才貌，妄想求凰；来强娶，翻亏弱婢，侠气凛秋霜。幽窟私自祷，麻姑相救，恰遇陶航。幸管郎联捷，赋奏长杨。从此琼林高宴，待奏凯，配合英皇。真堪羡，芙蓉并蒂，花里梦鸳鸯。

暗帮衬的沈小姐私盟姊妹，硬作主的褚尚书强赘仙郎；

没高低的三鼎甲原同笔砚，分大小的两姮娥共结鸾凤。

西江瑞

未见著录，南京图书馆藏。清刊本，一册。末叶署"琴川刘博文刻"。复旦大学藏有此宜阁刊本，惜一时未检出，无从一较优劣。清周昂撰，卷首题词署"嘉平五日少霞氏病笔"。上海图书馆藏抄本《玉环缘》卷末朱笔识语云："是本自桂林徐氏所藏乾隆戊申此宜阁刊本借录。少霞先生尚有《兕觥记》《两孝记》《西江瑞》三种传奇，俱不得见，疑亡来久矣。戊申秋仲初园。"可见此本传世者甚稀。剧演文天祥、陆秀夫、谢枋得报国事而多所增饰，以南宋君臣俱登仙境，上帝将龙女赐婚赵昺作结。曲凡二十四出：神鉴、梦元、言志、闺商、义谒、毒奸、倖脱、冻潮、兵警、神护、出狱、怒艳、勤王、拿属、狱叙、邀神、飓作、吁天、蹈海、生祭、戮忠、掘陵、哭树、天眷。

徐校《同调编·周昂小传》，于了解周氏本人及其剧作《玉环缘》《西江瑞》大有稗益，附录于此：

周昂，宇千若，号少霞，蔡泾人。由拔萃科司训宣城，庚寅（乾隆三十五年，1770）举于乡。屡上春官不第，寄情弦管。借唐人韦皋事编《玉环缘传奇》，甫脱稿．嘱爱闲老人谱工尺，爱闲曰："此事难，愿弗为也。"请其说，则曰："制曲之妙，全须节奏，节奏自然，谓之天籁。天唱地和，音韵出焉，然后判以阴阳，分以清浊，宫商角徵羽互按其律，喉腭舌齿唇各宣其用，失之毫厘，谬以千里。至于生旦净丑声口不同，插科打诨心手变化，此在才人优为之耳。"于是先生茫然长思，

恍然若有所得。逾月改定，示爱闲，爱闲操不律作（疑有误），短笛吹之，抚掌曰："聪明绝世人也！"遂与填谱付梨园唱演。姚古愚齐宋题以诗曰："幺凤清声按拍工，新词白苎唱江东；周郎顾曲风流甚，可否花前唤小红。""三年秉铎住宣城，拂袖归来百感生；赋罢悼亡填乐府，三生于此证多情。""玉茗遗踪不可寻，此宜阁又擅知音；休将花月新闻比，辜负词人一片心。""鸡丝蜡燕度新年，听雨情怀中酒眠；拟取曹娥碑背句，为君写入《玉环缘》。"岁丁未（乾隆五十二年，1787）仲子伟亡，赵出也，乃寓意于赵氏一块肉，作《西江瑞传奇》。感愤成疾，力疾益著书凡数十种：如《中州余韵》《古韵通叶略例》《小学卮言》等书，抉摘声音之道殆无遗蕴。间作小词，命韶童倚笛而歌，以手拍膝，口中作乌乌声和之，古称"夙悟神解"，其先生之谓欤！

据此，知《西江瑞》作于乾隆五十二年，或稍后。此宜阁刊本《玉环缘传奇》刻于乾隆五十三年，谅二者创作时间相距不久。假设周昂中举时年二十余，则其生约在乾隆十年（1745）左右，仲子伟死后，周氏既著书数十种，则其卒应后于其子多年，至少当在嘉庆初年以后。

七子图

《今乐考证》著录十著录，题《七才子》注云："即《七子图》"。《曲录》卷五亦著录《七才子》一种，当即此剧。浙江图书馆藏，系姚梅伯大梅山馆故物，旧抄本，一册，半叶九行，行二十余字。有缺字。无序、跋、目录，亦未署作者姓名别号，仅卷末署"凝辉堂录"。然此剧见《曲海目》，当系乾隆以前或乾隆年间作品。共三十五出：家门、诗社、钩党、游春、内操、上任、奸议、伏阙、饯韩、惊报，探监、血東、求救、谒珰、出狱、藩谋、熬茶、受害、出征、议师、部会、擒叛、奏凯、卜卦、豹房、坊信、别妻、南游、诉情、□□（第三十出失题）、京聚、宴怒、责子、□□（第三十四出失题）、诗圆。剧演明七子事，第一出家门略述全剧梗概：

【沁园春】弘正诗人，崆峒老子，横绝文林。纵纤儿败坏，典型尚在，后生涂抹，精彩谁锓。难道虫肝，竞怜蜗角，千古新亭实负心。盖棺论，想是非料定，也要知音。武功万丈嶙峋，便太白娥眉可盍簪！看醉饴唇，何妨罪过，高翘汗脚，讵费豪吟。白璧无瑕，琵琶再误，索共梅花笑不禁。《中山传》，却非同《毛颖》，留作士夫箴。

雁门秋传奇

《今乐考证》著录十著录。上海图书馆藏。乌丝栏抄本，一册，半叶九行，行二十一字。清瞿颉撰，署"琴川菊亭居士填词"。卷首有邵葆祺、张燮、胡铣、景燮四人题辞。不分卷，共八出：塞游、幕钗、散赈、却疫、题壁、修祠、像祭、神归。前用【蝶恋花】二阕介绍剧情："相如游倦梁园暮，策马雄关，来向边城路。红袖青衫相对处，琵琶如听浔阳妇。　惆怅尚书祠庙古，荒草颓垣，怕听秋虫语。榱桷重新观察去，丰碑还勒词人句。"

瞿颉，常熟人，字孚若，号菊亭。曾任丰都知县，著有《四书质疑》《丰都县志》《秋水阁古文》《秋水吟》。所撰《鹤归来》演瞿式耜事，为艺林所传诵，而此剧传本甚少。如《元圭记》果为瞿颉所撰（见《元圭记》），则此本与下述《桐泾月传奇》创作时间亦当在乾嘉间。

桐泾月传奇

上海图书馆藏。乌丝栏抄本一册，半叶九行，行二十一字。未见著录。瞿颉撰，署"琴川苍山子填词"。不分卷，凡二十三折：述概、约试、言情、争寓、观剧、蠹挑、题扇、场诨、闺忆、鹄疑、天榜、泣别、计绐、哭书、投淮、急控、荷代、惩梁、神佑、盗窘、医哄、贤访、感梦。

第一折述概介绍剧情云：

【汉宫春】詹子多情，恰金陵秋试，姚女相逢，惊梦留心观剧，暗里情钟，小园题扇两心谐，剖露深衷。功名事偏违人愿，一朝离别匆匆。　阿父商量计绐，把一封假书，哭坏花容。可怜贞媛投水，太守惩凶。无情风伯，与绿林又逞狂锋。直

到得花残月缺，佳人马鬣谁封。

富才华的詹秀才甘作有情痴，极贤惠的汪大娘空怜薄命妾；

最愚蠢的假公子妄想楚台云，没福命的姚磬儿长卧桐泾月。

元圭记

未见著录，上海图书馆藏。乌丝栏抄本。卷首有周昂、言朝楫、言尚鑠、邵广钤、姓浩五人题词及作者自叙。自叙云："……余为此记，实欲为龙门补其缺略，记成，质之余友少霞氏……猥蒙鉴赏，锡以题词……戊午嘉平秋水阁主人自叙。"后有古愚姚齐宋草所为诗四首及陈士琳金缕曲一阕。

按少霞为周昂字。周昂一生主要活动时间在乾隆中叶以后，上海图书馆藏周昂所撰《玉环缘》卷首有朱麐跋，作于庚子二月，中云："同里周君少霞《玉环缘》传奇成，将付梨园演唱……少霞邀余寓斋头，为谱其全本……"又《玉环缘》此宜阁刊本刊于乾隆五十三年，可见朱麐跋文作于乾隆四十五年庚子。《元圭记》作者秋水阁主人既称周昂为"余友"，亦必为乾嘉间人，自叙当作于嘉庆三年戊午，清人以秋水阁名室者有四：宜兴陈维岳、云梦许兆春、歙县吴兆春、常熟瞿颉。瞿颉以善制曲著称，此本与瞿氏《雁门秋传奇》《桐泾月传奇》纸张行款全同，由此推之，《元圭记》或即瞿氏所作。

剧演夏朝少康中兴故事，上下二卷，卷上十七出：絜纲、藏圭、逆谋、荡舟、忠谏、出窦、奔南、搜宫、育圣、匿仍、猎垆、售奸、奸计、授圭、赂蒙、牧会、杀羿。卷下十五出：诛蒙、道俀、义纵、庖隐、闺训、舞花（昼演）或舞灯（夜演，原作"昼演"，误）、露圭、妻姚、拜师、桑嬬、谍回、缝裳、逐犬、灭浞、圭圆。第一出絜纲【满庭芳】略述全剧大意云：

夏室中衰，相安尸位，有穷后羿专权。潜谋神器，恶正滔天。幸有中宫圣后，忙逃窜，出窦堪怜。中途里，麟儿诞育，宗嗣得绵延。　恰奸雄寒浞，上烝羿室，篡弑相连。喜虞家庖正，双配婵娟。更赖纷纷俊杰，扶英主，诛暴锄奸。《元圭记》把中兴故事，演出好流传。

柴桑乐

未见著录，南京图书馆藏。题方轮子撰。稿本，一册。卷首序署"嘉庆三年十一月长至前六日南园抱瓮子并书于课菜楼"。正文首叶署："如皋方轮子填词，□□□瓮子正谱（佚三字应是'南园抱'），吴门周亮彩按拍。"曲共八出：虎溪、独漉、挂冠、归田、谱琴、栗里、送酒、菊寿。第一出虎溪标题下双排小字注布景及角色上场等情况。有眉批及朱改。第一出前有提纲：

【中吕引青玉案】看花饮酒人人晓，算不得襟怀好。附会闲情牵窈窕，子矜行迳，狡童面貌，枉自亏□□。　陶公品望人间少，擅千古文章妙。松竹田园，归去辞早。□□没弦琴上，辞翻绝调，真是柴桑乐。

羞折腰的傲吏带醉休官，感遁迹的高僧离山谱曲；

借当炉的艳女席地论文，引送酒的贤侯就篱访菊。

谱定红香传

未见著录，亦未见有刊本流传，此为近年扬州所发现之清抄本，今归南京图书馆，扬州古旧书店传抄·本。卷首题词署"紫琅李懿曾拜读""笛生魏茂朴拜读""癸丑子月六日弟湘浦政读""瑶华仙史题""祉繁曹景福集句""翘珊弟拜题""玉山樵人拜题""眷同学晚生蕉衫吴大春拜题""眷同学晚生春浔汪为霜拜题"。夹叶处署"红杏山房"。曲共十出：大略、说艳、院叹、优觑、访红、设计、情耽、写状、讯释、载美。目次下有卧云山人自记："右传奇共十出，名乃假名，事为实事，逾月而成，履经履辍……"第一出大略略述全剧梗概：

【西江月】世上名姝娇小，人间才子风华，相当相对未相差，宛似文君司马。　忽尔惊残蝶梦，无端闹到蜂衙，果能举手摘仙葩，好事多魔不怕。【传言玉女】吴地名流，偶向广陵侨寓。寂寞无伴，幸友盟遘遇。邢公庙里，听罢梨园箫鼓。瞥然邂逅，硕人堪赋。　俗子雄财，乍挥金，购暴雨，几摧残玉树。欣逢春回，得意青云速步。

三生石畔，订成鸳谱。

　　曾郎好色好其美，徐娘钟情钟欲死；

　　彭公怜才怜到头，施贼献丑献出底。

　　卷末题词署"芝嵩沙庆生题""钮兰芬拜读""弟松门读""雁桥居士拜读"。跋文署"世愚侄柏崖冒瑞和拜读""晏海冯云鹏拜读"。

　　作者卧云山人不详何许人，锡州古旧书店某同志谓此书系原稿本，作者为嘉隆间人；并云原书有章，与冯云鹏为伯仲。或云嘉庆十六年辛未二甲十一名进士为冯云鹓，疑即其人。然自冯云鹏跋文署名看来不似作者昆仲，跋文内容亦仅及作品情节，余所见者为扬州古旧书店传抄本，未见原书及图章，无从断言。其他撰题词、跋文人可考者无多，只知李懿曾为清江苏通州人，字渔衫，诸生，著有《天海楼集》。清宗室弘旿号瑶华道人，不详与瑶华仙史为一人否。清嘉应人宋湘、绣谷人赵承恩俱以红杏山房名室，宋湘亦嘉庆时人。由此推知作者当非明嘉隆间人，必为清人无疑，尤以嘉庆之可能性最大。

玉指环

　　未见著录，上海图书馆藏。旧抄本，四册一夹，夹板刻"同治八年三月梓臣清玩"十字。半叶八行，行二十字。张梦祺撰，卷首有道光乙酉（五年，1825）仲春自序。引书二则，一为《云溪友议》，一为《唐宗遗史》。剧演韦皋、玉箫两世姻缘故事。四卷，卷一六出：寄庑、屏窥、川谗、遣侍、嫡奸、环约。卷二七出：京变、劝赘、忆箫、辞幕、祷洲、斩云、环殉。卷三七出：报迁、狱叹、代镇、释姜、惊殒、续缘、魂觌。卷四六出：环生、嘱访、怀梦、斋絮、寿献、环圆。

　　张梦祺，安徽含山人，道光十八年三甲三十名进士。

樊榭记

　　浙江图书馆藏。姚梅伯大梅山馆故物，《今乐考证》著录十著录。旧抄本，一卷一册，半叶九行，行二十五字。卷首有《樊榭源流》及卧虹子题词，题词署"道光己丑（九年，1829）乞巧日卧虹子阅毕漫题"。此外别无序、跋、目录，亦未署作者姓名别号，故只知此剧作于道光己丑以前。共十八出：神降、痴坐、惜艳、慕艳、评痴、醒痴、闱试、胪传、求雨、游山、渔警、獭幻、僧宴、神获、冲衙、烧山、升榭、表榭。剧情略谓：下邳人刘纲，自幼痴呆。同里有樊氏女云翘，聪明美貌，自择刘纲为婿。婚后，鹤林寺布袋和尚为刘纲治愈痴疾，灵性大开，发愤读书，得中进士，任上虞令。甫下车，即为民求雨。后随布袋和尚学术，得其法。因获盗有功，升为荆扬节度使。云翘三十载红尘清净后，得道。引刘纲悟夙世缘，使攀藤附枝上皂荚树，离地数丈，随云翘飞升而去云。卷首《樊榭源流》云：

> 唐陆龟蒙、皮日休作四明九题诗，一曰樊榭，《十道四蕃志》及《太平广记·神仙传》云：即刘纲与樊夫人上升之地。《丹山图》记载：刘纲字伯径，下邳人，任上虞令，与夫人樊氏云翘居四明山，皆得仙道。尝与夫人较术，纲作火烧碓屋，夫人禁之。即庭中两树桃，各咒一，使相斗击。良久纲所咒者走出篱外。纲吐盘中成鲤，夫人吐成獭，食鱼。入山遇虎阻道，纲禁之不动，去则便号。夫人绳系虎颈，牵归床侧。每共试术不胜。将升天，大兰山有皂荚树，纲升树数丈，方能飞举；夫人平坐，冉冉如云气之升。

蝶归楼传奇

此剧有中华书局铅印本，较易得，卷末有丙辰（民国五年，1916）重九后七日天虚我生（陈栩）跋，据此跋知陈氏不详此剧为黄治所作，并已将原文猥亵及不合律处改动。赵景深先生藏有红格抄本二册，半叶八行，行二十字。抄自黄氏手稿，原貌犹存；惜仅存第一至第十出、第廿一至三十出、缀一出、补一出，第十一至第十九出已佚。卷首自序云："岁庚寅（道光十年，1830）六月，余以事寓雩阳……取少日所闻□女化蝶事谱而传之……癸巳（道光十三年，1833）重阳今樵居士自识于豫章之天光禅院。"正文署"台州黄浚古樵正谱，黄治今樵填词""新城沈鳞伯渊氏钞藏"。正文共三十出：蝶因、缘梦、闺谑、

赚弟、味曲、借寓、楼誓、促别、心病、叹误、倩书、杖子、越楼、病圆、情决、化蝶、闺恸、兄梦、哭墓、鬼诨、魂归、究情、吓婚、醮遣、医判、嫂讯、劝媚、缘尽、后圆、蝶仙。前有"总一出　鼓引"，后有"缀一出　鼓词""补一出　题楼大圆"。

南京图书馆藏有红格抄本一册，半叶八行，行曲二十字，白十九字。存下卷第十九出至三十出及缀一出、补一出，后附"蝶归楼传奇脚色"，署"古樵道人正拍，今樵居士填词"。唯不详其文字与景深先生藏本同，抑与铅印本相同也。

红羊劫传奇

江苏省文化局周村局长藏。朱子期撰。旧抄本，一册，半叶八行，行曲二十二字，白双行，低一格，上眉有注释。此剧传抄本及影印本俱不易得，而此本尤为诸本之白眉，其价值等于手稿本，可从卷末作者同母弟朱绍亭跋文见之："此同母兄子期先生之所作也……转徙流离，遂失稿本。先兄下世垂三十余年，深以此书未克流传为憾。今春见伯雨处默钞全帙，曲牌间有阙佚，而原文一字无讹……癸丑夏四月，溧水朱绍亭豫生甫谨识，时年八十。"癸丑为民国二年（1913），可见绍亭生于道光十四年甲午（1834），则子期应生于道光十三年（1833）以前，卒于光绪六年（1880）左右，年约五十岁。

此本卷首有：《敬题红羊劫十二折得长句四律》，署"乙丑十月四日（当是民国乙丑）江浦后学陈浏并记"；自叙署"咸丰甲寅年五月下浣溧水劫余道人自序"；题词署"金陵稺泉焦光俊题"。上下二卷，上卷六折：开劫、誓剿、营窟、东宴（癸丑八月）、愤刺、逼试（癸丑十月）。下卷六折：悯劫、兵哄（癸丑十一月）、截逃、计泄（甲寅四月）、荡冠、劫圆。剧演太平天国事，成于咸丰甲寅（四年，1854）以后。作者立场观点反动，然所写亲身经历，保存历史资料，可供参考。

红羊劫

谭正璧先生藏。影印本，半叶十六行，行四十三字。序文、题词以及本文皆与周村同志藏本有出入。序文署"咸丰甲寅季夏六月之吉秣陵道人听秋序"；自序署"咸丰四年岁次甲寅五月下浣高平劫余道人自序"；题词署"耐庵道人"等。上卷六折：井劫、誓剿、营窟、逼试、计泄、兵哄。下卷六折：悯劫、截逃、东宴、愤刺、荡寇、劫圆。

金陵恨传奇

未见著录，上海图书馆藏。稿本，不分卷，半叶九行，行二十余字。卷首自序云："粤匪之乱，迄今数载，其间忠贞之士，或慷慨捐生，或从容就义，已如繁星闪烁霄汉，然未有如张炳增之著者也。金陵癸丑变后，余避乱村居……友言张君事甚详……遂欲为张君作传奇，使海内之人，皆知张君忠节……咸丰丁巳（七年，1857）十一月朔浮槎仙客自序。"浮槎仙客，姓张，名里待考。

曲共十八出：感怀、闻警、幕议、病嘱、城陷、悲韦、骂贼、誓师、余痛、投营、结义、漏师、贼捕、怨狱、贼拷、诈供、节殉、灵合。前有提纲介绍剧情云：

【满江红】事最伤心，竟惨受红羊浩劫……有书生内应报仇雠，真人杰……【沁园春】秀士张君，睢阳后代，素志非凡。人慕奇才，聘居幕府，贼过天堑，横扰江南。破却坚城，难回浩劫，偏教一命葬波澜。偏不死，遇贼军归顺，共矢投降。　恰适天兵南下，竟入营夜把兵谈。风声漏却，锁归牢狱，日光惨淡，绑赴云阳。一点忠魂，千秋大节，成神排驾上穹苍。玉勒到，共旌忠表节，天理昭彰。

此剧对太平天国革命极尽污蔑之能事，然所写历史资料，不无参考价值。

仙合曲谱

未见著录，苏州图书馆藏。刊本，一册，半叶九行，行二十二字。何青耜撰。卷首序云："……白门何青耜先生《合仙曲谱》（此地书名与封面不同，疑有讹误），殆为元配蔡眉修、继配管有华两贤媛作也……同治七年岁在戊辰十月朔三日毗陵吴宝钧谨序。"北杂剧一折，用【新水令】套，写蔡氏迎管氏同去瑶宫事。

心田记

未见著录，南京图书馆藏。传抄同治间稿本，一册。卷首自序署"同治甲戌（十三年，

1874）四月望日渔庄钓徒自题于吟碧山房"。此剧为讽刺戏，共四出：

访催：以贩卖土地为生的赵松山出场。

劝卖：浪子万奕桓意欲出卖田地以偿赌债。

劝买：赵松山劝小贩出身的暴发户钱积山买田地。

跪松：赵松山妻命丫环责打松山。

卷末有题句，署"嘐溪半禅甫题，平江是子文云骏氏录"。作者及题句人姓名事迹俱不详。书中夹一纸条，为抄书人所写："此虽寥寥数出，而滑稽尽致，描写深刻，仍不失忠厚之意。阅之颇堪发噱，尤妙在纯作吴侬软语，同治间情形距今不远，恍若现世话也。癸酉（民国二十二年，1933）五月抄。"此评语尚中肯。

蛰园五种曲

未见著录，浙江图书馆藏。蓝格抄本一册，半叶十行，行二十一字。署"海宁徐家礼撰"。收杂剧五种：

第一种　　双莲瓣　忏宵

第二种　　百衲幢　薰塔

第三种　　俊魔缘　幻乐

第四种　　赛秦坑　哭魁　惨睹（用此二剧曲谱写成，即以为题）

第五种　　闺塾议　择课

末附伟子识语、题辞及费有容【金缕曲】。识语云："二十一年一月二十八日因事赴沪……时日兵压境……出《蛰园五种曲》相示，用借抄书自遣……管山亭长伟子记于沪西寓斋。"可见此书为1932年伟子所抄。

题辞云："光绪岁壬寅（二十八年，1902）吾年四十九。"费氏【金缕曲】序云："海昌徐蛰园先生，工书善画，尤喜度曲……此三十年前事，甫于今春与陈君亦陶同客沪上，得睹徐翁遗稿……""今春"不详指何年，当在1932年以前，徐氏应卒于此年以前。徐氏以喜度曲著称当在1900年左右，亦即光绪壬寅以前不久，谅此曲应成于此时。费氏既称"徐翁"，当为高年之人，假设享年七十，则其生应在1862年以前。

天人怨

未见著录，上海图书馆藏。旧抄本，四册，半叶十行，行曲二十字，白十八字，低二格。卷首有序二篇，一署“笋里奈村陈鸿业题”，一署“受业门生杨云鹤敬题”。题“牧奴子填词”。书内夹条云：“嘻嘻！响天乐人耶时耶梦矣。明知是编初就，一传众咻，或者存案闲观，十言九寓。知我者问天宁可问，姑为或尔之言。笑我者云究果何能，弹此不乐之局。东（字坏）海牧奴子秋坼氏题于招隐山房。”陈鸿业、杨云鹤、牧奴子俱不详为何许人，序文口吻似自序，疑牧奴子即陈鸿业。

此剧分上下二卷，卷上十八出：词源、试归、家望、悲秋、魔祟、诓计、病愤、天诉、冥巡、极问、赈荒、暂圆、流寇、杞忧、赂篾、伏阙、昏报、路别。卷下十八出：乞疏、入梦、春赏、诉燕、献辕、神变、赦请、送子、刻志、哄逐、失公、双喜、身救、凯旋、林访、望云、封庆、渔樵。第一出略述全剧大意云：

【汉宫春】秀士冯生，为乡闱不遇，归向同盟。病鬼贫魔，肆毒死诉天庭，魂游冥府，斩阎罗，天赐重生。更荒乱，上书北阙，一朝流徙郴城。　种种良朋扶助，后时来福凑，魔化为祯。得第王青遇难，力报恩情。监军往楚，诣奇谋，靖寇功成。官总宪，荣归封庆，初终轶事，播作新声。

五福寿为先

浙江图书馆藏。是姚梅伯大梅山馆故物，《今乐考证》著录十著录，题《寿为先》。旧抄本，一册，半叶八行，行二十余字。无序、跋、题词、目次，亦未署作者姓名别号，分上下二卷，上卷二十出，各出只标出数，不记出目。下卷十二出（第二十一至第三十二出）：领勅、惜别、鏖战、合甲、讹探、威伏、庆功、凯旋、述姻、迎娶闹婚、赐配、福圆。剧演郭子鱼以德行承受淮南王旧地藏金事。

情中义

浙江图书馆藏。姚梅伯大梅山馆故物，《今乐考证》著录十著录。乌丝栏旧抄本一册，

半叶九行，行二十字。无序、跋、题辞、目次，亦未署作者名姓别号。不分卷，凡二十六折：开宗、自叙、赏菊、梦述、下山、硬帮、劈牌、相扑、闹县、捉鬼、启奏、嘱使、回山、激变、谋伐、出征、擒高、释放、结义、面圣、店议、越墙、责佞、招安、入觐、睿览。

第一折开宗略述梗概：

> 【汉宫春】浪子燕青，为任原相扑，岱丘交争。喜天王赦罪，丹诏分明。奈权臣用事，语言中激变群英。　看奸佞高俅不揣，山寨欲亲征。堪笑元戎被掳，许回朝面圣，请旨相迎。不料人生机变，小乙心灵，与师师结拜，御前求得赦书成。才归正，梁山泊上，全伙顺朝廷。

孤山梦词

未见著录，浙江图书馆藏。旧抄本，二册，有眉批。无序、跋、目录，亦未署作者姓名别号。半叶六行，行二十字。剧演冯小青故事，凡十二出：总纲、佛度、尼悟、卖儿、狮吼、怒遣、怜影、情挑、病情、写照、怀青、情了。末折仅存三叶，以下缺。总纲一折略述剧情：

> 【蝶恋花】面貌如花才似锦，十八年中，讲破情人梦。诗句春容真可痛，哀哉大妇相摧迸。　惜玉怜香谁动问，杨氏夫人，恩义真堪诵。一病孤山空自痛，红颜自古难为命。
>
> 马二一生惧狮吼，难藏堕地弟；妙莲终日伴鸾孤，不解钟情病。
>
> 能仗义的杨毓贞，湖上惜红颜；会伤心的冯小青，山中嗟薄命。

镜圆记

未见著录，浙江图书馆藏。旧抄本，一册，半叶十二行，行十九字。自叙署"辛亥五月醉月山人叙"，目录署"章庆恩撰"，作者时代生平俱不详。曲共八出：义叙、诺践、城梦、怒休、航海、封侯，井诉、镜圆。前有试演略述全剧梗概：

萧韶九成——《古本戏曲丛刊》编纂纪程

【蝶恋花】……文学山西相，武备山东将，富贵要双全，好作人间样。　　老夫原是东海龙王好友，啸傲江湖，生涯渔钓。自从救活龙公子，龙王与我八拜之交。只因慕侠忘情，却被那盲词瞎调诬为李戴张冠。亏得掌班要好，替我洗去粉墨，如今重复上场，把义夫贞妇，汰浊扬清。壮志题桥，到底寸衷不乱；少年推毂，仰钦盖世宏勋；玉润双枝，动冰清之色。笑牙璋万里，合宝镜而腾文。沉冤雪自荣归，逆焰销于俄顷。莫谓雕虫小技，不能点铁成金。今日试演新腔，比从前院本不同，名叫《镜圆记》，又名《三义圆》，又名《八义图》……

有眉批，疑是作者自为。卷末跋署"辛亥孟秋之月醉月山人跋"。

也春秋

未见著录。浙江图书馆藏。清刊本，二册，半叶八行，行二十四字。卷首有九十老人赤柏子序、阖邑绅士恭颂葛父母除虎德政诗词录后、燕山葛仁杰所撰葛公留别诗词。署"古愚道人校正，花邨居士、紫楼逸老、云岳山人、步柳渔甫全填"。曲凡十六出：提纲、赴任、迁家、虎寿、兽祝、孽会、花灯、搬居、计害、交护、蜂媒、耕耤、蝶约、别兄、幽欢、阴告。每出后附评语。首出提纲略述梗概：

【望海潮】葛公仁杰，携家赴任，昂昂射鸭堂新。宋尉来奔，锡蕃念旧，他乡际遇豪人。四虎惨生民，至冤沉海底，鬼哭明神。葫芦有样，传家妙计弟兄遵。　　蜂蝶使，虎狼亲，赚幽欢一会，天理渐泯。汪赵扶公，游龙捉虎机深。鞫问除凶，快彻万民情。三人遇上士，摆脱红尘。报善无差，麒麟中第满堂春。

心田福

未见著录。赵景深先生藏。旧抄本，似是伶工所抄。五册，半叶八行，行二十五字。

惜第一册、第三册、第四册、第五册皆有残缺。作品时代与作者姓名、生平俱无考。上下二卷，第一至三册为上卷，二十出：天榜、入场、停科、宦归、窃逐、觅伙、商觳、相悟、归述、做饼、诨媾、植福、种恶、扎囤、反亏、奇获、闺仇、冒订、双媾、谋救。第四、五两册为下卷，十三出：绝裾、露奸、跳墙、毒诱、藏箱、奇陷、恶济、巧拯、福善、双破、仇逢、枷辱、福圆。

双贵图

未见著录。谭正璧先生藏。旧抄本，一册，半叶十二行，行三十余字。卷首残缺，不详原有序、跋、题词及作者署名否，故作品之时代作者无从稽考。目录仅存右下角十三字，正文首叶仅存左下角三十六字。共二十出：□□（失题）、投充、起程、送父、征讨、勅封、打骂、汲水、挨磨、宰鸡、家书、保仇、送官、下监、斩递、探监、起解、游街、监斩、团圆。

罗浮梦初稿

上海图书馆藏。珍重阁乌丝栏写本，半叶十五行，行三十字。未署作者姓名别号，唯卷首附"编者附言""初稿影印，希赐教正，并乞藻题为幸。爨演之际，宾白容有窜易处，题旬并当什袭汇刊，藉资矜宠"。其后附记："丙寅八月中浣夜漏四鼓珍重写记。撰曲写定，漫书卷端。"并有"高梧戏笔"四字方形印记。《今乐考证》著录十于宋鸣珂名下列有《杜陵春》《罗浮梦》两种，注云："鸣珂字澹思，奉新人，其宅有二十梅花草堂。"亦未详述作者时代、事迹。唯著录十所收皆"国朝院本"，可知作者为清人无疑。如姚梅伯所见即此剧，疑"高梧"为宋鸣珂别号。

此剧本事系据《龙城录》《隋书·高祖本纪》《隋书·郑译列传》写成，场次如下：

沛国公退朝教律吕	仁寿宫古器弄妖魔	赵参军婉讽托微言
郑府相愤怀陈谱奏	临光殿奉旨遣参军	迎宾馆束装别府主
罗浮仙临水理容妆	绿衣童陇头揽胜景	牢落胸襟天涯远道
飘零书剑岭表征轺	教禽遁仙子学翱翔	幻酒家孤村增点缀
日暮天寒薄暝疑醉	淡妆素服欲近不疑	兰言霏雪荡涤离忧

芳气袭人几拌偬倖　　青帘竹里脉脉光风　　碧玉尊前朦朦冷月

问家世渊源陈爵里　　试歌舞绰约际人天　　坐寒林奚奴惊好梦

通使命天子散天花　　翠羽啾嘈暗里浮动　　红裳掩敛疏影横斜

拯西厢

未见著录。浙江图书馆藏，未刊稿本，半叶九行，行二十字，有朱笔圈点和眉批。署"龙泉周冰鹤先生改定"。剧演崔张故事，以有情人终成眷属作结。不分卷，凡二十四出：发情、慰孝、惊艳、尝音、醉韵、拒媒、愚虎、辟围、赖婚、题怨、密期、翻约、判情、听梦、就欢、激婚、诤病、叙别、刺梦、争配、激义、救员、会关、上义。

昆山记全集

未见著录，谭正璧先生藏。抄本，一册，曲半叶五行，行十七字，白半叶十行，行三十一字。第一出引子附工尺，似是未抄完之曲谱。作品时代及作者姓氏无考。共九出：磨房、报喜、赴任、学堂、小考、别母、大考、父子会、诰圆。疑是舞台经常上演者，而非全本。但自此九出已可看出全剧梗概——乃一家庭之悲欢离合故事。卷末署"民国癸亥拾贰年（1923）芙月殷荣棠藏"。

达观记

未见著录，上海图书馆藏。抄本，四册，半叶九行，行廿九字。未署作者姓氏。卷首有批语三则，为作者之兄福仲、弟圣俞及云奕所书，俱未题年月，但颂扬命词秀雅、构思奇峻而已。福仲云："此剧落想奇而正，抒一腔忠愤，摘词艳而新，写满腹牢骚，处处维持风化，言言针刺浇漓。盖生平抱负，郁而未伸，聊借此吐露一般。有识者自不作传奇观也。"于此可见作者之为人。其于填词一道并非行家，然文字不无出色处，体现之思想亦别开生面，能道人所未道。剧演晋人高识，字达观，因世道混乱不出仕，有两妹翠英、素英。会北番单于女主入侵，其妹丈武臣、金应选避兵役逃往外埠，穷困而死。幸遇庄子指引，遂得复生。翠英、素英易男装，被北番兵掳去为女佐。后高识发愤，

联合祖逖、陶侃等，又得翠英、索英内线，大破番兵，功成身退。上下二卷，卷上十九出：全传总提、财帛争权、几先韬彩、文武矜荣、芳闺互叹、赏灯寓讽、因赚赚马、春郊玩桃、牝犙窥夏、乘讹吓马、窜入污流、结契渔樵、怡情田舍、言念君子、魁敕存文、明经敷教、嗟雪怀人、贫殒回生、烧香祈佑。下卷十五出：淑媛雄袭、二贤被掳、弘抒经纬、驰文靖变、梦神援拔、三愚应募、屯田隐制、惩膺奏捷、弦歌庆治、辞徵南返、云游泯迹、官吏空迎、步蟾潜访、舟中会合、阖宅荣封。首出云：

【水调歌头】(副末开场)陆沉悲季运，清鉴景名贤，诞兹凉造，其间馨秽甚相骈。纵有靡词淫媾，及乎新歌奇艳，支谪不堪瞻。正是：不关风化体，纵好也徒然。 论传奇，乐人易，醒人难，知音君子，把世务借照通瞻。任你插科打诨，俱作法身说现，唤醒丑态与芳颜。正是：行藏须正己，隆替贵能旋。(问内科)且问后房子弟，今演谁家故事？(内应科)剧晋美新达观记。(末)这是本传奇，待小子略道大意：【沁园春】贿赂公行，文光暂晦，高识先几。恨埏垓朦瞆，甘心恬退；乡间凉热，难淄清辉。方州糧秽，怎溜莹粹，脱索离缰永不回。看尘途，矜骄势利，泾渭不同揆。 同揆两媛贤淑，启伊夫千蒙百昧。虽初昏后慧，垂殁能回。文星幸转，财帛沉埋，中雁颠沛，恢复功巍。清风高节凭谁济，世重辉，一门荣会，狐藉彪威。

文运休分财运隆，几先高隐景清风；

村骄笑煞庸夫俗，不及芳闺惠秀钟。

卷末有作者侄孙自南识语云："统观之而世态毕传，析观之而情形曲肖，达观之而机械可忘。人世茫茫，一为猛省。"

玉梅香传奇

未见著录，南京图书馆藏。朱丝栏抄本，原书二册四卷，今存下册三、四两卷。半叶十行，行曲十七字，白二十字（低二格）。署"宜黄凤凰山民倚声"。其时代、姓名、生平俱无可考。卷三九出：绮感、乐叙、情探、寄书、诀影、询病、哭咏、听歌、寒盟。卷四九出：

婉讽、溅红、扫庐、伤逝、念友、思子、访幽、幻聚、演曲。剧演朱怀玉与表妹陈绮梅爱情故事，因为陈父所阻，生出许多枝节，最后绮梅殉情死，怀玉出家。似是仿《红楼梦》之结局。

（二）散　曲

乐府遗音

南京图书馆藏。传抄天顺七年刊本，一册，半叶十行，行二十字。瞿佑撰。是钱塘丁氏八千卷楼故物，卷首冠丁丙识语云："右《乐府遗音》一卷，从明影抄天顺七年刊本传录，大半皆塞垣所作，四库附存有《存斋乐府》五卷，当为别本，余未之见。按先生生于元至正七年丁亥七月十四日（1347）……宣德八年（1433）先生卒，寿八十有七……光绪丁亥二月十二……丁丙"卷首有序文二篇：一署"天顺七年（1463）癸未仲冬陈敏政"，一署"钱塘存斋瞿佑宗吉"。正文前半为南词，后半为北曲。北曲凡十七阕：殿前欢、折桂令、小梁州、殿前欢、清江引、水仙子（二阕）、清江引、金字经、醉太平、青哥儿、小梁州、折桂令、普天乐、梧叶儿、雁儿落、德胜令。末有作者识语云："右北乐府十首，己亥岁（永乐十七年，1419）夏颁降佛曲，从学诸生，多被拘集在官歌唱，其于音律，素所未习，不免有扞格之患。为制北曲十首授之，俾度腔按谱，依声依永以歌焉，庶或得其梗概，而音律克谐，抑亦指引之一助也。是岁七月在保安城南寓舍。"

瞿佑，钱塘人，一作祐，宗吉其字也。学博才赡。洪武中为临安教谕，永乐间官周王府长史，以诗祸编管保安，洪熙中释归，复原职，内阁办事。《乐府遗音》外尚有《春秋贯珠》《阅史管见》《存斋诗集》《余清词》及《归田诗话》。据识语知此本作于永乐十七年编管保安之时。

常评事集　常评事写情集

南京图书馆藏。嘉靖刊本，三册，半叶十行，行十八字。书口下书"吴门章循刻""章启人""肖邦鲁"等。《常评事集》卷首序署"嘉靖戊子夏六月癸亥瑞泉南大吉撰　新安后学罗文瑞书"。凡四卷，卷一收赋四首、乐府二十一首、四言古诗四首；卷二收五言古诗四十首；卷三收七言古诗十八首、五言律诗三十二首、五言排律八首；卷四收七

言律诗十一首、五言绝句十六首、七言绝句二十五首。赞二篇、铭一篇、传一篇、引一篇、杂著（该博）以及附录（《祭常明卿文》《大理寺右评事常君墓志铭》）、跋文。

《墓志铭》："……君讳伦，字名卿，其先曲沃人，后徙居泽州之沁水……母张氏封孺人，弘治五年（壬子，1492）十一月十一日生明卿。明卿生而风神秀异，警敏绝人，五六岁能诵书赋诗……正德五年庚午年十九矣，举于乡，得亚元。明年辛未与余举进士，同观礼部政，授大理寺右评事……人有忌其才者，假封事短之，乙亥夏遂以考京官例得外补，明卿告病归……辛巳为今上嗣统之初，补寿州判官，有能声……甲申春，以事获咎于上官，乃弃官归。归数日，有报升知宁羌州，竟未履任，落职家居。游艺得枕中法，为书潇洒遒劲，直与晋唐人争上下。简牍皆可珍玩。有《校正书法》一编。诗则宗李杜，上窥魏汉，矫矫多自得意。有赋、赞、古诗、歌行、五七言近体诗、绝句若干首。文效司马子长，而不为蹈袭语。有序、记、志、论、杂著若干篇。为画不学而妙，绝精于音律，善（下缺）……"

《常评事集跋》："……明卿既殁之四年，愚至汾阳，见太守王公，则谓一元曰：'子为书之以传。'余闻而悲，览而喜……嘉靖戊子。"

按嘉靖戊子为嘉靖七年，可见常伦卒于嘉靖四年乙酉（1525），年仅三十七岁（1492—1525）。

《常评事写情集》凡二卷，卷之一为乐府，收套曲七套：黄钟醉花阴一套、中吕粉蝶儿三套、双调新水令一套、甘州歌一套（庚午应试偶成时年十八岁）、九换头一套。卷之二为小令：水仙子十首、折桂令十二首，水仙子一首、山坡羊九首、山坡里羊三首，黄莺儿七首、沉醉东风六首、梧叶儿七首、谒金门六首、普天乐五首、金字经七首、清江引六首、庆宣和六首、干荷叶六首、满庭芳四首、河西六娘子四首、红绣鞋五首、风入松二首、醉太平四首、醉罗歌三首、小桃红三首、一半儿三首、醋葫芦三首、驻云飞三首、驻马听二首、一封书二首、喜春来二首、塞鸿秋一首、雁儿落带得胜令六首、雁儿落带清江引二首、对玉环带清江引二首、对玉环二首、脱布衫带小梁州二首、小梁州一首、二犯江儿水一首、连珠塞鸿秋一首、锦庭乐一首、甘州歌一首、画眉序一首、一江风一首、傍妆台一首、寄生草一首、尧民歌一首、寨儿令一首、金盏儿一首、弥陀僧一首、永团圆一首、醉高歌一首、天净沙一首、落韵琐南枝二首、新制娇莺儿四首。

吴骚二集

苏州戏曲研究室藏。为近年新发现之珍本选集，所收皆沈伯英、张伯起、梁少白、沈青门等名家所作散曲。万历四十四年（1616）刊本，四卷，四册，半叶十行，行二十一字。署"武林张琦、王辉选辑"。图精致完整。惜卷首残缺，序文不存，目次仅存第六、第七两叶；卷一第九叶有缺字；卷二缺第七、第八、第二十七叶；卷三叶码有差错；同卷第十叶有缺字；卷四缺第四十叶，第六叶有缺字。虽然有残缺，仍为目前存本中之最精致、最完整者。据笔者所知，北京存有两部：一为傅惜华先生所藏，仅前两卷；一为郑西谛先生旧藏，今归北京图书馆。前者未见原书，后者印制不及此本精致，版已断，图亦不甚精，末卷抄配，无图。然首册完整无缺，序文、目次俱存。序中说明命名用意："大夫骚于楚，楚有骚，我吴亦有骚也。吴骚，广楚骚者也……作者类不必尽吴人……地异而寄情于响者大都属吴音；即不尽吴音，而按拍无如吴人工也……丙辰（万历四十四年）秋花裥上人许当世撰并书。"此部幸无缺叶，用以补充苏州戏曲研究室藏本，可为《古本散曲丛刊》得一完帙，不禁为之狂喜。

昔昔盐

上海图书馆藏。万历刊本，二册一匣，凡五卷，半叶九行，行十九字。此书为稀见之散曲选集；任二北所辑《散曲丛刊》、卢前所辑《饮虹簃所刻曲》俱未收入。

卷首《题情词昔昔盐序》署"万历丙午（三十四年，1606）初夏三花居士漫书于金陵客舍。"作"古繁三花居士魏之皋订"。惜所收曲均未标作者名姓。依题材为序，而不拘宫调曲牌。如卷一收：春闺愁绪（新水令南北合套）、游春遗兴（啄木儿四首、余文）、游女题情（好事近等）、情恨远离（步步娇等）、春思成病（香遍满等）、春思郁怀（锦衣相思等）……夏日相思（步步娇等）、秋夜思情（啄木儿等）、临秋忆远（石榴花等）……

程仲权先生集

南京图书馆藏。拜环堂集丛刻本，题明刊，似明末清初物。半叶九行，行二十字。前为诗集，后为文集。诗集收四言、五言、七言古诗，五言、六言、七言律诗，五言、七言排律，五言、七言绝句。文集收赋、颂、传、诔、记、缘起、序、疏、铭、赞、祭文、启、书、

诗余、北曲、南曲。北曲收小令十九阙:罗子昭移居【黄莺儿】、寄苏台娄小一【新水令】、寄楚【一枝花】、寓嘲【一枝花】、七夕饮田氏【一枝花】、调张晓晓【朝天子】、寓嘲【折桂令】、赠田一儿【折桂令】、寓嘲【水仙子】、村居【水仙子】、遣兴【水仙子】、调矮妓【水仙子】、留别田小玉【小梁州】、燕京还妾【醉太平】、吴次鲁止耕堂【点绛唇】、调马姬【点绛唇】、寓嘲【赛鸿秋】、调病妓【沉醉东风】、张朔少卖药长干市【新水令】。南曲收小令九阙:程德徵翠微堂【步步娇】、寓嘲【醉扶归】、湖上赠李如期【刷子序犯】、寄武昌张卯【刷子序犯】、幽情【六犯宫词】、秋日西来庵写怀【醉扶归】、赠徐氏【玉芙蓉】、云中访王胤嘉庄居【玉芙蓉】、逼除饮胤嘉邸舍【玉芙蓉】。

东野轩暇集

上海图书馆藏。乌丝栏抄本一册,许廷录著。卷首有道光己丑(九年,1829)上巳后五日张师浚序及康熙己丑(四十八年,1709)孟春自序。全书两卷,甲卷收诗余、序、记、传、颂、书、题词。乙卷收跋后、记,状、志、说、赞、铭、笺释、词余。词余收散曲两套:杂思十四调(步步娇、山坡羊、五更转、园林好、江儿水、玉交枝、玉胞肚、玉山供、三学士、解三酲、川拨棹、前腔、侥侥令、尾声)及别恨九调(二郎神、前腔、集贤宾、前腔、黄莺儿、前腔、猫儿坠、前腔、尾声)。此书虽非名贵珍籍,亦研究曲家许廷录之重要资料。

藿田集

南京图书馆藏。道光十二年重刊本,四册,半叶九行,行十八字。里封题"道光十有二年重镌,如皋范藿田先生著,染月山房全集,皋绩、岳班两集附,本衙藏版"。卷首序文五篇:《叙》署"嘉庆己巳岁夏六月十有九日戊申陶山唐仲冕撰于雉水舟次",《贡士范藿田集序》署"嘉庆乙亥冬十二月二十二日钱塘陈嵩庆";《序》署"道光四年二月上旬督学使者长兴张鳞书";《序》署"道光七年丁亥汪守和";《序》署"周开麒",《序》署"道光丁亥闰午陆继辂"。共十三卷,卷一至卷八:赋;卷九:序、记、跋;卷十至卷十二:诗;卷十三:诗余、填词、戏曲;卷末附录:诗、词、曲、跋。卷首《邑乘传略》云:"……范驹,字昂千,号藿田,

实斋子也……二三岁时即聪慧绝伦……乾隆四十九年，纯皇帝南巡，召试列二等。戊申闱荐，名已在解额，中以三场微疵取他卷易之。己酉即膺拔萃科……曼卿长吉之流耶，才而不寿……"《如皋县志》卷十七列传二所载与此略同。据此传口气，范氏当卒于膺拔萃科之后不久。设乾隆四十九年范氏年二十岁左右，戊申（乾隆五十三年）年二十四岁左右，己酉（乾隆五十四年）年二十五岁左右，则范氏生卒年约为乾隆三十年至乾嘉间。《崇川咫闻录》载范驹传略云："范驹字昂千，号藿田，选贡生，清超拔俗，诗文俱如其人。尝以集谒袁太史枚，太史赏其咏扶桑影里看金轮诗'极目万山犹拱宋，蹉跎一霎恐移阴'之句，刊入《随园诗话》中。壮年委化，临终前三日，空中闻鼓吹声，向东南笑指曰：'玉真二童子迎我矣。'作棺铭自书其上云：'何处是魂，明月花放。'题毕，掷笔而逝，洵矜奇之士也……"《崇川咫闻录》为徐缙、杨廷撰二氏以乾隆乙亥（二十年）重修州志以后，八十年左右缺修，故辑是书，前有戊子（道光八年）刘邦鼎序，范驹一则，当是乾隆二十年至道光八年间事迹。与上述推测若合符节。《江苏诗徵》收范诗一首，小传仅"字藿田，如皋诸生"七字。据序知王豫收集苏人诗至早不得在乾隆间，可见范氏嘉庆初年可能尚在。据《崇川咫闻录》所载，《藿田集》著作时期可能在"以集谒袁太史枚"时。袁枚卒于嘉庆二年，范氏著《藿田集》当在乾隆末年。

《藿田集》卷十三收散曲十七套及戏曲一折：有美而不得其匹者感其事代诉之（点绛唇套）、送春（新水令套）、为芥子园先生题桂影图（画眉序套）、为芥子园先生令爱题遗照（商调二郎神套）、为宗寄云题照（中吕驻云飞套）、为丛罕山题照（南吕二犯梧桐树套）、为黄越艇题桐阴图照（南吕梧桐树套）、为夏灏江母六十寿（正宫倾杯玉芙蓉套）、春暮感怀（越调紫花拨四套）、哀风潮（南吕恋芳春套）、有赠（商调二郎神套）、寿夏敬川学师五十（南吕绣带宜春套）、题石沣原余颇小草（双调夜行船序套）（癸卯秋作）、为仇香泉题鬼判图（双调新水令套）。戏曲《送穷》为一折南曲，用正宫瑞鹤仙、醉翁子等曲，演书生除夕梦穷鬼出现，魁星下降，相互问答，始知穷鬼实为吉神益友。

云石山房剩稿

谢伯阳同志藏。稿本，一册，陈烺撰。陈氏剧曲久已传诵艺林，而此稿从未有刊本行世，极可宝贵。书签署"戊戌闰三月潜翁题"，书皮上书"阳湖陈叔明先生手写诗文词曲未刊稿"。

陈烺字叔明，晚号潜翁、云石山人、玉狮老人。以盐官需次浙江。生平精于音律，著述甚富，尤以《玉狮堂传奇十种》为世所称。"先生读书处曰云石山房，谱曲处曰玉狮堂，林泉花石，极园亭之胜。吟啸之余，更嗜绘事，曾撰《读画辑略》一书，于六法源流、画苑掌故，阐述纂详，传诵艺林。"

此稿收游记、跋、题词、诗、散曲，后附倡和诗。散曲凡八套：黄钟画眉序一套、南吕梧桐树一套、双调步步娇一套、中吕粉蝶儿一套、南吕一枝花一套、北新水令一套、南吕一枝花一套、双调醉扶归一套。

据姜亮夫《历代人物年里碑传综表》知陈烺生于嘉庆十九年甲戌（1814），卒于光绪十二年丙戌（1886）以后，享年七十三岁以上。陈氏题此书签条时为戊戌，若为道光十八年（1838），则时年只二十五岁，不应以潜翁自称；可知必为光绪二十四年（1898）。由此推之，陈氏卒年应在此年以后，享年当在八十五岁以上，较姜亮夫先生考证结果推迟十二年。又此稿所收诗有丁酉夏日之作，既为未刊稿，当是晚年之作，则此诗应作于光绪二十三年，即作者八十四岁之时。

（三）剧　选

群音类选

明胡文焕选，万历间文会堂刊《格致丛书》本，半叶十行，行二十字。为稀见之戏剧选集，以前只知首都图书馆有藏本，仅存官腔类卷八至卷十七、卷二十至卷二十六，十六册。目次如下：

卷八：四德记、还带记、玉环记、玉玦记。

卷九：金钏记、金貂记、忠孝记、龙泉记、四喜记。

卷十：千金记、投笔记、牧羊记。

卷十一：双忠记、八义记、窃符记、绨袍记、升仙记。

卷十二：蟠桃记、余庆记、百顺记、桃园记、草庐记。

卷十三：灌园记、双烈记、鸣凤记、祝发记、葛衣记。

卷十四：青衫记、青莲记、惊鸿记、明珠记。

卷十五：玉盒记、双环记、盍簪记、凤簪记、十义记、椒觞记、罗囊记。

卷十六：金环记、钗钏记、鲛鮹记、紫箫记、分鞋记、合镜记。

卷十七：蓝田记、琴心记、题红记、红叶记、附韩夫人金盆记、红蕖记。

卷二十：渔樵记、种德记、黑鲤记、节孝传、金兰记。

卷二十一：夺解记、靺鞨记、犀合记、玉香记、玉如意记、玉钗记、分钗记。

卷二十二：分钱记、青琐记、娇红记、阳关记。

卷二十三：泰和记、二兰记、赛四节记。

卷二十四：四贤记、四英传、十孝记、狐白裘记、弹铗记、分金记、胶漆记、双凤齐鸣记、白海棠记、琼台记。

卷二十五：玉丸记、东厢记、南西厢记。

卷二十六：高唐记、京兆记、洛神记、帝妃游春、苏秦夏赏、韩陶月宴、戴王雪访、玉通和尚骂玉莲、月明和尚度柳翠、黄崇嘏女状元、崔护记、桂花风、男风记、附曲中曲、附炎凉传。

此次访书，得见南京图书馆藏本，存官腔类卷一、卷二（此卷书口卷数被书贾改为卷二、卷三、卷四、卷五）、卷六至卷二十六，清腔类卷一至卷八，北腔类卷一（卷首缺一叶）、卷四至卷六，诸腔类卷一至卷四，共存三十四册。惜首册目录已佚，不详原书共若干卷。虽亦非完帙，但较首都藏本多二十一卷、十八册，内容之丰富，为现存万历间刊本戏剧选集之冠；诸腔一类包括弋阳、青阳、太平、四平等腔，当时剧坛百花齐放之盛况于此可见一斑。且此书命名用意，亦自获见此本而始明，因其体例依腔调分类，故名。唯官腔类中亦包括诸腔与北腔，不详用意何在。此本内容如下：

官腔类：

官腔类：埋剑记、宝剑记、四节记，八义记。

诸腔类：江天暮雪记、五子登科记。

北腔类：气张飞杂剧、海神记、千金记、连环记、香囊记，玉环记、绣襦记、红拂记、玉簪记、犀佩记、绣襦记。

（以上为前七卷内容，卷八至卷十七及卷二十以下同首都藏本。）

卷十八：定扇记、三生传、玉簪记、举鼎记、义乳记、合璧记、双珠记、锟铻记。

卷十九：四豪记、扊扅记、五鼎记、符节记、望云记、玉鱼记、呼卢记、合剑记、

宝剑记。

清腔类：

注云："非戏中曲也。"

卷一：仙吕，正宫、中吕。

卷二：南吕。

卷三：黄钟、越调。

卷四：商调、大石调。

卷五：双调。

卷六：南北调。

卷七：小令。

卷八：小令。

北腔类：所收剧曲大部为传奇，杂剧甚少，其中少数亦录宾白，大部只录曲文；所选多只一二折，全剧入选如《黄花峪》者极少。散曲则小令、套数俱收。

诸腔类：

卷一：金印记、破窑记、白兔记。

卷二：跃鲤记、织锦记、卧冰记、劝善记、东窗记。

卷三：十义记、宁胡记、断发记、晬盘记、断机记、洛阳桥记、鹦鹉记。

卷四：白袍记、访友记、胭脂记、茶船记、水浒记、琼琚记、长城记、绣衣记。

就中沈受先《龙泉记》、胡文焕《余庆记》、顾大典《葛衣记》、无名氏《盍簪记》、李阳春《凤簪记》、陆采《椒觞记》、无名氏《罗囊记》、龙渠翁《蓝田记》、无名氏《渔樵记》《种德记》《黑鲤记》《金兰记》、秋阁居士《夺解记》、戴子晋《鞓鞸记》、无名氏《犀合记》、程文修《玉香记》、无名氏《玉如意记》、陆江楼《玉钗记》、张景岩《分钗记》、沈璟《分钱记》、沈鲸《青琐记》、无名氏《阳关记》、许潮《泰和记》、无名氏《二兰记》《赛四节记》、沈璟《十孝记》、谢天佑《狐白裘记》、车任远《弹铗记》、无名氏《胶漆记》《白海棠记》《琼台记》《东厢记》《高唐记》《京兆记》《洛神记》《江天暮雪记》《海神记》、胡文焕《犀佩记》、无名氏《定扇记》、马守真《三生传》、顾大典《义乳记》、王恒《合璧记》、两宜居士《锟铻记》、无名氏《四豪记》、张凤

翼《廄廖记》、顾允默《五鼎记》、张大纶《符节记》、汤家霖《玉鱼记》、全无垢《呼卢记》、林世吉《合剑记》、顾觉宇《织锦记》、陈宗鼎《宁胡记》、无名氏《晬盘记》《断机记》、李玉《洛阳桥记》、无名氏《访友记》《茶船记》《琼琚记》《长城记》、暨廷熙《绣衣记》俱无传本，赖此本得保存片断曲文。且是编可证所收诸曲作于万历以前，亦考订剧作时代之重要参考资料。

胡文焕，钱塘人，字德甫，号全庵，一号抱琴居士，《格致丛书》外，尚有《诗学汇选》《古器具名》《文会堂琴谱》，及《犀珮记》《余庆记》《奇货记》《三晋记》传奇四种。

乐府遏云编

南京图书馆藏。明刊本，六册，半叶九行，行二十五字。是稀见之戏曲选集，只录曲文，不及宾白，所收皆著名传奇中单折戏曲。卷首序署"湖海主人元龙书于彩云之乘"。题"古吴楚问生槐鼎、钟誉生吴之俊选定，阇夫何光烈、济之童所龙校订"。图夹刻曲文中，颇精致。分上中下三卷，卷之上收：西楼记、李丹记、鹦鹉洲、还魂记、浣纱记、琵琶记、幽闺记、昙花记、桃花记、水浒记、鸣凤记。卷之中收：西厢记、焚香记、绣襦记、荆钗记、千金记、香囊记、彩楼记、寻亲记、牧羊记、连环记、题塔记、明珠记、玉簪记、麒麟记、三国记、四节记、绿绮记、玩江楼。卷之下收：红拂记、金印记、红梨记、玉合记、灌园记、玉玦记、鸳鸯被、灵宝刀、樱桃梦、南楼梦、窃符记、双红记、金丸记、锦笺记、霞笺记、红梅记、义侠记、金钏记、金锁记、玉环记、精忠记、弄珠楼、异梦记、白兔记、鲛绡记、五伦记、罗囊记。

就中《题塔记》《三国记》《绿绮记》《玩江楼》《鸳鸯被》《金钏记》六种未见传本，赖此书得保存部分佚文，可资参考。

按吴之俊，歙人，字彦章，号芝房，万历进士，曾任武强知县，著有《狮山掌录》。槐鼎、钟誉生、何光烈生平待考。此编当刊于万历以后。

冰壶玉屑

未见著录，上海图书馆藏。明刊本，残存十九叶。首有忍寒居士题记云："己卯秋于沪西地摊见明拓二王法帖释文，裱背有此残曲，亟收取之，访诸海上藏家，皆不能举其目，

殆为孤本矣"。书分上中下三层：上层每半叶十行，行十字，白双行。中层半叶十二行，行四字。下层半叶十行，白双行，行十五字。皆传奇单折。书口刻书名《冰壶玉屑》及所收传奇之题目与卷数。现存者为"《玉簪》二卷"及"《破窑》三卷"。

明万历以后编刊戏曲选集之风大兴，国内外现存之明刊剧选达二十九种，得此可足三十之数矣。据笔者所见之戏曲选集，除未见原书及时代不明者外，版式万历年间刊本有三层者，如《词林一枝》《八能奏锦》《玉谷调簧》等是；有二层者，如《摘锦奇音》是；有不分层者，如《乐府珊珊集》《昆山点板乐府名词》等是。明末刊本皆不分层，如《玄雪谱》《怡春锦》《缠头百练》是。清初又复出现二层者，如《万锦清音》《来凤馆合选古今传奇》是。其余刊于康熙年间之《缀白裘合选》、刊于雍正年间之《缀白裘》《续缀白裘》、刊于乾隆年间之《清音小集》等俱不分层。颇疑三层版式为万历年间所特有。若果如此，孤本《冰壶玉屑》亦应为万历间刊本。

复庄今乐府选

姚梅伯选辑。浙江图书馆藏。乌丝栏稿本，都一百九十二册，存一百一十册。半叶十行，行二十三字。收衢歌五种；弦索一种；元杂剧九十一种，明杂剧二十五种，清杂剧三十九种；元院本二种，明院本七十一种，清院本百七十四种；元散曲二种，明散曲八种，清散曲八种，耍词二种。每种剧本选一折至三十二折不等，收集之丰富远非《群音类选》《缀白裘》所能及。就中《拟连厢词》《梦花茵》《北孝烈》《列子御风》《艳禅》《四时春》六种清人杂剧，《双缘舫》《撮盒圆》两种明院本，《九莲灯》《布袋锦》《双奇会》《百花舫》《马上缘》《后七子》《名山志》《梅花楼》《绿花轩》《凤雏圆》《南楼梦》《桐叶记》《丹凤忠》《定心猿》《花神报》十五种清人院本及清人颜孝嘉所撰散曲《渔鼓曲》皆稀见之珍本，唯《九莲灯》《百花舫》《后七子》《名山志》已佚，至可惜也！其所散佚之《伍员吹箫》《虎头牌》《陈州粜米》《合同文字》《来生债》《勘头巾》《红梨花》《李逵负荆》《竹坞听琴》《小尉迟》《冻苏秦》《马陵道》《杀狗劝夫》《争报恩》《鸳鸯被》《昊天塔》《隔江斗智》《赚蒯通》《百花亭》十九种元人杂剧已为苏州市文物保管委员会购得，想其他散佚部分，或亦尚在人间也。

兹将集中所收珍本略述如下：

拟连厢词：未见著录，乃由弦索变为杂剧之过渡作品，与剧本异，应入弦索。收《卖嫁》《偷放》二折。

梦花茵：《今乐考证》著录四著录，列鸥波亭长名下。

北孝烈：《今乐考证》著录四著录，列青霞寓客名下，一名《双塔冤》。注云："《曲考》入院本无名氏，误。"《曲录》卷五著录，入无名氏。既见《曲考》，必作于乾隆以前。

列子御风：《今乐考证》著录四著录，列小弇山人名下，注云："或云舒铁云作未刻。""铁云名位，字立人，大兴人，著有《瓶水斋集》。"

艳禅：《今乐考证》著录四著录，列王彦卿名下，注云："彦卿名复，吴门人。"

四时春：《今乐考证》著录四著录，列单湘湖名下，注云："湘湖名瑶田，萧山人。"

双舫缘：未见著录，收《投纱》《惊噩》《争婚》三折。

撮盒圆：《今乐考证》著录六著录，磊道人癯先生合撰，收下列十三折：第七折觅寓、第八折订友、第九折月窥、第十折认姑、第十一折湖泊、第十四折闱闺、第十五折烈志、第十七折假冠、第十八折巧遘、第廿四折舟冥、第廿五折续胶、第廿六折鱼服、第廿七折泄名。

九莲灯：《今乐考证》著录八著录，列朱良卿名下，注云："良卿，吴县人。"

布袋锦：癯道人撰，《今乐考证》著录九著录。收下列三折：第四折醉吟、第廿二折嗔回、第卅折脱因。

双奇会：《今乐考证》著录十著录，列湖上逸人名下，收下列十八折：

　　上：逢侠、辞家、奸媾、烈殉、侠拯、诛逆、脱阱、慈训、啸聚。

　　下：奸寇、途攫、神示、惊变、创守、番叙、窘谒、陷阱、双合。

百花舫：紫虹道人撰。《今乐考证》著录九著录。

马上缘：吴梅岑撰。《今乐考证》著录十著录。

后七子：《今乐考证》著录九著录，作《后七子百卉亭》，列拥花主人名下。

名山志：未见著录。

梅花楼：佚名撰，未见著录。收《露意》《慰琬》二折。

绿花轩：佚名撰，未见著录。收《默契》《砥节》《情感》三折。

凤雏圆：佚名撰。《今乐考证》著录十著录。收下列三十二折：

一：第二折双窘、第三折奇援、第四折坊诨、第五折惊婚、第六折乔激、第七折改探

二：第八折醉闹、第九折膺嫖、第十折夜劫、第十一折逼露、第十二折计阻、第十三折赚辱

三：第十四折泄报、第十五折神护、第十六折途救、第十七折惊婿、第十八折错怒、第十九折斥奸

四：第二十折谋陷、第二十一折设套、第二十二折群诓、第二十三折述愤、第二十四折覆套、第二十五折秘操

五：第二十六折猎遇、第二十七折救储、第二十八折惊获、第二十九、三十折硬婚、集商、第三十一折闺议、第三十二折覆赚、第三十三折锦圆

南楼梦：佚名撰，未见著录。收春节、订盟二折。

桐叶记：佚名撰，未见著录，收《咏心》一折。

丹凤忠：佚名撰，《今乐考证》著录十著录。

收下列八折：

上：第五折斥奸、第十折上本、秋审、归天

下：求救、护解、会稿、法场

（后六折未记折数）

定心猿：佚名撰，《今乐考证》著录十著录。收第七折降麓、第二十一折北饯。

花神报：佚名撰，《今乐考证》著录十著录。收《援贞》《鞫狱》二折。

渔鼓曲：清颜孝嘉撰，孝嘉生平待考。内容如下：

耍孩儿：孝、悌、忠、信。

清江引：不孝、不悌、不忠、不信、余音。

春、夏、秋、冬、合。

风、花、雪、月、尾。

渔、樵、耕、读，渔、樵，耕、读、渔、樵、耕、读、尾声。

酒、色、财、气、尾。

酒、色、财、气、合、煞尾。

瓢、笠、葫芦、如意、梭拂、蒲团、芒鞋、柱杖、长剑、孤琴、铁笛、渔鼓、围棋枰、采药篮、八卦炉、王明扇、筑基、采药、火候、结胎、朝元、出世。

东岳、南岳、西岳、北岳、中岳。

此外浙江图书馆藏有姚梅伯所撰《梅心雪》杂剧，稿本，一册。现在张宗祥先生处，因一时未检出，不能一饱眼福。

（四）资　料

新编录鬼簿

南京图书馆藏。旧抄本，字体工整，半叶十一行，行二十一字，与《颐堂先生糖霜谱》合为一册。卷首序署"至顺元年龙集庚午月建甲申二十二日辛未古汴钟嗣成序"，后序署"朱士凯"，题辞署"邵元长德善""周诰""朱经仲义""洪武戊寅端阳越三日吴门生识""万历甲申阳月甲子梦觉子漫识"。内容与《曹楝亭刊本录鬼簿》同；又《颐堂先生糖霜谱》书名叶有"楝亭藏本"字样，可知此《新编录鬼簿》系曹楝亭旧藏，疑此本即曹楝亭刊《录鬼簿》底本。

琼林雅韵

南京图书馆藏。钱塘丁氏八千卷楼故物。洪武戊寅（洪武三十一年，1398）刊本，四册。朱权编。自序云："……中州韵……卓氏虽工，然颇多舛误脱落。一日因琴书清暇，操翰濡墨，审音定韵，凡不切于用者去之，舛者正之，脱者增之，自成一家，题曰《琼林雅韵》……"目录依声韵为序：一穹窿、二邦昌、三诗词、四丕基、五车书、六泰阶、七仁恩、八安闲、九觿鸾、十乾元、十一箫韶、十二珂和、十三嘉华、十四砗琊、十五清亭、十六周流、十七金深、十八潭岩、十九恬谦。每韵又分平、上、去三部分，每字下作简短注释。

南词叙录

南京图书馆藏。钱塘丁氏八千卷楼故物。壶隐居黑格抄本，一册，半叶十行，行二十字。

徐渭撰。此书为专论南戏著述中之最早者，于南戏源流、特色，格律以及对剧作的品评，语言的注释等皆有所论述，为研究南戏之重要参考资料。此本又为现存各种版本之最古者，封面署"丙午春从墨迹抄录别本"，而徐氏原稿早已佚失，其他各本直接间接皆从此本出。有朱笔圈点及眉批，正文第一行署"何义门评"。

曲目表

南京图书馆藏。乌丝栏抄本，一册，半叶十行，行二十三字，抄写齐整，为钱塘丁氏八千卷楼故物。卷首序署"道光二十三年正月勾吴钱咏书时年八十五"，正文署"润州支丰宜午亭辑"。今见传本皆自此本出，可珍也。

碎金续谱

南京图书馆藏。道光戊申（二十八年，1848）秋月刊朱墨本，曲文半叶六行，调名、书口卷数、叶数、工尺谱用朱字。内容依宫调为序，详注句、读、韵及每字声调。署"松滋谢元淮默卿辑"。凡六卷，总目如下：

卷一：南仙吕宫　北仙吕调

卷二：南中吕宫　北中吕调　南大石调　北大石角

卷三：南越调　北越角　南正宫　北高宫　南小石调　北小石角

卷四：南高大石调　北高大石角　南南吕宫　北南吕调　南商调　北商角

卷五：南双调　北双角　南黄钟宫　北黄钟调　南羽调　北平调

卷六：唐大曲　宋大曲

元淮为道光间散曲作家，有《养默山房散套》一卷，道光间刊本。

（五）附　录

晚清至现代传奇杂剧

返魂香传奇四卷　宣鼎撰　申报馆排印本　上海图书馆藏

蜀鹃啼传奇一卷　林纾撰　民国六年二月商务印书馆排印本　胡士莹先生藏

曾芳四传奇一卷　吴趼人撰　《月月小说》第二年第九号本　上海图书馆徐家汇藏书楼藏

水岩宫传奇二卷　洪炳文撰　油印本　南京图书馆藏

悬岙猿传奇一卷　洪炳文撰　上海群学社铅印杂曲第四十七种　浙江图书馆藏

桃花梦传奇四卷　陈栩撰　光绪二十六年杭州《大观报》刊本　赵景深先生藏

媚红楼传奇一卷　陈栩撰　《月月小说》第二年第四号本　胡士莹先生藏

花木兰传奇一卷　陈栩撰　《新神州杂志》本　上海图书馆徐家汇藏书楼藏

碧血碑杂剧一卷　庞树柏撰（署"龙禅居士"）《小说月报》第二年第四期本　上海图书馆徐家汇藏书楼藏

血手印杂剧一卷　陆恩煦撰　《小说月报》第二年第四期本　上海图书馆徐家汇藏书楼藏

朝鲜李晋殉国杂剧一卷　陆恩煦撰　抄本（有宣统三年《东方杂志》本待访）　胡士莹先生藏

碧血花传奇一卷　王蕴章撰（署"莼农"）　宣统三年《小说月报》临时增刊本　上海图书馆徐家汇藏书楼藏

玉鱼缘传奇一卷　王蕴章撰（署"莼农"）　《小说月报》第九卷第一期本　上海图书馆徐家汇藏书楼藏

霜华影传奇一卷　王蕴章撰（署"莼农"）　《小说月报》第五卷第一号、二号本　谭正璧先生藏

东艳祸传奇一卷　黄剑莽撰　刊本　上海图书馆藏

南冠血传奇一卷　黄剑莽撰　刊本　上海图书馆藏

花茵侠传奇一卷　吴子恒撰（署"歙县东园氏"）　汉口扬子江小说日报馆排印本　赵景深先生藏

星剑侠传奇一卷　吴子恒撰（署"歙县东园氏"）　《小说新报》合订本　赵景深先生藏

苏台雪传奇一卷　文镜堂撰（署"秋江居士"）　《小说新报》第一年第二期本　赵景深先生藏

新罗马传奇一卷　梁启超撰　《新民丛报》第一年第十号至二十号本　上海图书馆徐家汇藏书楼藏

侠情记传奇一卷　梁启超撰　《新民丛报》第一年第十号至二十号本　上海图书馆徐家汇藏书楼藏

劫灰梦传奇一卷　梁启超撰　《新民丛报》第一年第十号至二十号本　上海图书馆徐家汇藏书楼藏

（以上三种胡士莹先生藏有中华书局排印本）

风洞山传奇二卷　吴梅撰　光绪三十二年小说林社排印本　上海图书馆徐家汇藏书楼藏

轩亭秋杂剧一卷　吴梅撰（署"灵鹣"）　《小说林》第六期本　上海图书馆徐家汇藏书楼藏

白团扇杂剧一卷　吴梅撰（署"东篱词客"）　《女子世界》第三、四期本　上海图书馆徐家汇藏书楼藏

绿窗怨传奇一卷　吴梅撰　《游戏杂志》第十期至十二期本　上海图书馆徐家汇藏书楼藏

落溷记杂剧一卷　吴梅撰　敬苍水馆校刊　苏州戏曲研究室藏

双泪碑杂剧一卷　吴梅撰　《小说月报》第七卷第四、五号本　谭正璧先生藏

东海记传奇一卷　吴梅撰　《春声杂志》第二、四期本　上海图书馆徐家汇藏书楼藏

窥帘杂剧一卷　卢前撰　民国三十一年排印本　赵景深先生藏

卢冀野五种曲（《琵琶赚》《茱萸会》《无为州》《仇宛娘》《燕子信》）　卢前撰　稿本　夏廷棫先生藏

玉抱肚杂剧　王玉章撰　《卢冀野五种曲》后附本　夏廷棫先生藏

谢庭雪杂剧一卷　顾佛影撰　民国十三年彩文鹤记书局排印本　赵景深先生藏

自由花杂剧一卷　陈栩撰　上海著易堂印书局排印本　赵景深先生藏

护花幡杂剧一卷　陈栩撰　上海著易堂印书局排印本　赵景深先生藏

荆州记一卷　张宗祥撰　油印本　浙江图书馆藏

五代兴隆传四卷　天中生撰　光绪二十一年清河同博文书局石印巾箱本　谭正璧先生藏

爱国女儿杂剧一卷　东学界之一军国民撰　《新民丛报》第一年第十四号本　上海图书馆徐家汇藏书楼藏

血海花传奇一卷　玉瑟斋主人撰　《新民丛报》第二年第二十五号本　上海图书馆徐家汇藏书楼藏

学海潮杂剧一卷　春梦生撰　《新民丛报》第二年第四十六号至第三年第七号本　上海图书馆徐家汇藏书楼藏

维新梦传奇一卷　惜秋、旅生合撰　《绣像小说》本　赵景深先生藏

新上海传奇一卷　惜秋撰　《二十世纪大舞台》第一期本　上海图书馆徐家汇藏书楼藏

广东新儿女杂剧一卷　玉桥忧患撰　光绪二十九年《大陆报》本　上海图书馆徐家汇藏书楼藏

断头台传奇一卷　感惺撰　《中国白话报》第十三期至二十期本　上海图书馆徐家汇藏书楼藏

侠客传奇一卷　吴魂撰　《觉民》第三号本　上海图书馆徐家汇藏书楼藏

迷魂阵传奇一卷　吴魂撰　《觉民》本　上海图书馆徐家汇藏书楼藏

女英雄传奇一卷　觉佛撰　《觉民》第四号本　上海图书馆徐家汇藏书楼藏

活地狱传奇一卷　觉佛撰　《中国白话报》第廿一期至廿四期本　上海图书馆徐家汇藏书楼藏

人天恨传奇一卷　秋士撰　《觉民》第七期本　上海图书馆徐家汇藏书楼藏

邯郸梦传奇一卷　铁郎撰　《觉民》第九、十期合订本　上海图书馆徐家汇藏书楼藏

鬼燐寒传奇一卷　寰镜庐主人　《二十世纪大舞台》第一期本　上海图书馆徐家汇藏书楼藏

黄龙府传奇一卷　幽并子撰　《二十世纪大舞台》第二期本　上海图书馆徐家汇藏书楼藏

海国英雄记传奇一卷　浴日生撰　光绪三十二年丙午《民报》本　上海图书馆徐家汇藏书楼藏

六月霜传奇一卷　古越嬴宗季女撰　抄本（光绪三十三年丁未改良小说社印本待访）　胡士莹先生藏

防城血传奇一卷　吴兴太瘦生撰　光绪三十四年铅印本　赵景深先生藏

爱国魂传奇一卷　川南小波山人撰　《新小说》第二年第七号本　赵景深先生藏

轩亭血传奇一卷　啸庐撰　《小说林》第十一期本　上海图书馆徐家汇藏书楼藏

秋海棠杂剧一卷　悲秋散人撰　《小说月报》第二年第十二期本　上海图书馆徐家汇藏书楼藏

天人怨传奇二卷　牧奴子　抄本　上海图书馆藏

苍鹰击传奇一卷　伤时子撰　上海改良小说社刊本　浙江图书馆藏

金凤钗传奇一卷　濑江浊物撰　《小说新报》合订本　赵景深先生藏

赪绡恨传奇一卷　笔香词客撰　《小说月报》第五卷第十号本　谭正璧先生藏

山人扇杂剧一卷　宛君撰　《小说月报》第九卷第二号本　上海图书馆徐家汇藏书楼藏

亡国奴传奇一卷　老谈撰　抄本（印本待访）　胡士莹先生藏

义民迹传奇一卷　璇三郎撰　《东莞旬报》第一期本　上海图书馆徐家汇藏书楼藏

菊影记传奇一卷　鹣雏撰　《小说丛报》第四、五期本　上海图书馆徐家汇藏书楼藏

绿绮台传奇一卷　西神殊客撰　《小说丛报》第四期至第十期本　上海图书馆徐家汇藏书楼藏

黄花冈传奇一卷　逋隐撰　《小说丛报》第二期本　上海图书馆徐家汇藏书楼藏

宝带缘传奇一卷　佚名撰　抄本（有《月月小说》第一年第一至六号本待访）　胡士莹先生藏

新桃花扇传奇二卷　宣统元年己酉石印本　周邨同志藏

汉江泪杂剧一卷　劲草词人撰　民国十三年石印《劲草堂传奇三种》本　上海市文化局藏

金陵泪杂剧一卷　劲草词人撰　民国十三年石印《劲草堂传奇三种》本　上海市文化局藏

松坡楼杂剧一卷　劲草词人撰　民国十三年石印《劲草堂传奇三种》本　上海市文化局藏

幻缘记传奇二卷　碧嶤散人撰　民国二十八年己卯排印本　赵景深先生藏

周妙中

江南访曲录要（二）

1961年冬至1962年春，我曾为编辑《古本戏曲丛刊》目录去南方访曲，回京后写了《江南访曲录要》一文［下文简称《录要》（一）］，发表在《文史》第二辑。去年十二月，又为影印戏曲书籍出差南方，顺便作了些访曲工作，虽然时间很短，在南京、杭州、绍兴、宁波四个地方，用于看书的时间，按劳动日计算，加在一起，也不过两个星期，可是收获也不算小。（一）看到了一些稿本、珍本或孤本。（二）发现了《录要》（一）《群音类选》条有必要做些更正，1962年看此书时，由于时间过于紧迫，对书贾挖改之处没有注意到，更来不及为这部次序混乱的书详加分析，排列次序，所以有些问题没弄清楚。又考虑到有的读者可能未见到《录要》（一），若提出《录要》（一）中的不足之处，再一一补充修正，所用篇幅或许更长，而且会使人感到啰嗦，所以这次另写一条代替，凡是与《录要》（一）不同之处，就是这次的更正。（三）在天一阁发现了五十六册《复庄今乐府选》，想到《群音类选》和《复庄今乐府选》或许还有零册在其他图书馆或藏书家手中，为此愿再写一篇短文向专业工作者和戏曲爱好者呼吁，用大家的力量寻找，如能使之凑成完璧，也是对文化发展的一个贡献，希望热心的同志们大力协助。并希望对拙作不吝赐教，因为这次在南方访书，依然是在匆忙中翻阅，缺点错误在所难免。

1980 年 5 月 1 日

目 录

---

① 本文原载于《文史》（第十二辑），中华书局，1981 年版。

群音类选

明代中叶的戏曲，有宋元和明初的戏文、杂剧为它奠定了坚实的基础，有发达的经济和文化为它提供了肥沃的土壤，因而得到迅速发展的机会，到万历年间，形成了一个高峰，剧坛上出现了人才辈出、百花争艳的绚丽景象。为了适应舞台演出和戏曲爱好者歌唱的需要，涌现出了大量的戏曲选集。据我个人不完全的统计，明代出版的戏曲选集，流传至今的有三十种之多，其中又以万历刊本为最多。可惜的是：由于绝大多数的封建统治阶级和士大夫对戏曲的轻视，这些戏曲选集和剧本的命运一样，没有得到应有的爱护和妥善的保管，有些只有极少数刻本或抄本甚至残本传世，有些仅国外有传本。不难想象，必定还有些已经佚失了。因此，对这些现存的罕见的传本进行研究整理，就成了目前刻不容缓的任务之一。

这部《群音类选》是明代戏剧作家胡文焕编选的，是他所编校的《格致丛书》中的一种。全书分官腔（指昆曲）、诸腔、北腔、清腔四类，故名"群音类选"。可见他选择的标准不仅限于各剧的文字水平，也注意它们的音乐造诣。可此书仅南京图书馆和首都图书馆各藏有一部，而二者都不是完帙。南京本存三十四册三十九卷，首都本存十六册十七卷，并且首都本各卷完全包括在南京本中，所能补充南京本的仅仅是这十七卷中残缺的字和官腔卷末附录《炎凉传》的前半篇，还有一支不知题目的套曲的最后一支曲子。（首都本官腔二十六卷第三十二、三十三两叶佚失，最后一叶第三十四叶尚存，所以《炎凉传》和失题套曲都不完整）。尤其遗憾的是：两部书的前五卷都已佚失，不详有无序、跋、题词、凡例、总目等。所以此书确切的刊印时间也无从得知，只能就《格致丛书》所收其他各书估计一个大致的轮廓。我所见到的《格致丛书》其他各书之有胡文焕序文的，都作于万历二十一年至二十四年（1593—1596）之间，《群音类选》刊刻时间也应在这几年或相隔不太久。

南京本还曾遭到被书商改头换面的厄运，书商将最后两卷卷首及书口"群音□选"的第三字挖去，补入"类"字，使成为与全书相同的名称，又把最后一卷书口上的"卷二"改成"卷二、卷三、卷四、卷五"，以这两卷冒充前面佚失的五卷，当做完帙欺骗买主，以求达到渔利的目的。这个被挖去的字，我猜测是"续"字或"补"字，因为全书已有官腔、诸腔、北腔、清腔四类，这两卷又分官腔、诸腔、北腔三类，各类所收数

量都很少，应是补编或续编，所以这两卷的名字应称为“群音补选”或“群音续选”。也就是依仗有这两卷，使我有根据来为南京本这部次序混乱的书排好次序，官腔在最前面，其后依次为诸腔、北腔。这两卷中没有清腔，可是清腔书中注明“非剧中曲”，必然是最后一类，不会夹在上述三类之间。补编或续编当然应在正编之后。这样整理的结果，得出的结论是：全书共四十六卷，其中官腔二十六卷，前五卷佚失；诸腔四卷；北腔六卷，卷二、卷三佚失；清腔八卷；群音□选二卷。

或许有读者会怀疑：“此书无总目，官腔类、北腔类和群音□选目录也已不存，会不会原书不止四十六卷呢？“我的回答是：这三部分不会有更多的卷数了。因为首都本其他各类都已佚失，仅存官腔类卷八至卷十七和卷二十至卷二十六，南京本官腔存卷六至卷二十六，最后一卷卷数相同，而且卷末是附录，附录是不会放在中间各卷卷末的。因此可以断言原书官腔不可能有卷二十七以下各卷了。北腔类和群音□选最后都是散曲中的小令，和没有残缺的清腔类把小令排列在最后相同，何况群音□选卷末有“类选终”字样，说明全书至此结束。

这部内容丰富的戏曲选集，不但使我们对于一百五十七种戏曲尝鼎一脔（这仅指现存部分，原书共收若干种，还有待于进一步的挖掘，尤其是官腔佚失部分，很可能包括一些已佚失的早期戏文或传奇），并欣赏到二百二十九套套曲和三百二十三首小令。而且从胡文焕的分类方法和各类所选数量，可了解到明万历年间剧坛的盛况：昆曲被称为“官腔”，所选数量占全书二分之一以上，说明它已发展到在剧坛居于正统地位。各种地方戏（诸腔：包括弋阳、青阳、太平、四平等）和北方的戏剧（北腔）也各占一定的席位，拥有不少的观众。清腔（非剧中曲）的入选，说明了当时曲子脍炙人口的程度，不止兴盛在舞台上。同时，这部选集还告诉我们所收剧本各属于哪类声腔，它们的写作时间在万历中期以前，它们的作者至迟在万历中期已开始从事写作。这对于考证一些剧本的写作时间、了解作者的活动时间，都是个有力的依据。

尤其可贵的是：《群音类选》保存了许多已佚作品的片断，例如《龙泉记》《葛衣记》《义乳记》《凤簪记》《椒觞记》《蓝田记》《夺解记》《鞋鞨记》《玉香记》《玉钗记》《分钗记》《分钱记》《十孝记》《青琐记》《泰和记》《狐白裘记》《弹铗记》《三生传玉簪记》《合璧记》《锟铻记》《扊扅记》《五鼎记》《符节记》《玉鱼记》《呼

卢记》《合剑记》《织锦记》《宁胡记》《绣衣记》《盍簪记》《罗囊记》《渔樵记》《种德记》《黑鲤记》《金兰记》《犀合记》《玉如意记》《阳关记》《二兰记》《赛四节记》《胶漆记》《白海棠记》《琼台记》《东厢记》《高唐记》《京兆记》《洛神记》《江天暮雪记》《海神记》《定扇记》《四豪记》《晬盘记》《断机记》《访友记》《茶船记》《琼琚记》《长城记》，以及编选者胡文焕自己创作的《余庆记》《犀珮记》和《桂花风》，都是研究戏曲难得的资料。

胡文焕是钱塘人，字德甫，一作德父（有的书上写作"德文"，必是"德父"之误，因为《格致丛书》中所有胡氏序跋，署文中只有"德父"，未见"德文"），号全庵，别署抱琴居士、西湖醉渔。擅长诗、文、词，曲，兼通古器物的鉴赏和医术，是个博学多才的人士。除了编校《格致丛书》之外，还著有《诗学字类》《文会堂诗韵》《韵学》《彤管摘奇》《诗家集注》《诗法统宗》《诗文要式》《墨娥小录》《古器具名》《古器统说》《素间灵枢心得》《医学权舆》《医学要数》《全庵词选》等数十种著作，以及《犀佩记》《余庆记》《三晋记》四种传奇和杂剧《桂花风》。

复庄今乐府选

清代道光年间姚燮编选的戏曲选集《复庄今乐府选》，1962年笔者在浙江图书馆见到一百一十册，回京后在北京图书馆见到两册，此次访曲，又在宁波天一阁发现五十六册，不禁为之狂喜。全书内容如下。［为节省篇幅起见，以（）内号码表示原书册数。种数指全书所选，是根据总目得知的，其中许多种现存者不足此数。］

（1）（2）衢歌：五种。

（3）弦索：一种。

（4）—（23）元杂剧：九十一种。

（24）—（28）明杂剧：二十五种。

（29）—（41）清杂剧：四十种。（其中由数种或数十种单折短剧合成一集者，作为一种计算，例如《吟风阁》选入二十四折，作一种计算。）

（41）元院本：二种。

（42）—（81）明院本：共收七十一种。

萧韶九成——《古本戏曲丛刊》编纂纪程

（81）—（184）清院本：共收一百七十四种。

（185）（186）元散曲。

（186）—（191）明清散曲。

（192）谐剩。

前次南下访曲，在苏州文物管理委员会所见到的《复庄今乐府选》中的十九种元人杂剧全部包括在天一阁藏本之中，经过这十八年时间，已回忆不清二者抄本是否完全相同。如果完全相同，则是这部分也被现藏天一阁的五十六册的旧主人得去，不然，便是另有人抄录了一部分。

将浙江图书馆、宁波天一阁和北京图书馆所藏合在一起，共存一百六十八册，佚失二十四册，相当全书九分之一强。十八年前认为已佚失的《后七子》《名山志》等曲，及冯辰玉序文，也得一饱眼福，可算是一件快事。冯序云：

> 蛟川姚先生复庄，为吾浙名士，风流蕴藉，于书无所不窥，诗古文词并臻精妙，刊有《大梅山庄集》行世，久已脍炙海内。尤工于画梅，每一纸出，笔墨淋漓，精神毕肖，得之者如获至宝。晚年酷嗜音乐，咸丰辛亥（咸丰元年，1851）夏五月，选录词曲四百余种，都为一百九十二卷，晨夕手校，名曰《今乐府选》……书系手抄，未付梨枣，故世罕有见之者……盖复庄原籍义安，欲刊之以光志乘，乃检阅总目，本其简端只余空白数叶，并无列序，谅以复庄时当校录，眉批手注，日给不皇，以致欲作序而未果欤？倘假以时日，则鸿篇巨制，弁冕卷首，必有可观……今是选归李氏家藏，古色古香，殊堪宝贵……光绪三十年余月上浣
>
> 同郡后学冯辰玉拜手

根据这篇序，可知这部内容丰富的选集成于咸丰元年。

佚失的二十四册，赖有总目可知所选为哪些剧本，但无从得知选入了哪些折子。这些剧本大多有完帙保存至今，因此这部书的大致面貌基本上已可了解了。这部选集晚于乾隆本《缀白裘》将近一百年，这一百年间所产生的剧本何止数百种，所以姚氏此书所选清人作品远远超过过去一切的折子戏选集，成为此书的一个突出的特色。又《缀白裘》

所选大多为当时剧场流行的曲子，姚氏所选则是从阅读作品得来，许多未常见演出的折子戏也得收录，这是此书又一特色。再者，鸦片战争时昆曲已趋衰落，战后的佳作已很有限，而且已从舞台转到案头，剧坛的主导地位已为京剧所取代。所以姚燮所处时代可称是应为有清一代昆曲作总结的时候了。我们无妨把《复庄今乐府选》看做是一部中国戏曲不太完全的总集，如果把残缺的剧本补入，有了这一部书放在案上，中国古典戏曲发展变化的全貌，已可窥见到一个大致的轮廓了。因此，将这部选集作为一部戏曲发展史来阅读也未为不可。

此书卷帙浩繁，笔者出差时间有限，来不及将稀见作品逐卷阅读，现在只能将最难得的《后七子》《名山志》和现存北京的两册的内容简单介绍一下：

《后七子》为《复庄今乐府选》国朝院本的一种，今藏天一阁。署拥书主人，真实姓名待考。收社禁、绝交、群诋、制词、读词、互诶、反攻、勒文、义拯、宫忆、途殒、急难、祭主、遇姬、梦诉、宾王、获美十七折，剧演李攀龙等结诗社，以谢榛为首，谢轻慢同人，李对他非常不满，写文章攻击他，众人诗集也不收谢榛作品。李攀龙又与王世贞互相吹捧，对付谢榛，攀龙遂写信与谢榛断交，另立由五人组成的诗社，后来又扩充到四十人，而谢榛始终不得参与。从此王李并称。宗臣认为王世贞是首恶。李攀龙任陕西学政，西秦安抚遣人送金帛给严嵩父子，要请攀龙撰文称颂严嵩"功德"，幸而金帛被强人夺去，攀龙被搅海大王从狱中救出。王世贞因调护杨继盛，严嵩非常厌恶他，迁怒于世贞之父，世贞因其父遭陷害，辞官赴难。徐中行在途中遇到李攀龙家中苍头及攀龙爱姬蔡氏，闻知梁有誉早逝，宗臣未成家而夭折，王世贞罢官，而谢榛独存。最初赵康王与贾妃赏桂花，见到谢榛诗稿，很赏识他。到这时谢榛被康王敦迫，作了康主食客，回想文酒之会中道变更，甚为感伤，遂周恤攀龙爱姬，这一举动感动了攀龙鬼魂，深悔前非，乘夜静更深，向谢榛致谢。最后以上元节王世贞宴客，皇帝想到谢生天才、贾姬国色，合成配偶，特备盛礼，玉成其事作结。

剧情虽有不少虚构的成分，而后七子恃才傲物，结社订盟，把持文坛则实有其事。《明史·文苑传·谢榛传》中说："李攀龙、王世贞辈结诗社，谢榛为长，攀龙次之。时攀龙名大炽，榛与论生平，颇相镌责，攀龙遂贻书绝交。世贞辈右攀龙，力相排挤，削其名于七子之列。"

此外"国朝院本"中所收《名山志》也是稀见的剧本,今藏天一阁,可惜只入选两折,没能见到全剧梗概及造诣如何。他所选两折为《湖宴》《诉衷》,前者演贾彦章中进士;亲友送礼致贺全不理睬。驿宰袁不约备下楼船酒席,并订了妓女秀娟。席间秀娟冷落了贾彦章。李公子为秀娟赎身。后者演秀娟对夫人诉说心事。

此二剧未见著录,即姚燮自己所编《今乐考证》亦未收入,可见《今乐考证》编著时间在《复庄今乐府选》以前,即咸丰元年以前,当时尚未得到这两种剧本,又没来得及补入《今乐考证》,由此看来现在所存的《今乐考证》也不是姚氏最后的定稿。

北京图书馆所藏两册,一册是"国朝院本"《红玉簪》和《醉西湖》,一册是元散曲《小山小令》和《乔氏小令》,分述如下:

《红玉簪》未见著录,也未见传本。作者无从稽考。梅伯把它列人"国朝院本",当然是清人作品无疑。收梳妆、偷情、妒醋、拷打四折,情节类似《狮吼记》,述淳于生惧内,虽外出会友也要遭到妻子的禁止。淳于生见婢女姚天成长,欲图幽会,被其妻发觉,引起一场风波。至于全剧详细内容以及命名来历就不是这短短的四折所能包括的了。篇末有姚氏识语云:"此本未见全剧,仅得写本四折,间有清俊语,应非庸手所作,惜多误字为憾!姑存之以备一种。"

《醉西湖》:《曲考》《今乐考证》著录,不署作者姓名,也列入"国朝院本",未见传本。收第二折琴叹,第八折骇变、第十折禁泣、第二十折缘误。剧演吴门秀士文玉和已故乡绅李刺史的女儿若兰悲欢离合的故事,根据这四折可看出情节的一斑:文玉字荆卿,父母早丧,寄居叔父家中,以诗酒作为精神的寄托,甚至在醉中责备他的琴不能象绿绮一样协助主人选择配偶。他的叔父见他如此行径,很不满意。文玉也不愿再留在这里,于是作了一首诗题于壁上,竟不辞而别了。这时朝廷点选绣女,地方官将李若兰开报入册,若兰被迫离开家庭。韩丞相见若兰美貌,把她邀入府中,欲纳为妾。若兰矢志不从,被关闭在冷房中。韩相遣管家婆劝若兰,仍不能动摇若兰坚定的意志。于是又企图用欺骗的办法达到那卑鄙的目的,表面上说命若兰陪宴一番,然后释放,却用酒把她灌醉,欲行非礼,不料竟是一男子,这男子就是文玉。原来文玉曾与若兰相遇,并订了白首之盟,后来这一双情侣不知因为什么又被分开了。文玉为了寻访若兰,改扮女装,卖身官府。至于文玉与若兰两次聚会的经过,文玉是否卖身韩府,怎样使若兰脱离虎口,

以及以后故事如何发展，都不是这短短的四折所能包括，想来也不脱一般传奇"有情人终成眷属"的结局吧。

《小山小令》的作者张可久是元代杰出的散曲作家，后人为他辑录别集的很多，现存善本有以下四种：

（一）天一阁旧藏明影元抄本《小山乐府》：不分卷，郑振铎先生旧藏，今归北京图书馆。卷首有贯云石序，卷末有刘时中、冯海粟等人跋。

（二）《张小山小令》：李开先辑，二卷，嘉靖间刻本。北京图书馆藏。有开先序及后序。

（三）《小山乐府》：署徐渭辑，六卷，旧抄本，原书现在台湾，北京图书馆藏有显微胶卷。

（四）《张小山北曲联乐府》：四卷，南京图书馆藏影元写本，北京图书馆藏毛氏汲古阁抄本两部及清抄本一部（上册为旧抄本，下册为张泰抄本）。

以姚燮所选和上述各本比较，知所据底本即李开先辑本，曲子的排列次序及分卷方法并无二致。根据李开先序文，得知这部别集是根据《太平乐府》《阳春白雪》《乐府群珠》《诗酒余音》《仙音妙选》和《乐府群玉》等选集辑录而成的。开先自己明知不可能搜罗得十分完备，因此序文中有这样的话："今所编次，虽成上下二册，每样曲终，镂板不剔空，以待博学君子，词山曲海，不惜寄示，必有以增所未高而浚所未深云。"

署名徐渭所辑的本子与李开先辑本大体相同，只较开先辑本少【折桂令】五曲（《三衢平山亭》《次韵》《湖上即事》《元夜燕集》《游龙源寺》）；【凭阑人】十六曲列于【红绣鞋】与【普天乐】之间，开先辑本则列于【天净沙】和【汉东山】之间；【柳营曲】《忆鉴湖》《舟行感兴》《春思二曲》列于《送别》之后。最可怪的是卷首天池识语与开先辑本后序几乎完全相同，徐渭不至于作出这样的无赖勾当，疑是书商作伪，借徐渭大名以渔利罢了。

天一阁旧藏影元抄本所收曲子多不见于其他各书。《张小山北曲联乐府》是把《今乐府》《吴盐》和《苏堤渔唱》合为一编，所以收辑的数量远远超过影元抄本和李开先辑本。而且开先辑本所收的曲子大部分见于《张小山北曲联乐府》，可是也有《张小山北曲联乐府》所未收的。这是因为开先所根据的散曲选集《诗酒余音》《仙音妙选》等其他编

辑的人没有全部见到。因此开先辑本依然有它存在的价值。

姚燮收入《复庄今乐府选》的《乔氏小令》一卷，底本是李开先所辑的《乔梦符小令》，北京图书馆旧藏明隆庆间刊本，卷首有隆庆丁卯（隆庆元年，1576）三月十日李开先序，序中谈到："....予特取其（乔吉）小令刻之，与小山为偶，元之乔张其犹唐之李杜乎！套词又不忍轻去，间亦选而取之，附于其后，不改小令原名，以小令多而套词少耳。"《小山小令》中也收套数，用意想必也是如此。《乔孟符小令》卷末又有四月朔日开先后序。除开先辑本《卖花声》后还有《春闺怨》四曲为姚氏所未收外，梅伯所选与开先辑本无异。就是这四阙《春闺怨》我也怀疑是抄录时所遗漏的，如果有所选择，不收的应不只此四曲。

乔吉散曲集现存的还有《乐府群玉》所收录的《惺惺道人乐府》一卷，善本书室旧藏《宋元明人词》收录的《文湖州集词》一卷，这两卷所收曲子都比开先辑本少，而且《惺惺道人乐府》所收曲子全部见于开先辑本，只《文湖州集词》中部分小令有超出开先辑本以外的。北京图书馆旧藏开先辑本今在台湾，馆中现在仅存显微胶卷，不详国内是否还有其他传本。所以姚燮所收这一卷依然很值得珍视。

北京图书馆所藏的两册《复庄今乐府选》不但使我们看到两种已佚传奇的片断，从而窥见两种戏曲内容的一斑；并使李开先所辑的两部元代两位散曲大家的别集各多了一部传本；而且还使我们证实了这样一件事：姚燮选辑《复庄今乐府选》的目的不仅限于选择传奇、杂剧、散曲的精华，更有辑录佚文以广流传的意旨在。这一点姚氏虽没有明白的交代，可是从他选辑的内容不难看出他有此意图。两种元人散曲都是将李开先辑本全部收入，看来他肯定没有见到天一阁旧藏明影元抄本《小山乐府》《张小山北曲联乐府》《文湖州集词》之类的辑本，没能将张、乔两家作品全部入录，或从全部中选出特别优秀的篇章。"南洪北孔"一直被公认为清代作家的翘楚，可是在《复庄今乐府选》中，《桃花扇》只选了十折，占全剧百分之二十五；《长生殿》选了二十五折，占全剧百分之五十；而现在没有其他传本的《凤雏圆》却只有第一折未收，第二折至第三十二折全部录入，估计梅伯所见的本子第一折已残缺，不然或许要百分之百地中选了。如果吹毛求疵的话，也可以批评姚氏的选辑工作做得博而不精，以至瑕瑜互见。但是有许多姚氏当时能够找到的戏曲，今天已经佚失；何况今天读者的观点已和古人大不相同了，古人眼中的"瑕"未必不是今人眼中的"瑜"，所以保存佚文比精选单折应更受现今读者的

欢迎，对文化发展的贡献也更大。《复庄今乐府选》保存了大量已佚明清传奇杂剧的折子戏，使我们有机会尝鼎一脔，为戏曲研究工作提供了丰富的资料，这功绩实不可没。

第192册所收《谐剩》收《要词》二十篇（每篇数阕至十七阕小令）、《春雪新声》六篇。《要词》都是游戏文章，如《柳妇词》《嘲风情》《嘲薄酒》等，但也收入了一些大作家的作品，如关汉卿《嘲秃指》（醉扶归）、周德清《叹七件事》（折桂令）、王西楼《失鸡词》（满庭芳）、陈大声《嘲北地巷曲》等。《春雪新声》包括《醒世词》《风花雪月吟》（黄莺儿四阕）、《别情》《天干谜词》《地支谜词》《镜塘坐兰玉楼作》（一半儿）。

梅心雪

鸦片战争给中国人民带来了极为深重的灾难，同时也使中国文化的发展受到了非常巨大的影响。戏曲当然也在劫难逃，作家作品产生的数量大为减少，许多已写成的作品也得不到刊刻流传的机会。姚燮的作品就是一个很典型的例子。他的《今乐考证》幸而在1932年被马隅卿在宁波书肆发现，惊为秘籍，用高价购得。他的哥哥裕藻在隅卿死后，依照隅卿遗志，把《今乐考证》稿赠与北京大学，要求印行，才于1935年公之于世。《复庄今乐府选》已佚失二十余册，现存部分分散在浙江图书馆、宁波天一阁和北京图书馆三处。《退红衫传奇》早已佚失，现在姚氏剧本仅仅有这一本《梅心雪》保存下来十一折。

原稿今藏浙江图书馆，绿丝栏抄本，半叶十二行，每行字数不等。剧本前面有一些诗词草稿。封面书云：

> 复庄别有《浮香阁本事》四卷，亦为梁谿时湘文作《倚梅图卷》，一时作手多题咏之，因分类编为四卷，以好影事（疑有误），署为《浮香阁本事》云。
>
> 冯贞群记

扉页有"冷僧先生惠存 冯贞群赠 时甲午孟冬"，据此知此书稿最初为冯贞群所藏，于甲午（1954）年赠送给张宗祥先生的（冷僧为张宗祥先生别号）。

剧本卷首有道光丁酉（道光十七年，1737）七夕定海厉志写的《湘文小传》及元和杨蕴华一篇记。杨记对此剧写作动机及经过写得很清楚：

　　……余友镇海姚梅伯氏豪士也，客吴门，尝过曲院，遇时姬而悦之。时姬者字湘文，无锡人。父母以岁歉鬻其女为婢，初不知鬻者为乐籍也。稍长，教之度曲弦索，令见客，姬业已无如何，遂出见客，恒自矜重，不轻言笑。年二十矣，乃遇姚生，姬得生自以为得所属矣，既度生匪不能脱己籍，又以生客也，终不能为己留意，恒郁郁恐伤生意，不令生知其隐。生感其情，为作《梅心雪传奇》，以广其意。濒行，又倩善画者貌姬于某扴间，命之曰"倚梅阁"。盖谓己虽去，而心未尝去姬也。是事盖始于丁酉（道光十七年，1837）春三月，而图成于秋八月……

　　所存十一折依次为：仙因、酌春、雪怨、掉扇、望吴、却画、信许、扫园、亭讶、醉哄、留约。剧演藐姑射山神人敕锡为元感真妃，修人间善恶姻缘之册，已达三百余卷。因罗浮山梅花初放，即遭到雪扰，想这一段公案，必另有因由，查检册子，得知赵师权与贾云英有姻缘之分，有意成全他们。时陈生下第归来，客居吴门，以笔耕糊口，与蔡远生、姜子年结社论文。偶然在山塘间遇教坊籍时湘文，闻知其洁身自爱，产生爱慕之情。湘文也把扇子赠与陈生，表示心意。老鸨闻知此事，与无赖子马春原定计，以三十两花粉钱难为陈生。陈生闻湘文鼓琴，得知湘文心事。有一周妈妈告陈生三十日虎丘马家园作饯春大会，可借此机会与湘文觌面表明心迹。陈生、湘文虽彼此表明心迹，但无力使湘文脱籍，姜子年、蔡远兰欲玉成其事。陈生母舅虞陛功外调楚州汉阳府，请姜、蔡、陈三人一叙。现存的十一折至此为止，估计最后一定是依赖虞、姜、蔡三人之力，使"有情人终成眷属"吧。可惜已无法补足这段文字了。

　　这种内容在传奇中并不少见，不过姚燮是个博学多才的文人，能得此剧以了解到作者这一方面的造诣，总算减少了一种遗憾。而且他终于不愧是词曲能手，所写曲文极佳，在昆曲走向衰落的时期，也称得起是为剧坛增添了一点光彩。

　　天一阁藏有张宗祥先生抄本，半叶十行，行二十四字，抄写工整，加断句，很便于阅读。因原稿本是初稿，是作者写给自己看的，极为潦草，而且经过多次涂改，几乎无法辨认。张老先生抄录此本，实在给我们带来不少便利。萧山朱氏别有斋又根据张先生抄本油印，也是一种传播文化的好事。

张先生在卷首也写了一篇记，说明此稿得自冯孟嵩（即冯贞群），又有朱鬻卿多次催促他缮成清本，于是以七十五岁的高龄，在丙申年（1956）七月下旬以五天时间写成此册，其不能辨析的字，仍留空格，留待以后补校。并指出近人著录此书，有写作《梅沁雪》者，误。他还提到任渭长是姚燮赏识培养而成的画家，"不知当时图卷是否任氏之笔，惜不得见"。

疏影楼词

天一阁藏。是姚燮年轻时的词稿稿本，一册，每半叶十行，每行二十一字。凡二卷，《疏影楼词》之外，卷上收《听雨词》，卷下收《剪灯夜语》和《画边词》。

《大梅山馆集》收《疏影楼词》五卷，我们知道姚氏三十九岁时一场大病好了之后，对文学的观点有很大改变，把以前所作的"绮语"烧掉不少。此稿卷首有姚如侠序，作于道光十三年（1833）。姚燮生于嘉庆十年（1805），道光十三年他年二十九岁，可见这两卷词为二十九岁以前的作品，我们可以从这些作品中了解到一些姚氏早年的词章风格。

姚如侠序中当然难免有溢美之处，而我们仍旧可以约略看到姚燮的为人、处境，以及词学的不拘一格。兹节录于下：

> ……野桥为甬上名秀才，生禀异资，于学无所不窥，而尤邃于诗。诗工矣，姑置弗论。其凿肠掐肾，冥搜旷求，萃毕生之心思才力而与之颠倒出入者，其于词较深，近人无与敌也……乃其生平得力之处，追踪秦柳，胎息苏辛，取裁于梦窗、竹屋之间，沈幽固閟，挥洒流落，体制不名一长……野桥为人疏旷，亦为时辈所挤，家贫落魄，辄思橐笔作四方之游，因循未果。壬辰（道光十二年，1832）秋予识君于吴山旅舍，逾年始订交……

序中只称道姚氏擅长诗词，没谈戏曲，但从《复庄今乐府选》收集之富，《今乐考证》《梅心雪》的写作，可知姚氏于曲学更胜于诗词。古代的士大夫大多把曲看作雕虫小技，往往在小传中很少谈到，姚如侠大约也不例外吧。

这篇短文旨在记录古典戏曲珍本，不过姚氏于曲学贡献较大，对他的生平我们知道

得还不多，因此破例著录这本《疏影楼词》。此书卷下有作者识语云："已校录副本完卷授刻。癸巳（道光十三年，1833）七月二十五日湖上生手识。"可知此书就是在姚如侠作序同一年付刻的。

樱桃梦

浙江图书馆藏，刊本二册。署"浙汜任诞轩编"。作者生平待考。剧演卢生故事，主旨即《开宗》的首句"人生皆梦也"。此剧未见著录。

卷首有万历甲辰（万历三十二年，1604）春日齐悫序。凡例五则：正字、正韵、正谱、正入声、正南北调。总目为："勘破一生樱桃梦，姻缘两世鹦鹉洲。为国忘家麒麟厩，仗义全贞灵宝刀。"凡例后有梦梦生题词及半叶图二十幅，甚精，注明系"万历陈氏绘像镂板"。

全剧分上下二卷，上卷十九出，下卷十六出。出目如下：上卷为适寺、听讲、入梦、谒姑、议亲、结婚、猎饮、破嗔、幽期、遣试、觉贪、访道、游街、报喜、逆旅、迎吠、义激、魑魅、狭邪。下卷为清谈、呓语、幻侠、虚戏、召起、慨世、晤仙、恶诮、渔色、送妾、诈传、互妄、还朝、逐谄、退思、出梦。

金莲记

天一阁藏，万历年间陈氏函三馆刊本，印制极佳。此剧序文署"万历丙午（万历三十四年，1606）七月既望燃藜仙客书于函三馆之瑞芝楼"，必为万历原刻初印本无疑，极罕见。笔者只见到两部，另一部为北京图书馆所藏，已有残缺，序文、凡例、目录前半抄配。天一阁本上下两卷各有图四幅，极精，北京图书馆藏本上卷图已佚失。《古本戏曲丛刊二集》收汲古阁本。以郑振铎先生见闻之广，尚未见到此本，可证此书很可能是现存唯一的原刻初印本完帙。

镜里花

天一阁藏有两部，都是旧抄本。演桂丹与桃绛英经一番悲欢离合，终成眷属的故事。

因以镜里花为线索，故名。凡三十二出。出目依次为：开场、花配、镜缘、安尼、瞤艳、窥镜、卖花、海氛、园骇、水战、山离、冒媒、陪嫁、调赝、归原、拷脱、会亲、互控、添装、讽泼、接花、乞援、盘镜、唆婚、闹耆、联魁、辨帅、虚舟、醉榻、禅谐、滑窘、镜合。

明人李雨商撰有《镜中花》传奇，不详是此剧否，待考。雨商字桑林，河南人。

可惜此两部皆有残缺，一本佚《开场》一出。

笔歌

天一阁藏，清刊本，二卷二册，半叶八行，每行十八字。张潮撰。封面于书名及作者之后，有甲子秋日别宥所书"黄金易得，善本难求，未见著录，切莫轻投"十六字。此书未见曲目著录，也未见他处有传本，可能已是孤本了。

卷首为《凯歌》一折，用南北合套【双调新水令】套曲，署"歙县臣张潮"，剧情写康熙新征厄鲁得，奏凯回京。中有"那蒙古地方，共有四十八个部落……都臣服清朝的……"等语，应是康熙南下时迎銮的作品。

《笔歌》上包括四个单折杂剧：

《瑶池宴》：写穆天子绝域遨游故事。用南大石调。后有吴园次、顾天石评语。

《穷途哭》：写阮籍穷途痛哭故事。用南南吕。后有崔青峙、吴园次、顾天石评语。

《乞巧文》：写柳宗元扮女妆乞巧的故事。用北仙吕。后有孔东塘、崔青峙、吴园次、顾天石评语。

《拜石丈》：写米芾具袍笏拜石故事。用双调。后有孔东塘、郑扶曦、徐松之、吴园次、顾天石评语。

清初的剧作家，大多以戏剧这种比较自由的文体来借古人酒杯浇自己块垒，张潮也不例外，短短的曲文中不时流露出作者的感慨，例如：卷首第二支【蝶恋花】云："今古游仙皆妄说，纵到瑶池，有甚长生诀？依旧归来尘世灭！穷途谁顾人呜咽，叹息吾侪真太拙！乞巧无灵，泉石噬羁绁，莫恋人间袍笏热，戏场锣鼓终须歇。"《乞巧文》写柳宗元自述遭际之后说：【天下乐】"不过是变易心情假笑啼，臣独何为不可移，问臣心因甚胶而热？人所怒，我所昵；我所憎，人所奇。一桩桩合不着斯人意。"在他对文

人评论一番之后，帝胄尊星指引他道：【青歌儿】"……谄貌淫嬉，你所心非；正直忘机，是你心期。自适其宜，莫妄相祈。得者弘恢，失不污卑，我劝你，勿多疑……"使柳宗元悟明"莫生妄想，义命自安"。这大概就是作者自己的处世哲学。《拜石丈》中又借米芾称赞大砆奇石，写出作者对历遍星霜的正直君子的崇拜：【折桂令】"只见他独立轩昂，历落嵚崎，如舞如翔。还有那苔绣奇纹，又有那藤绕柔肠，带醉疑僵。真个是世间无两，说什么比起成羊，不亚珪璋，历遍星霜，俨是尊行，叫一声'石君老丈'。"

《笔歌》下为散曲，目录如下：

檃括出师表	南越调
檃括陈情表	南越调
檃括祭十二郎文	北越调
檃括吊古战场文	北仙吕
酣春	北正宫
送春	双调
消夏	南仙吕入双调
吟秋	南商调
御冬	南南吕
四景闺词	南商调
唾窗绒	南中吕
赠花间四友	南商调
十香曲	南仙吕

卷末有吴绮序，序中谈到："……吾友山来张子，少承家学，早负时名，书既读于等身，赋复工乎义手，乃于授简之暇，爰多协律之篇，酒边时复高吟花下，频为朗咏，裒其所制，题曰《笔歌》。

作者张潮是清康熙时歙县人，字山来，一字心斋，以岁贡生官翰林孔目。著有《昭代丛书》《檀几丛书》《虞初新志》《花影词》。从诸剧评语看来，他和当时的戏曲作家孔尚任、顾彩、吴绮等都是好朋友。

岘南道唱演

南京图书馆藏，岘南学社录本，一册。署"丹徒樵隐先生授"。是一本以歌唱形式宣传儒家道统的唱本，其写作时间、动机、内容都可以从樵隐写于卷末的识语中看出：

> 辛亥冬，农事既毕，归自山中，室居多暇，课儿子学歌，仿板桥道人体（指郑燮道情），作《道唱》十二曲，撮其目《辟荒》第一、《启圣》第二、《述舜》第三、《宗禹》第四、《志伊》第五、《梦周》第六、《学孔》第七、《尊孟》第八、《砭言》第九、《破惑》第十、《筹养》第十一、《正学》第十二。以次教之，或品以箫，或节以鼓，诵读之暇，习为恒课。歌既熟，岘南学社生闻而善焉，愿本斯旨，启牖愚蒙，请畅其说，遂口演授之，俾录成册，命曰《岘南道唱演》……樵隐识于扬州城南寓庐。

樵隐是何许人尚待考证。考郑燮的生卒年为康熙三十二年（1693）—乾隆三十年（1765），故此辛亥应为乾隆五十六年（1791），或咸丰元年（1851）。

花情集

浙江图书馆藏，十二卷十二册，绿丝栏抄本。卷首有同治十三年仲春张葆显序，序中云：

> ……若论其书中之事究属确否，拟思断无此理……乃全然脱空之事，想刘氏现在之牌坊，亦未必此刘，其书中文理之可爱，实可爱耳，伏愿诸君子观者，须看他玄词句语，深妙异常，细摩讲究，实有所益，切莫认真其事，则毫无好处也。再若独看其淫乱之情，则更有损……

从这段话我们可以知道剧中所写刁王两家故事是出自虚构。由张葆显的口气看来，此剧应写于同治十三年以前，张氏对作者并无了解，似乎是买到的旧书。

全剧目次如下：

卷一：借袍、别母、斗鸡、游园、琴情、思唐、结义、扶危。

卷二：抢妓、落院、品箫、雨梦、诊脉、通情、规夫。

卷三：夜合、思梦、劝婿、残妆、送符、柳亭、端阳、服毒、祭婿。

卷四：请文、露信、情宴、窥浴、谎文、忠谏、回猎、五刭、报信、讦亲。

卷五：朝议、戮忠、散仆、尽节、别院、遇盗、拘禁、认舅、探监。

卷六：出院、逼婚、养子、双缢、杀盗、救嫂、山操、遣救、逅尼。

卷七：乔扮、报祥、劫斩、闺诈、茶访、作吊、写状、告状。

卷八：密拿、提文、回话、饮诏、审问、踏勘、前探、许探。

卷九：说情、托孤、见都、会验、后探、七夕、判斩、迎门、活祭。

卷十：斩习、阴会、索命、冥辱、还阳、教子、山会、花烛、劝农、闯围。

卷十一：认弟、宫召、佳期、宫思、张诉、赐婚、酒楼、武场。

卷十二：点将、迷谷、探赠、平寇、获刺、御勘、荣归、袍圆。

书中还有二十四幅人物像，依次为：唐太师、杨老夫人、唐云豹、唐赛金、唐云骏、唐吉、王定金、毛龙、唐云卿、杨秀芳、王总管、桂童、王廷贵、刘素娥、玉兰、春兰、夏兰、蕙兰、刁王氏、青莲、张德龙、张保、毛子佩、薛翠昭。

可惜因篇幅过长，无时间细看，剧前又无副末开场，对剧情的了解还有待今后的机会。

玉连环全传

浙江图书馆藏，旧抄本，八卷八册，半叶十行，每行二十字，是用俗曲写成的。署"云间女史朱素仙著，樵云山人订，钓月山人校正"。按清历城李日景号樵云子，清诸城刘果号樵云老人，不详樵云山人是否这两人中的一人。作者朱素仙及钓月山人不详为何许人。在"女子无才便是德"的封建社会，女作家能写出这样的长篇巨制，的确难能可贵。全书目次如下：

卷之一：辞母、托孤、折桂、说亲、约婢。

卷之二：拒词、哭亲、救蕙、庙会、奇婚、速妆、见娘、悔别、访友、情思。

卷之三：问病、夜会、寄恨、迎媳、劝适、契会、赘婿、诉情、规夫、拒孙。

卷之四：遇盗、劝降、吉兆、访婿、荣归、品箫、醋态、望妹、纳宠、训瓶、醉婿。

卷之五：归宁、恋妓、秋千、打子、戏瓶、论忍、联诗、饯别、荣行。

卷之六：拜年、约亲、议计、局骗、报信、放梁、思郎、认子。

卷之七：嘱玉、哭妻、续婚、病逢、思亲、聘月、荡产、叹穷、感慨、商嫁、鬻妻、

悔□、投靠。

卷之八：巧逼、魔迷、入泮、亭怨、露机、完姻、省亲、负荆、锦旋、封赠。

演梁琪与谢清道之女的故事，大约也不出经过许多悲欢离合，最后佳人才子得成佳偶，衣锦还乡的套子吧。

张宗祥戏曲三种

张宗祥先生是原浙江图书馆馆长，过去只知他是戏曲爱好者，对姚燮著作曾下过很大功夫进行整理、抄写、研究，于戏曲文献的保存做出了不少贡献。1962 年春笔者曾拜访过他，书桌上摆满了书籍和纸张，以年越八旬的高龄，仍然孜孜不倦地工作，至可钦佩。

此次访书，偶然在浙江图书馆发现了他所创作的三种戏曲，笔者方才知道原来他还是一位戏曲作家。这三种戏曲是：

《荆州记》：凡六折，演刘关张故事。

《平飓母》：凡四折，演与飓风搏斗的神话科学剧本。

《浣纱记》：凡七折，是根据梁辰鱼《浣纱记》所作的改编本。

此三剧只有油印本，希望能有铅印本使它广为流传。

此外，借这个机会对《录要》（一）作一点更正："五鹿块、两钟情、蓬壶院"条，许逸的生卒年应改为：康熙十七年（1678）—乾隆十二年（1747）以后。

最近，阅读了许逸的《东野轩文集》，卷四有《麟儿端女葬志》一文，文中云："儿名麟，予二十一所生子也；女名端，予二十七所生女也。麟生于戊寅（康熙三十七年，1698）二月十有四日……端生于甲申（康熙四十三年，1704）。"可知许逸生于康熙十七年（1678）。道光己丑张师濂《东野轩文集序》中有"顾以诗文名重五十年，而仅终于国学，识者惋之"等语。《东野轩文集自序》中说："年逾二十喜填南北院本。"据此，许逸姓名被人所知应在二十余岁，因此他的卒年应在乾隆十二年（1747）以后。

由于《蓬壶院》徐俶序文写于"丙午"，过去误认为是康熙五年（1666），以致生卒年考证错误。现在考出许氏生于康熙十七年（1678），方知此"丙午"为雍正四年（1726）。因此《蓬壶院》的写作时间亦应更正为雍正四年以前。

周妙中

关于完成《古本戏曲丛刊》的建议 ①

1954 年，前文化部副部长、中国科学院文学研究所所长、国务院古籍整理出版规划小组文学组召集人郑振铎先生独力编了一套《古本戏曲丛刊》，编到第四集，郑先生在因公出国途中不幸遇难殉职了。

此后，在国务院古籍整理出版规划小组组长齐燕铭同志的积极支持和指导下，1964年又由吴晓铃先生等专家学者组成的编刊委员会，续编了《古本戏曲丛刊》第九集。当时齐燕铭同志倡议先编第九集，是为了配合历史剧的改编工作。正在继续编纂第五集的时候，却遇上了"文革"的十年浩劫。这项工作就停顿了十九年。

1983 年，国务院古籍整理出版规划小组第二任组长李一氓同志，又抓紧了《古本戏曲丛刊》的续编工作，召集研究人员和出版社、图书馆的负责人，商谈了多次。5 月 11 日，他在中国社会科学院文学研究所主持的古本戏曲和古本小说的工作会议上讲话，说："为了纪念郑振铎先生，要继续完成《古本戏曲丛刊》，实现郑先生的愿望。先解决五、六、七、八集，1985 年再议十集。这样才对得起郑先生，也对得起后代人。希望能看到全书。我承担了古籍规划，就负有责任。"

在李一氓同志的大力支持和督促下，1986 年终于由吴晓铃先生主编，上海古籍出版社印出了《古本戏曲丛刊》的第五集。李一氓同志写了一篇《谈〈古本戏曲丛刊〉的出版》，他提到了郑振铎，说："特别值得敬佩的是他以个人力量编印了《古本戏曲丛刊》四集，共约四百册。但是由于他因公殉难和十年浩劫，第五集以后就没有人继续编下去了……我作为接替郑先生管理古籍整理规划的职责和郑先生很亲密的一个朋友，现在可以放心了，可以算对得起他了……我更希望他们（指编者和出版者）继续密切合作，把第六、第七、第八集陆续编印出来。这不仅是中国戏剧界的大事，也是中国文化界的一件大事。我诚恳地希望各国家图书馆、大学图书馆和保有这类古籍的戏剧研究所和戏剧研究者，支持中国社会科学院文学研究所和上海古籍出版社的这一工作，提供资料，底于完成。"（1986 年 8 月 3 日《解放日报》）不幸的是，李一氓同志没有看到六、七、八集的编印，

---

① 本文为程毅中先生于 2012 年给全国古籍整理出版规划领导小组的书面建议，该建议得到有关方面高度重视，《古本戏曲丛刊》第六、七、八集很快被列入了"2011—2020 年国家古籍整理出版规划项目"。

就与世长辞了。从此《古本戏曲丛刊》工作又停顿了二十六年了。

现在古籍出版，比上世纪八十年代有利条件多了，有些困难不难克服。为了完成中国文化界的一件大事，为了纪念郑振铎先生，也为了纪念齐燕铭同志和李一氓同志，建议古籍整理出版规划领导小组能把《古本戏曲丛刊》的扫尾工作列入十年规划的重大项目，争取各有关方面的支持，继续努力，底于完成。

程毅中

2012 年 5 月 17 日

我与《古本戏曲丛刊》的机缘

《古本戏曲丛刊》十集终于出齐了，这是重印古籍的一大工程。可喜可贺！

回忆 1954 年，《古本戏曲丛刊》刚出了第一集，我在北大图书馆看到了就十分高兴，以前看不到的书竟都能看到了。我家里曾有一套《世界文库》和一部《中国短篇小说集》第二集，是郑振铎先生编的，我知道他的名字早于知道鲁迅，可说我是读他的书长大的。后来我对俗文学的爱好就是从那时开始的。

那年暑假我读完大三就没有回家，留在校内看书，因为考虑到明年毕业离校后可能就看不到那些古籍了。假期内每天上图书馆阅览室看文学古籍，主要就是《古本戏曲丛刊》。还有一些善本的古代小说戏曲，那时阅览室的管理员，对我们爱读书的高班学生非常照顾，有些善本书也让我坐到柜台里边去看，不用老师开证明。我争分夺秒地浏览了两百种古本戏曲，有选择地做了一些笔记。秋季开学后又接着陆续看了一部分古代戏曲的书，因为文学史课上讲的古典小说都是我都读过的，自学时间可以多用在戏曲方面。第二年毕业后分配到西安石油学校工作，果然看不到多少线装书了。我就凭在校时的笔记写出了一篇《读＜林冲宝剑记＞》，发表于《光明日报》1956 年 3 月 18 日的《文学遗产》专刊（笔名仲弘）。

1956 年浦江清先生收取我为副博士研究生。我知道浦先生对古代戏曲深有研究，1957 年初报到后交的第一篇读书报告，也是唯一的一次作业，就是关于几本古代戏曲作者的考证，实际上还是在校读本科时写的笔记。浦先生把它推荐给当时刚创办的《戏剧论丛》，后来以《几种古本戏曲的作者》为题，发表于《戏剧论丛》的 1957 年第 4 期的"学术通讯"栏。不幸的是，浦先生已于 8 月 31 日猝病辞世了，竟没有看到。我在文中对古本戏曲的目录有所商榷，提出了几个作者的疑问，首次考证了《蓝桥玉杵记》的作者云水道人不是杨之炯，而是《远山堂曲品》所著录的无名氏。这是为前辈业绩做的一点拾遗补缺，算不上什么书评。如今也早被戏曲学者认同了，但《中国古籍总目》里还照原目著录，没有更正。因此，我在 2017 年浦师逝世六十周年之际，请《文学遗产》网络版重发一次（已收入中华书局版《月无忘斋文选》），以表纪念。

1958 年底，我提前分配到中华书局工作，办公室里书架上竟放着《古本戏曲丛刊》一至四集的全部毛样。原来是当年古籍整理出版规划小组成立后，实行分工，把商务印

书馆的古籍出版业务全部转给中华书局，而《古本戏曲丛刊》本是商务印书馆代印的，也全部转交中华了。我到中华书局工作后曾通读了隋树森先生编的《全元散曲》和《元曲选外编》的清样，重温了一些有关戏曲的知识，有时就抽一份古本戏曲的毛样带回家细读。偶尔发现第三集里朱葵心《回春记》的自序，是一个残页，缺字很多，在付印时就删去了，不知印刷时是谁做的决定。第三集是由文学古籍刊行社代印的，不像前两集那样由商务印书馆代印时，张元济先生还亲自复阅过一部分毛样（详见齐浣心《1949—1959：张元济与古籍出版》及张元济书信集，相信《张元济全集》的书信卷里会有关于《古本戏曲丛刊》的资料，尚待发掘）。当时我觉得这篇序文虽已残缺，还有一定的文献价值，就抄了下来，一直保存着。现在把它附录在此，供没有机会上藏家查阅原书的读者参考。

　　（上缺）天子不倖于李贼，皆余前所云数项酿成此衅孽。为今之计，一曰清选举以收豪杰，二曰饬风俗以维人心，三曰去贪污以宁兆姓，四曰重文武以图安攘。四者行之，恢复中原，直反掌间耳。自恨孤臣无擎天捧日之权，仰答二祖列宗三百年养士之（中缺）调宫弄商作成（中缺）洒之楮间，敢博当事者赐乙夜之观，以（缺三字）疏可以之代痛哭，可会剧既成。偶西北白（缺二字）冉有洁衣冠而至者曰倪痴，谓尔眼光差似予，暝就尔饮。东南红云中有骑彩凤而至者，葛衣古巾，曰青藤道人，谓余有四声猿，与尔差似，昵就尔饮，觥筹交错，杯盘狼藉。予谓青藤道人曰：尔四声猿似骂世，予醒世，尔愤世，予救世，似为过之。青藤无以难，连浮之以大白者三。有三闾大夫，左挟云璈，右挟湘琴，谓予三人曰：尔等无自贡高，无自骄慢，无自吾我，特余个中人，为尔平章一番。众曰：唯唯。三闾曰：徐生戏笑怒骂，岂同梁父之清啸；朱生撮科打诨，聊同庄氏之卮言。十年前归诗蠹已看破了也。各相散而去。

　　　　时
　　崇祯十七年仲夏端阳后十日东海孤臣朱葵心洒泪书于望北居

文中有些字句有疑问，如三闾大夫"为予三人"评论，前面也有"洁衣冠而至者曰倪痴"

的话，但未见第三人出现。抄件可能有误认的地方，我试加的标点，也可能有疏失。希望藏家上海图书馆的同仁能提供书影，加以补正。中华书局所藏的毛样，在上世纪九十年代迁移到新址后就不知下落了。

最近从网络上得知张元济先生也曾过问了《古本戏曲丛刊》的出版，在他给影印工作专家丁英桂的信里谈到一些问题，值得重视。

在手边就有四集毛样的优越条件下，我继续阅读了几种古本戏曲，还写了几篇札记。特别是1960年历史剧的热潮，引起了我的兴趣。吴晗先生破门而出，编了《海瑞罢官》的新京剧，又编了一个《历史剧拟目》，交中华书局代印，号召大家编历史剧。古籍整理出版规划小组组长齐燕铭先生也决定提前编印《古本戏曲丛刊》第九集的宫廷大戏。为此1961年把文学研究所的周妙中女士调到中华书局，配合编委会工作，作为吴晓铃先生的助手，去各地查访戏曲版本。后来她写出了《江南访曲录要》的大文，为修订《古本戏曲丛刊》的拟目作了贡献。我也跟风而动，先后写了《试论古代历史剧》《再论古代历史剧》两篇论文（发表于《文学遗产增刊》第九、第十二集，中华书局版，1962、1963年），后来还造成了一些麻烦。但有人告诉我，张庚先生曾提到我的《再论古代历史剧》一文，表示赞许。我还写了一篇《现存古代文学家故事剧目》（见《古籍整理出版情况简报》1964年第1号），也得益于《古本戏曲丛刊》的资源。

周妙中女士是浦江清先生的第一个研究生，是我的大师姐。她调来中华书局后，有关戏曲方面的书稿，就由她负责了。我在重发了新版《太平广记》之后，则兴趣转向了文言小说，很少过问戏曲问题，但始终关注着《丛刊》的编印。直到1983年，李一氓先生抓了古籍整理出版规划，包括《古本戏曲丛刊》的续编工作，我也参与了讨论，但没有为中华书局争取《古本戏曲丛刊》而承担了《古本小说丛刊》的项目，这并非出于个人的偏好，而是另有某些原因。直到1986年第五集由吴晓铃先生编成出版之后，我已卸任副总编，不再干预中华书局图书馆的工作了，然而在几年之后，还是竭力建议图书馆主任赶紧去买进一部入藏，与前四集配套，因为那时琉璃厂中国书店只剩最后一部了，还是原价六百元，我自己又买不起。于此也可知我在各种会议上多次呼吁续编《古本戏曲丛刊》，还是由来已久的事。

《2011—2020年国家古籍整理出版规划》公布后，国家图书馆出版社首先抓住了这

个项目，自告奋勇，愿意承担。当时吴书荫先生正在参与国家图书馆的"再造善本"工作，他是张庚先生的高足，对明清戏曲的版本目录已有精深的研究，国图出版社殷梦霞女士首先咨询了他的意见，同时征求了我的意见。我提醒他们，《古本戏曲丛刊》是郑振铎先生首创的项目，必须和社科院文研所商议。继而又请我向规划小组写推荐书，我考虑到国家图书馆与各大图书馆关系密切，以后借书方便，而且影印书的经验相当丰富，就欣然同意了。我把自己收藏的上世纪中华书局油印的《古本戏曲丛刊》全部拟目提供他们参考，总算是重见天日了。

1981 年 9 月 17 日《中共中央关于整理我国古籍的指示》中有这样一句话："从事古籍整理的人，不但要知识基础好，而且要有兴趣。"李老就是知识基础特好而特有兴趣的人，又和郑振铎是老朋友，所以他一再抓了《古本戏曲丛刊》的续编工作。我只是一个少年时代读郑振铎著作长大的人，虽有兴趣而知识基础极其薄弱，能为《古本戏曲丛刊》续编加了一根稻草，实在是意外的机缘了。

程毅中

2021 年 4 月

关于《古本戏曲丛刊》的回忆①

八十年代初，把我找去编《古本戏曲丛刊》（五集），可能是因为我那时候跟吴晓铃先生的关系比较好。我跟吴先生在文学所认识的，本来他们老专家跟我们年轻的人也就是看望一下，没什么工作联系，不怎么熟悉。后来文学所下干校了，在一起劳动才熟悉起来的。

文学所的干校在河南息县，春秋战国时期的息夫人就是那儿的人。干校边上有老乡住，靠近我们这儿的是叫小蒋庄（音），小蒋庄的人经常来偷我们的庄稼，还挺有意思的。

在干校里，我跟吴先生有同一个爱好，就喜欢狗啊猫的小动物。所以有时候他在食堂，狗也在食堂。我会专门到食堂去摸它，去跟它玩，干校里有的人就叫我"狗阿姨"。吴先生喜欢小动物，家里有好多猫。我后来到他家去，他的猫认识我，闻了闻我以后，噗通就跳上来，在我的膝盖上睡觉。

干校时候我跟吴先生就比较熟悉。他这个人，没有什么教授的架子，跟年轻人能打成一片。干活的时候他也光着膀子。那个时候他们是黑帮，也要干活的。像钱钟书先生他比较文气，所里那些领导也照顾他，让他管工具。他管得很仔细，每个工具上都贴上条，因为他不认识什么铁锹啊之类的农具。他有点懒，所以他都贴上条。我觉得他们那些老先生特别有意思。俞平伯先生岁数大，他还带着夫人下来。他夫人没有工作，是个大家闺秀。当时我们住的房子就在我们干校那个点，自己盖房子自己住。没盖好以前就是住老乡家，很破旧。所里照顾俞先生，给他在集市上找了一间房，他可以在集市上买菜。他还出笑话，不知道是买什么东西，他问多少钱，人家告诉他是一毛钱一堆儿，结果他就拿了两个。后来我们也上集，人家就告诉我说，你们所这位老先生，我们说一堆儿，他只拿两个，一对儿。这个事儿很有意思，很有名的。

干校回来以后，我当时调到古代室，吴先生就让我帮他搞《古本戏曲丛刊》。我本来还不太愿意去，因为栾贵明说这个工作很麻烦的，他劝我说，最后你的名字就列在"参

---

① 本文节选自吕薇芬先生《我的学术生涯》访谈录，标题为编者所加。原文刊载于《古代文学前沿与评论》（第三辑），中国社会科学院文学研究所古代文学学科编，2019 年版。吕薇芬先生是中国社会科学院文学研究所古代文学研究室和《文学遗产》编辑部的资深前辈，于 2019 年 5 月 1 日在家中接受了整理者的采访，详细讲述了她在北京大学求学，进入文学所民间室和古代室以及调入《文学遗产》编辑部工作的经历。

加工作的还有"的后面。栾贵明很实际的，我跟他是老同学。他就说，你别参加那个工作，你将来就是编撰委员会里的那个"还有"，但是你是要干实际工作的。后来果然是这样，主编是吴先生，领导的是邓绍基先生和刘世德先生，我跟么书仪是两个干活的。么书仪是邓绍基先生的研究生。本来要栾贵明干这个，栾贵明坚决辞掉。然后他就跟我说了这话，我记得最清楚的就是，你就是那个"还有"。

那个时候，开始是吴先生自己搞《古本戏曲丛刊》，他搞了一遍，把整个好几箱子的书送到出版社去。出版社看了之后有意见，说好像做得不是太仔细。书被退回来，退到邓先生、刘先生手里，他们也不好去找吴先生。吴先生那时候一个人做，没有助手。因为他之前的助手是中华书局的周妙中（按：1923—1996，曾任文学所助理研究员，后任中华书局编辑、副编审），周妙中那时已经调走了。他跟周妙中先生关系没搞好，周妙中是很耿直的一个人，脾气急一点。吴先生年纪比我要长很多，我根本就是小一辈，所以应该听话的。

原来周妙中有个目录的底子，吴先生是根据周妙中的底子打印出了目录，再修改一下就交稿了。但是实际上，搞版本你非得摸在手里，你才知道它是什么版本。这样就是吴先生搞得不够仔细了，出版社就退稿。退回来以后，刘先生、邓先生他们又不好找吴先生了，就找我。我不太愿意参加，因为栾贵明不是跟我说，你就是"还有"嘛。我不想参加，但是邓先生他跟我说了一句话，你不想参加也得参加，因为没有人了。他说了这句话，我还有什么好说的。我就说我一个人，一百多种书，你又规定了时间，我得一本一本看，看不过来，你把你的研究生调来一起做吧。我就说了那么一句，他就把么书仪调过来了，所以么书仪是我点的将。我其实跟么书仪并不熟悉。她到了古代室的时候，我们古代室不经常上班，就是每周一天开会，大家坐在一起。我就知道她是北大的，搞戏曲的。

邓先生就这样把《古本戏曲丛刊》交给我们两个人了。我跟么书仪年纪相差有十年吧，虽然都是北大的，开始的时候并不是很熟悉的，但是后来混在一起了。我觉得北大人的风格都比较自由散漫，她也是不拘小节的，我也是不拘小节，所以我们两个人比较合得来。到后来邓先生还提醒过她，你要跟吕老师搞好关系。你知道她说什么？她说，我们都已经是姐们儿了。

开始的时候所里给我们分配了一间专门的屋子。小屋子里放了各种参考书。我们是很辛苦的。尤其是么书仪，她很认真。她住在海淀的北大宿舍，早上比我还到的早。然后在所里吃中午饭，在办公桌眯一会儿，下午继续干。因为这事有时间限制，吴先生又弄了一百多种书，时间紧任务重。我们两个性格还比较像，又着急又不敢偷懒。查好书之后接着编目录，天天都去所里，去了一个多月。我记得有一次过五一节什么的，他们行政办公室聚餐，我们两个人没饭吃，后来我说，咱们自个儿凑上去。我跟她两个就跟着他们行政室的人走，他们也不好拒绝，最后就吃上饭了。

我和么书仪查书时一起去了好几个地方，有上海、杭州，到山东时，没钱了，她说她认识一个人，去借钱，然后她出去借钱了。中午么书仪在人家家里吃饭，我没饭吃，我只有一个碗。这碗是曲阜师院的，它是收押金的。那我怎么办呢？我还要到城里去等她，然后我们要上山东图书馆去。我没有钱了，我就把那个碗退了，把押金取回了。我们约好在济南大明湖公园大门口见面，我就在入口那里等她，坐在那儿啃白薯。她一来，她就说，你是不是把我们的碗当掉了。我说是当掉了，不然我也到不了这儿，我也吃不了白薯。所以她就哈哈大笑，老是当笑话讲。

《古本戏曲丛刊》五集和六集的目录主要是周妙中先生拟定的，因为她是具体跑图书馆的。但是吴晓铃先生藏书多，他有很多戏曲珍本收藏。所以看那个目录里，很多书都是他自己的，这个他很熟悉。另外首都图书馆他都认识人的，他可能也看了一部分那里的书。但是他老先生哪有时间天天跑，主要还是周先生跑。周先生先拟有一个目录，我跟么书仪接手了以后，我们也看了一些参考书。她的目录不全，我们做了补充，也做了修改。还有年代的问题，年代上她排错的很多。这很难怪，一个人怎么做得来呢。

我们遇到的最大困难就是断代问题。有的书是有作者的，有作者的好办。有的是没有作者的，我们两个人就经常叽里咕噜的在那讨论断代。怎么找呢？当然先要看一些参考书，但最最主要的、最有根据的办法，就是找那个字。这个字就是剧本里面提到的，就是从剧本里面找内证。所以我跟她要断代的话，就得把这本书看完了以后，我们才知道它的内容，才知道它的用词等等，这样才能断代。所以我们主要就是这么做，然后就是仔细地通读剧本。我跟么书仪两个人都死心眼儿，不看都不敢定。

一般遇到具体问题先是我们两个人商量，商量了以后，如果这个问题我们定不下的话，

就找刘世德，他的主意多。但是他主要搞小说，他不知道的，那就找吴晓铃先生。反正上面有人盯着嘛，我们认真一点努力一点就行了。

实际上，版本问题就是要认真。你说什么都没用，就只有拿到书以后，你看了序言，看到它的版式，看到有的批语了，你就明白了。其实并不难，但是需要花点工夫。我们搞这个工作的时候，吴先生寄给我一本书，是关于鉴别版本之类的，我翻了一下还给他。最后我们两个得出结论，这个搞版本就得自己摸。

交给我们的这一百多种书，每一种我们都过目了，摸过了，但是最后出版时收录的是八十多种。我们当时看过的版本，每一种我们都做了表格登记，表格最后都给了出版社。这个表格是吴先生给我们的。我估计不是吴先生画的，是周妙中先生画的。所以我觉得周先生对《古本戏曲丛刊》很有贡献。她做了一个初步的工作，就是那个草拟的目录。虽然她的目录有很多错误，但这是难免的。

我们做完了以后，交给邓老师、刘老师他们看，他们也没提意见。版本这个东西，你要没看过，你也提不出什么意见。然后我们就给吴先生看，吴先生看了以后，他也比较满意，就这么通过了。但是后来挑刺儿的是上海古籍出版社，责编叫做府宪展。他是工农兵学员，比较年轻，但是他很用功。我有一次到上海古籍出版社去，他正在那儿编。他突然之间问我一个问题，某某书为什么定它是某某年代？一百多种书，我哪记得住。我就说你把那个书拿出来看前言，你看前言是什么时候写的，就是什么年代嘛。他说原来你们是有根据的。我说你废话，没根据我们怎么就定了？主要还是要看前言，然后又看一些参考书裁定。所以他考过我一回，让我驳回去了，最后他不挑了。后来我跟他说，我说小府，我们俩干事，没有根据是不会定的。没有根据，我不会说是无名氏啊？我不会放在前面或者相应的时段？我花那么多时间干这个事儿为什么要偷这个懒？后来跟小府关系也不错。所以说，做《古本戏曲丛刊》我跟么书仪还是比较卖力气的。

《古本戏曲丛刊》六集的目录我跟么书仪整理了一下。因为我们当时五集有很多书遗留下来编到六集了。当时想搞六集，但编六集是要有规划的，这个规划不是文学所的规划，是古籍整理出版小组，由国务院李一氓领导的。那个时候他是把这个事情抓在手里了，为什么呢？他说他是郑振铎先生的好朋友。他完成五集以后很高兴，我们在一起吃饭，他说了一句，我做了这个事，对得起郑先生了。他说的那句话我印象很深。后来

李一氓退休了，这个项目也没继续开展了。因为当时我就到了《文学遗产》，邓先生也使唤不着我了。么书仪她说，我可以搞，但是我要跟吕薇芬一起搞，我们俩合作好。我不搞了，么书仪就说你不搞，我还搞什么，我也不搞，她就是这样的。

我和么书仪还合写过几篇和《古本戏曲丛刊》有关的文章。我们写文章就是她写一段，我写一段，然后合起来。最后好像是她定稿，她比我仔细，我比较粗心。她是个很仔细的人，而且也很聪明。我就是马马虎虎，大大咧咧。比如我们一块出去查版本，我说你管钱，我管不了钱。所以后来没钱了，她就负责借钱去了，我就去吃白薯去了。

吕薇芬口述　　李芳　周琪瑛整理

关于《古本戏曲丛刊》的回忆

忆念《古本戏曲丛刊五集》的编辑和考订 ①

吕薇芬是北大中文系 55 级（60 届）的毕业生（我是 68 届），她虽然只是早我 7 年大学毕业，可在我历经了在新疆奇台县 8847 部队解放军农场种地、接受解放军的再教育、教中学、上研究生共计 13 年的辗转之后，1981 年进入文学所的时候，她在文学所已经耕耘了 20 个年头。当时，她刚刚从民间室贾芝手下调到古代室研究元杂剧，不久我们俩就成了同行。她头脑清楚、记忆力不错、沉得住气、有涵养、会说话却从不抢话说……在我的心里，她当得起我的老师。

1982 年，文学所副所长邓（绍基）先生问我：愿不愿意参加《古本戏曲丛刊》第五集的编辑工作？我想：我刚刚从中国社会科学院研究生院文学系元明清专业毕业留在文学所工作，既没有挑选的理由，也知道编辑《古本戏曲丛刊》是一个戏曲古籍整理的大项目，参加了可以增长见识，能够让我参加也是看得上我，而且，合作者是吕薇芬应该不错，于是就点头同意了。

参加之后，我从吕薇芬那里慢慢知道了：这个项目是国务院古籍整理出版规划小组组长李一氓"直接抓"的"选题项目"，文学所也"很重视"，郑振铎时代成立的"古本戏曲丛刊编委会"委员吴晓铃先生和当时文学所的邓副所长、古代室室主任刘（世德）先生，都是这个项目的领导者……

不久，我就明白了：这件事情的实际参加者虽然是五个人，干活的就是我们俩。就像是曾经参加前四集的干活的人是：北京的陈恩惠先生、郑云逈女士、周妙中女士、伊见思先生和上海的丁英桂先生一样，吴晓铃先生说他们是"寞寞地辛勤着，不求闻达，未为人知，然而永远也不会被我们忘记"（《古本戏曲丛刊五集序》）。吕薇芬对我说：李一氓说是要向全国的图书馆打招呼，凡是《古本戏曲丛刊五集》编辑用书，一概不收钱——显示了这个项目的独特和重要。

听说，《古本戏曲丛刊五集》的首次编辑是吴晓铃先生在周妙中先生大量访书的基础上完成的，在李一氓的支持下，吴晓铃先生将选定的一百余种顺治、康熙、雍正三朝的传奇刊本和抄本汇齐之后，连同编目一起交给了上海古籍出版社，上海古籍出版社审阅之

① 本文原载于《古代文学前沿与评论》（第一辑），社会科学文献出版社，2018 年版。

后把全书送回，要求返工：重新查书、比较版本、选择书品、配补缺页和漫漶不清的印页，同时要为这些刊本、抄本的作者、出版者、出版年代进行考订……在目录上要有标注。

当时，在影印古籍方面，上海古籍是全国首屈一指的出版社，他们的编辑中很有一些版本方面的内行（责编府宪展就是一个），人家提出的问题头头是道，吴晓铃先生提供的本子距离要求显然是有很大的差距，所以文学所二话没说就找了吕薇芬返工，吕薇芬觉得一个人势单力薄，就提出让我也参加，所以，我就这样成了干活的成员。

《古本戏曲丛刊》是古本戏曲的结集，当时已经刊出的有一、二、三、四和第九集。

1952 年，时任文化部副部长、北京大学文学研究所（后来的社科院文研所）所长的郑振铎先生就开始筹划《古本戏曲丛刊》的出版事宜，他有一个庞大的计划："初集收《西厢记》及元明两代戏文、传奇一百种；二集收明代传奇一百种；三集收明、清之际传奇一百种，此皆拟目已定。四、五集以下，则收清人传奇，或将更继之以六、七、八集，收元、明、清三代杂剧，并及曲选、曲谱、曲目、曲话等有关著作。若有余力，当更搜集若干重要的地方古剧，编成一、二集印出。期之三、四年，当可有一千种以上的古代戏曲，供给我们作为研究之资……"（郑振铎《古本戏曲丛刊初集序》）他还说："这将是古往今来的一部最大的我国传统戏曲作品的结集"（见吴晓铃《古本戏曲丛刊五集序》）

郑振铎先生本人就是文学史家和版本学家，深知研究者搜集资料的不易，也深知抢救不断流失的戏曲古本的迫切，他在三十年代就曾经以个人之力，谋求印制元、明、清戏曲的珍本，希望这样的本子能够"化身千百"（郑振铎《古本戏曲丛刊初集序》），成为研究者唾手可得的研究资料，可惜的是，在依靠个人的财力自费、举贷影印了《西谛影印元明本散曲》《新编南九宫词》《清人杂剧初集》《清人杂剧二集》《长乐郑氏汇印传奇》之后，已经是难以为继。

新中国的建立，给出任文化部副部长和北京大学文学研究所（后来的社科院文研所）所长的郑振铎先生带来的希望是：他觉得可以依靠单位、国家的力量来完成这个功德无量的事业了，所以他从 1952 年就开始着意寻找志同道合的戏曲行家和版本学家，着手成立了"古本戏曲丛刊编委会"，成员是：杜颖陶、傅惜华、吴晓铃、赵万里。郑振铎自己挂帅，选择了影印古籍首屈一指的上海商务印书馆，于 1953 年 8 月付印《古本戏曲丛刊初集》，半年后，限量发行的六百二十部影印本就问世了，这六百二十部书每一部都

有编号，文研所现存的一部编号是"545"。

由于郑振铎先生本人是一身二任"文化部副部长"和"文学研究所所长"，所以，他成立"古本戏曲丛刊编委会"的时候，自然可以考虑选择顶尖的戏曲版本专家，而不限于文研所（杜颖陶、傅惜华、赵万里就都不是文研所的人）。"古本戏曲丛刊编委会"在当时就成了一个"跨单位"的、似乎又是文化部和文研所双重辖下的一个很特别的组织——这个组织的成员都另有所属单位，只是在做"古本戏曲丛刊"的时候一起合作。

这个班子效率极高，二、三、四集分别于 1955 年 7 月（影印五百四十部）、1957 年 2 月（影印四百五十部）、1958 年 12 月刊出——这样的速度得以实现，主要是因为早有准备的郑振铎先生是在诚心诚意地做这件事，同时也得力于郑振铎本人有文化部副部长的职位，"现管"着这一块儿，而当时图书馆还没有不得了的控制权，也与那时候"学术研究""文化事业"和"保存古籍"也还都是学者们认真对待的事情有关。

《古本戏曲丛刊四集》原本计划是清人的作品，元杂剧并不在丛刊的收集范围之内，但是在编辑过程中，大家发现元杂剧版本也很复杂，值得做一集，恰恰又赶上 1958 年世界和平理事会将关汉卿定为"世界文化名人"，为了"配合"纪念活动，《古本戏曲丛刊四集》就改印了元杂剧。

1958 年 10 月 18 日，郑振铎率领中国文化代表团出国访问，因为飞机失事而一去不返，他行前为《古本戏曲丛刊四集》写下了"序言"，却未及见到第四集的出版。

吴晓铃先生说是"西谛先生逝后，何其芳兄（1912—1977）继任文学研究所所长，他建言把《古本戏曲丛刊》的编印工作继续下去并且列为所的规划项目，由于西谛先生和杜颖陶先生已经故世，我们重新组织了编辑委员会，在傅惜华、赵斐云两先生和我以外，又增聘了阿英（钱杏邨）、赵景深（旭初）和周贻白（夷白）三位先生，共六位委员。中央文化部的齐振勋（燕铭）学长（1907—1978）曾经给予我们无量的关怀和无畏的支持……1961 年计划把原定在四集出版的清初传奇纳入五集的时候，文学艺术界正在由于几个新编历史剧的出现，展开了从理论到实践的激烈论争，振勋学长也参与了讨论，他建议把计划放在九集出版的清代内廷编演的历史大戏提前印行，为论争和创作供给文献和素材。于是我们又复改易初衷，匆促重定选目，于 1962 年 1 月交由中华书局印行，1964 年 1 月出版了包括从敷衍商、周易代的《封神天榜》到宋代水泊英雄聚义的《忠义

璇图》等十种历史传说的剧本一百二十四册"（见《古本戏曲丛刊九集序》）。这也是当时各个行业都遵循的积极"配合"政治运动的态度。

"文革"之中，这"厚古薄今"的《古本戏曲丛刊》让第九集的执行编委吴晓铃先生吃尽苦头，除了"低头认罪"，誓言"永不再犯"之外别无他法……之后的很长一段时间里，《古本戏曲丛刊》都不再有人提起

说这些是为了说明为什么原计划在第四集的清初（顺治、康熙、雍正）传奇，何以变成了第五集，而且延宕至二十八年后的1986年方才出版——以至于耗得原来的"古本戏曲丛刊编委会"的五位成员和郑振铎之后的文研所所长何其芳时代重组的编委会新增的三位成员已经先后去世了七位，吴晓铃先生成了编委会的硕果仅存，而且他也已经不再年轻。

1982年，国务院古籍整理出版规划小组（组长李一氓）又有计划继续《古本戏曲丛刊》的出版事宜，此时此刻文学所的所长已经轮到了许觉民和副所长邓绍基，文学所重新拾起《古本戏曲丛刊》，也算是对于第一任所长郑振铎开拓的整理戏曲古籍大业责无旁贷的继承——文研所搭成了一个五人（吴晓铃、副所长邓先生、古代室主任刘先生、吕薇芬和我）参加的临时组合，除了吴晓铃先生之外，似乎是其他人都没有正式的"名分"。

轮到了我们俩干活很光荣自不必说，我是没有什么负担，吕薇芬比我辛苦得多：我们俩原本都是研究元杂剧的，两个人都需要迅速地"恶补"、进入清初传奇的版本研究，而且她得事先弄清楚我们俩需要做的《古本戏曲丛刊五集》的编辑和考订都包括些什么内容。

……社科院七楼的文学所分给我们俩一间屋了（759号）做工作室，除了每人一张桌子（抽屉里面放着工作用书、纸笔、资料、调查表）之外，屋里还放着四五只战备箱和一个木制书柜，用以盛放原"古本戏曲丛刊编委会"存放在文研所图书馆的《古本戏曲丛刊》初、二、三、四、九集的样书若干套，那应该是"古本戏曲丛刊编委会"的财产。文研所图书馆移交给我们这批书的时候，邓、刘二位先生让我们俩进行清点和签字，包括吴晓铃先生在内的三位领导都不在场——我们俩显然是以新一届编委会的身份接受和暂时代管了这宗遗产。

我们的工作首先就是到全国各大图书馆去调查版本情况，填写吴晓铃先生制定的《古本戏曲丛刊作品调查表》。

调查表的调查项目非常详细：书名、撰人、时代、藏家、书号、刻家、版面描写（书

的长、宽几何、每叶多少行、每行多少字、有无双行）、种数、卷数、出数、叶数（平装书的正反两页是线装书的一叶）、函册、序跋与批注情况、残缺与污损情况等等，都需要查书的人一一填写明白，最后两项"鉴定意见"和"备注"就是吴晓铃先生的事了。

因为这一百余种书的每一种都可能有好几种刊本和抄本散在全国的各大图书馆善本室，都要查到，因为《古本戏曲丛刊》的体例是"求全求备"（见郑振铎《古本戏曲丛刊四集序》），所以查书的工作量就很大，为此，我的研究生院文学系元明清戏曲专业的同学王永宽被暂时借调过来参加查书工作，他当时已经从中宣部调回老家，在河南省社科院文学所工作了。

王永宽被分配查一部分书，有时候看到他带回来填写好的调查表，说是要交给吴晓铃先生。我和吕薇芬是一个小组，我们俩负责北京市、上海市、南京市、广州市和山东省各大图书馆善本室的查书，填写调查表，去外地图书馆出差也总是一起去。

翻出当年的一沓子笔记来看，笔记中记录着我们去过中山大学图书馆善本室，查阅过他们的《笠翁传奇十种》《墨憨斋新曲十种》《念八翻传奇》《芝龛记》《旗亭记》。去过中山图书馆，查阅了他们的《笠翁传奇十种》《玉燕堂四种曲》《西堂乐府》《芝龛记》《六如亭》……

南京图书馆给我留下的唯一印象是管理员问我们："你们从哪里知道我们有这本书？"

记忆中还去过上海图书馆善本室，查阅过他们所藏的孔传铎"三软"中的《软羊脂》和《软邮筒》，吴晓铃先生著录的上图藏本是"抄本"，可是，我们在上图却看到了这两种传奇的"稿本"，当时的高兴之情真是难以言表！

"三软"之中的第三种《软锟铻》藏在济南山东省图书馆善本室，所以我们从上海坐火车去了山东。

去山东的第一站是曲阜，先找到做宋代研究的刘乃昌先生帮我们住进招待所、然后带我们去曲阜师院图书馆善本室，可是已经忘记了是查阅哪本书。

因为临行的时候，刘先生让我们去孔林拍回一张孔尚任的墓碑照片，所以我们去了孔庙、孔府和孔林。我们俩都是第一次到曲阜孔庙，感觉到曲阜的孔庙确是气象恢弘，与众不同。拜谒了至圣先师，参观了孔府之后，就打算去孔林了。

记忆中的孔庙孔府出口处有不少三轮车争抢生意，说是孔林距离孔庙很远，我们花

一块钱选了一个十五六岁的男孩拉的三轮车去孔林，觉得会比较安全。这三轮车和北京的不一样，我们俩坐在前面车斗里的木头板凳上，那个男孩在后面蹬车，一路上他很高兴地和我们聊天，说他自己是孔子的旁系七十几代孙，台湾的那个嫡系七十几代孙还得管他叫叔呢！我们俩都笑起来，聊着聊着我们就知道了：因为这样拉客的三轮车竞争激烈，他希望我们俩回程还坐他的车。

孔林比较荒凉，参观孔林的人也很少，时间又已经快要傍晚，拉车的男孩帮着我们好不容易找到了孔尚任的墓碑，赶紧拍了照片，又坐上了他的车。

山东的第二站是泰安，我们俩都没有去过泰山，我们想抽两天去爬泰山，也想在泰山看日出。

山东的第三站是济南，我们得去山东省图书馆善本室查书并复印孔传铎的《软锟铻》。我们在善本室的卡片中找到了这个"民国抄本"，卡片上面写着：吴晓铃先生断为"海内孤本"。我们两人边看边讨论着：此本虽然抄于民国时代，且是否据孔传铎稿本过录已经不可考，但此本既经吴先生断为海内孤本，也就十分珍贵了。况且，它的卷首与稿本《软羊脂》一样有"西峰樵人"题诗，它的署名"也是园叟"编词，也与稿本《软邮筒》所署相同，因此，这个民国抄本或许是从稿本系统而来亦未可知。孔传铎的"三软"没有刊本传世，能够找到两种"稿本"和一种已经是"海内孤本"的"抄本"，也可以算得是一件幸事了。

正在高兴的时侯，我们被山东省图书馆善本室告知：因为是"海内孤本"，所以要想复印此书的话，收费加倍……李一氓"凡是《古本戏曲丛刊五集》编辑用书，一概不收钱"的话一出北京就不灵光了，这山东省图书馆是我们这一次出差的最后一站，我们俩都已经囊中羞涩，原本计算够用的钱，一旦"收费加倍"就不够了，吕薇芬打扫了所有的公私款项，还差一点，最后，她把我们两人从山东大学招待所租用的图书馆食堂的碗筷换回了押金，才凑齐了复印这部民国抄本《软锟铻》的费用，我们把重金复印到手的海内孤本小心翼翼地锁进箱子，就坐在大明湖边一个卖烤白薯摊子的小板凳上面，一边吃烤白薯充当午饭（我们已经没钱吃饭了），一边商量怎么回北京……

最后的结果是：我去找当时因为两地问题长期不能解决，刚调回山东老家，在山东省博物馆工作的北大中文系教古汉语的老师吉常宏，向他借了钱，火车票买不到，只好

买了两张飞机票，坐上一架只有 38 位乘客的小飞机，一杯热茶都没有喝完就一路平安的回到了北京。两个星期以后，同一时间（同一航班）的小飞机居然在北京机场折断，听到这个消息之后，我们俩相视无言了好一阵。

……

调查版本所有的、几百份填写好的调查表在当时都已经上交给吴晓铃先生，以备吴先生根据调查表决定弃取，我们手中都没有存档。

查阅各种版本的事情结束以后，领导们只要看调查表，一百余种传奇的基本情况就可以了然于心，叶数也都有确切的登记。

此次翻检旧物，居然有李渔的"传奇八种"中的《双锤记》《偷甲记》调查表抄写的内容存留至今，想来是因为我们俩在《古本戏曲丛刊五集》完成之后，合写了《关于〈通玄记〉和〈传奇八种〉》，吕薇芬执笔前一半——兰茂的《性天风月通玄记》，我执笔后一半——《传奇八种》，发表在《文学遗产》1985 年第二期上，所以才会抄下"调查表"的内容保存下来，这样的不经意的残留品是抄写在调查表的背面，而今居然让我可以复原当初的旧表，也让我今天可以回忆起当年坐图书馆查书的辛苦，和那年头做事的一丝不苟：

《古本戏曲丛刊》作品调查表

集　　　号				年　　月　　日
书名	《双锤记》（一名《合欢锤》） 《传奇八种》之一（第一、二册）		藏家	北图善本室
撰人	李渔		书号	4151
时代	清初		刻家	
版面描写	栏高 19.5cm　宽 12cm　半叶 8 行　行 20 字 版心单鱼尾　有书名双锤记			
种数 卷数 出数 叶数 函册	一种 二卷二册 上下卷各 18 出　计 36 出 83 加 94 共计 177 叶　其中目录 3 叶			
序跋与批注情况				
残缺与污损情况	纸较白　字迹清楚　上卷目录和下卷最后 5 叶有残损　影响到曲文			
其它情况				
鉴定意见				
备注				

记忆中为了后来收入《古本戏曲丛刊五集》的"传奇八种"，我们俩查阅了北图善本室藏《传奇十一种》《传奇八种》，北大善本室藏《李笠翁十种曲》《传奇八种》《笠翁新乐府》（内封有"笠翁新三种传奇"字样）、《笠翁传奇五种》（函套标题为"范氏五种传奇"），一共填写过45张调查表。

从康熙、雍正时代起直至近人王国维为止，各家对于"传奇八种"作者的著录都不相同，相继出现了"李渔作""范希哲作""四愿居士作""龚司寇门客作"和"无名氏作"五种说法的情况。我们也做了考订：根据清初高奕的《新传奇品》、雍正初成书的《传奇汇考标目》的记载差异可以知道，在康、雍之际，传奇八种的作者实际上就已经开始出现异说。

我们根据清初以来成书的《新传奇品》《传奇汇考》《乐府考略》《传奇汇考标目》《笠阁批评旧戏目》《重订曲海总目》《曲海目》《曲目新编》以及《曲海总目提要》《今乐考证》《曲录》等等曲目的著录不同，觉得"李渔作"说、"范希哲作"说和"四愿居士作"说的支持证据都很薄弱，我们倾向于"龚司寇门客作"说，但是也缺少直接的证据，所以，收入《古本戏曲丛刊五集》的《传奇八种》仍然署佚名作，留待后人的研究。

1986年5月影印出版的《古本戏曲丛刊五集》之中的第十一函和第十二函中所收，就是我们选定的"佚名作'传奇八种'"，内封（扉叶的正面）上写着："湖上李笠翁先生阅定　绣刻传奇八种　富贵仙　满床笏　小江东　中庸解　雁翎甲　小莱子　合欢锤　双错锦"。印在书根上的戏目分别是：万全记、十醋记、补天记、双瑞记、偷甲记、四元记、双锤记、鱼篮记，每一种在扉叶的反面的书牌子上都有"据北京大学藏清康熙刊本景印"字样。

我们俩开始坐下来撰写第五集的目录，目录内容有：书名、卷数、作者所属朝代、作者姓名、刊刻时代、版本及册数，一百多种书的目录我们俩整整写了两个月。

这两个月我们俩做的是真正的考据和研究，比如：对于"书名"，各种书目会有不同的著录；对于"作者"，各种书目经常也是说法歧异；"作者所属朝代"当然也会有不同的说法；作者姓名、作品的写作和刊刻的年代都会说法不一……这些都需要一一排除辨证。

版本问题最麻烦，如果是刊本，是哪一朝何处的刊本？家刻还是坊刻？如果是抄本

的话，是谁的抄本？是稿本？家抄本？旧抄本？传抄本？……都要尽力弄清楚。

为此，文本本身的印章、批点、序文、末识、题诗、题字、所署室名别号、书品、讳字等等，都有可能是依据和线索，而最棘手的是草书序文和印章，有时候，去请教文学所以博学著称的曹道衡、沈玉成、陈毓罴……他们也会一筹莫展。

选择版本的标准是"刊刻（或者抄写）早""书品好"，记忆中在选择版本的时候，碰到过的最有意思的情况是：一个传奇作品的两个半叶都是断版的拼接，开始读起来上下两块断版的文意总是连接不上，我们俩读来读去很多遍，想来想去不得其解，最后吕薇芬突然发现——两叶的断版上下段相互错接在一起了……这是一件即使是在古籍整理的专著上都找不到的奇怪错误啊！找到了这个"答案"的当时，我们俩真是高兴之极，我们的处理只能是注明把它断开重接——"断开重接"四个字看起来并不起眼，可是这四个字背后的甘苦只有我们俩知道。

另一件记忆深刻的事件是：一个传奇作品据"北图藏本"的序言可以断定一个刊刻时间，可是同一个作品的"上图藏本"竟然多出了一个序言，根据这个序言，刊刻的时间竟然可以被提前一个年号，当时，我们俩也是好高兴啊！

在《古本戏曲丛刊五集》一百多种传奇的选择版本和考订过程中，这类有意思的事情其实不少，可是因为当时出版社催的紧，也没有想到过为了将来写散文应该记录下来，所以事到如今，即使是两个人凑到一起，能够这样回忆起来，还能够想清楚来龙去脉的也就寥寥无几了。

我们俩整理了一份第五集的目录，一百多种本子的书名、卷数、作者所属朝代、作者姓名、刊刻时代、版本、册数都已经标注清楚，这份目录与当初被上海古籍出版社退回来的、吴晓铃先生所拟的目录相比已经是面目全非，三位领导都没有什么异议——毕竟版本是要靠对于多方面的材料的掌握和了解才可以具有发言权的啊。

之后是我们俩第一次坐上了直达上海的软卧车厢，一路顺风地押书到了上海，责任编辑府宪展（这个学者型的编辑现在已经是敦煌学家）把我们直接拉到上海古籍出版社，这一次，我们选择的本子和确定的目录也被出版社顺利通过，因为《古本戏曲丛刊》每一集都是以一万叶左右为限，所以，第五集最后也只收入了顺、康、雍传奇八十五种（我们已经考订完毕的有一百多种，未能收入第五集的，应该是还在上海古籍出版社）。那

是 1984 年的事情。

现在我们手中的《〈古本戏曲丛刊五集〉未收之目录》竟有五十三种之多。

《古本戏曲丛刊五集》于 1986 年出版，十二函一百二十册，蓝色的封套，很古雅。参加者每个人得到了一套样书。

……

2004 年，由于听到了一些关于《古本戏曲丛刊五集》的闲言碎语，内容与我们俩完成的《古本戏曲丛刊五集》相关，吕薇芬觉得有必要写一份 1982—1984 年我们俩参加这个项目的全过程交给科研处，算是"立此存照"，我当然没有异议，于是，就有了"关于《古本戏曲丛刊》项目的一些情况的回顾"，全文如下：

原文化部长、文学研究所所长郑振铎于 1952 年，考虑到研究戏曲的学者搜寻资料十分困难，剧本散见于各地图书馆，常为借阅而奔波，因此有编辑《古本戏曲丛刊》的动议。这一设想得到有志于戏曲研究的同仁们的欢迎。同年，组成编委会，并确定编辑方案与出版方法。编委会由五人组成：郑振铎、杜颖陶、傅惜华、赵万里、吴晓铃（当时在语言所工作）。于 1954 年 2 月出版初集，55 年 7 月出版二集，57 年 2 月出版三集，以上三集是明代戏曲作品。原来的计划不出元代作品，因元代资料比较容易得到。但 58 年世界和平理事会将关汉卿定为"世界文化名人"，国内掀起关汉卿研究热，故而将四集定为元明杂剧（四集原是清代顺、康、雍三朝戏曲）。当时具体工作的人员是：陈恩惠、周妙中（文学所）、伊见思、丁英柱、郑三回。负责人是郑振铎的秘书。

1958 年郑所长去世，何其芳先生由副所长升任正所长，他建言将《古本戏曲丛刊》列为所的规划项目，重新组织编委会，成员是：傅惜华、赵万里、吴晓铃（当时已调入文学所工作）、赵景深、周贻白、阿英。文化部长齐燕铭对此给予支持。原来应出五集，即清代顺、康、雍三朝戏曲作品，据吴晓铃先生说，因为当时正热烈讨论新编历史剧问题，为配合这场学术讨论，所以决定先出九集，即清代宫廷历史题材的大戏。1962 年交稿，1964 年出版。这以后因"文化大革命"，工作停顿。

1982 年，文学所将《古本戏曲丛刊》列为所重点科研项目，同时纳入国务院古

籍整理出版规划小组的选题项目。当时曾开过一次会，据吕薇芬回忆，参加者有许觉民（当时所长）、吴晓铃、邓绍基（副所长）、刘世德（古代室主任）、汪蔚林（图书室主任）、栾贵明、吕薇芬。是否还有别的人，就不记得了。国务院古籍整理小组负责人李一氓同志带着秘书也来参加会议，他答应向全国各图书馆打招呼，凡《古本戏曲丛刊》编辑用书，一概不收钱。他还很动感情地说，他要对得起老朋友——郑振铎先生。这是不是就是"编委会"，至今我们都不清楚。记得曾问过，也许太笨，还是没弄清楚。会后，栾贵明向吕表示，他不参加，也劝吕不要参加。理由好像很充分，所以吕也向领导表示不参加。

五集首次编辑是由吴晓铃完成的，编目连书全交给出版者——上海古籍出版社。过了不久，出版社有意见，把书全送回，要求返工。这时，邓副所长找到吕，说：你不参加不行了，不然怕人家要退稿。当时五集共搜集一百零几种剧作，要考订其作者、出版者、出版年代等等，还要去查书补缺，比较版本，选择好本子。显然，吕一个人难以完成这项工作，所以她提出让么书仪也参加进来。邓同意，不但调来么，还让王永宽也帮助工作。因王在河南社科院工作，来往不便，不久退出此项目。后来这一项目就由吕、么二人承担，除做了上述考订工作外，还去过北京图书馆、山东图书馆、曲阜师院图书馆、上海图书馆、南京图书馆等地查书。

五集于1983年编辑完工。原计划是一百种剧作，因数量太大，最后出版的，是八十五种，但我们的工作已做完一百多种。1984年，由上海古籍出版社出版，发行工作文学所也参加了。

出版社付编辑费两千元，分配方式：吴晓铃、邓绍基、刘世德、么书仪、吕薇芬各三百，还剩五百，说是留作六集作启动费。后来如何处理不得而知。样书据说是二十套，吕、么、王永宽各一套，其余如何分配，留下几套，存放在哪里，皆不得而知。

编辑五集时，所长分配给我们一间写作间——759号，供工作及存放五集工作用书、表格、资料、文具等。在此期间，当时的图书馆长朱静霞、王林凤找到我们，说原《古本戏曲丛刊》编委会存放在本所图书馆有《古本戏曲丛刊》样书初、二、三、四、九集若干套，希望我们领回。当时，刘（世德）是五集课题组长，又是古代室主任，

但因他是朱静霞丈夫，移交时有所不便，所以由吕与么二人清点接受，并在移交手续上签字。从图书馆领回时，还留了一套给图书馆。领回后放在759号，将初、二、三、四集分装在从图书馆拿来的战备箱内，九集因为部头大，数量多，放在一个书柜里。书柜中还收有五集的初刻初印本（未装订），是出版社作为样稿寄给我们的，初刻初印本在版本学上是很有意义的，当然是在若干年以后。战备箱与书柜都有钥匙，因我们搞五集不需要这些书，加之钥匙大大小小好几把，每把都挂有一个小标牌，很难携带，而我们编五集又不用这些书，所以自书一领来，钥匙就锁在一个书桌的抽屉里，抽屉钥匙又放在另一个抽屉里。

1984年，吕薇芬自古代室调《文学遗产》工作，因此退出此项目，同时么书仪也宣布退出。那年，古代室调来北京师范大学李修生的硕士侯光复，专职负责《古本戏曲丛刊》六集的工作。

……

吕薇芬　么书仪

2004 年 3 月

这份回顾，我们签字之后，交给科研处处长严平一份，我们俩各自保存一份。

……

么书仪

2014 年 2 月 10 日

李一氓主持《古本戏曲丛刊》编纂和出版座谈会

一九八三年五月八日

社科院文研所订于九日至十一日，在全国总工会招待所召开《古本戏曲丛刊》和《古本小说丛刊》编纂和出版座谈会。所里决定派副所长陈义敏和我去参加。临行前，张庚先生叮嘱向李一氓同志反映，"文革"中傅惜华藏书被康生藉抄家掠夺走，请他关注其下落情况。

下午三时许，刘世德的两位研究生（永宽和石昌渝）驱车来接。安排和浙江图书馆副馆长邱力成同住一屋，我们一见如故，晚上聊到十一点多才入睡。

五月九日

上午九时开会。会议由余冠英先生主持。文研所所长许觉民同志谈了这次会议的宗旨，主要是继承郑振铎先生的遗愿，继续编纂和出版《古本戏曲丛刊》五至八集，新出《古本小说丛刊》，并已纳入国家古籍整理出版规划。今天请大家来，一是对规划提意见；二是用书问题，借重各大图书馆的藏本；三是成立编委会。接着邓绍基、吴晓铃、范宁和刘世德同志，就这两套丛书的编辑出版问题，作了具体的发言和补充。上海古籍出版社的副总编陈振鹏同志详细谈了设备、力量以及筹备情况。下午，大家就上午所提出的问题进行了讨论。晚饭后，同陈义敏、张玉范、凌毅等去日坛公园散步。

五月十日

上午继续讨论用书问题，因为上海古籍不愿付图书使用保管费，双方僵持而讨论不下去，下午休会。文研所同志分别找各位代表磋商。邓绍基同志来到我们房间坐了一会，就一些问题交换了意见，晚饭后，凌毅、许逸民和我等北大系友，集中在程毅中先生房间聊天。我抽空去拜见上海古籍的陈振鹏先生和李梦生同志，就辑校《梁辰鱼集》征求他们的意见，他们很感兴趣，准备回沪研究一下，再予以答复。老陈表示以后多加强联系。

五月十一日

上午李一氓同志到会讲话。他主要讲了两个问题。一是继承郑振铎先生的遗愿，将《古本戏曲丛刊》继续出下去。出版任务交给上海古籍出版社，希望他们把它当作第一项头

等大事来抓，争取明年三月将第五集先印出来，其他三集（六、七、八集）争取八五年出齐。一定要保证质量，不能低于"文化大革命"以前的出书水平。二是用书问题。应当给各个图书馆和私人收藏家一定的保管费。一定要爱护图书，特别是对那些珍本善本，更应当妥善处理，可拆可不拆者尽量不拆。下午继续讨论，然后聚餐，会议结束。

陈义敏趁插话时，将张庚先生意思表达出来。

吴书荫

1983 年 5 月 8—11 日参会日记

李一氓主持《古本戏曲丛刊》编纂和出版座谈会

《古本戏曲丛刊六集》出版感言

《古本戏曲丛刊》从 1954 年 2 月初集问世，到 2016 年 3 月第六集出版，经历了半个多世纪，其间一波三折，令人感慨万端。作为第六集编纂的亲历者，参加"古本戏曲文献与文本研究以《古本戏曲丛刊》为中心"的研讨会，我感到特别高兴。我想就我个人了解的情况，谈两个问题：一、郑振铎先生关于《古本戏曲丛刊》总体设想和编辑出版；二、《古本戏曲丛刊》在戏曲文献整理和研究中的价值。

一

郑振铎先生是我国戏曲文献搜集、整理、研究的先驱者，他早在上世纪三十年代初，就有志于将传世古典戏曲的善本珍椠编印流通，使之化身千百得以保存和利用。1952 年，郑氏身居文化学术界的领导，担任文化部副部长，兼国家文物局局长，并任北京大学文学研究所（今中国社科院文学研究所的前身）所长，才有条件使自己梦寐以求的理想成为现实。他召集志同道合者赵万里、傅惜华、杜颖陶、吴晓铃等组成编委会，编辑影印《古本戏曲丛刊》。他在初集的序言谈到编印的宗旨和设想：

> 初集收《西厢记》及元明二代戏文传奇一百种；二集收明代传奇一百种；三集明清之际传奇一百种。此皆拟目已定。四、五集以下，则收清人传奇。或更将继之以六、七、八集，收元明清三代杂剧，并辑曲选、曲谱、曲目、曲话等有关著作。如有余力，当更搜集若干重要的地方古剧，编成一二集印出。期之三四年，当可有一千种以上的古代戏曲，供给我们作为研究之资，或更作为推陈出新的一助。

《古本戏曲丛刊》初集，1953 年 8 月付印，1954 年 2 月上海商务印书馆出版，十二函一百二十四册，收元明杂剧《西厢记》、宋元戏文及明传奇一百种，附一种《功臣宴敬德不服老》；二集，1954 年 9 月付印，1955 年 7 月出版，商务印书馆出版，十二函一百二十册，收明传奇一百种；三集，1956年10月付印，1957年2月由北京古籍刊行社（即人民文学出版社）出版，十二函一百二十册，收明代和明清易代之际的传奇一百种。四集，1957年付印，1958年12月上海商务印书馆出版。此集原应编印清代顺治、康熙、雍正三朝的传奇。恰值1958年世界和平理事会决定，把关汉卿作为当年的世界文化名人，为了配合纪念活动，四集改为编印元明二代杂剧，除流传较广的《元曲选》未列入，计收《元刊杂剧三十种》《古杂剧》《脉望馆抄校本古今杂剧》《古今名剧合选》（《柳枝集》和《酹江集》）等八种杂剧集，十九函一百二十册三百七十七种。1958年10月，郑振铎不幸殉职后，吴晓铃等编委继承其遗志，又续编印了第九集，二十二函一百二十四册，收清代宫廷大戏《封神天榜》《鼎峙春秋》至《忠义璇图》等十部，1962年1月付印，1964年1月由中华书局上海编辑所出版。郑振铎撰写了前四集的序，九集和五集的序由吴晓铃作。因为"十年动乱"，编印工作停顿。"1982年，中国社科院文学研究所把继续编辑《古本戏曲丛刊》的工作列入规划，并组成编辑委员会承担这项任务。在国务院古籍出版小组的关怀和支持下，经过两年多的工作，《古本戏曲丛刊》五集终于和读者见面了"（吴晓铃《古本戏曲丛刊五集前言》）。五集十二函一百二十册，主要收清代顺治、康熙、雍正的传奇，还补收几种明代的罕见剧本，计八十五种（附《九莲灯》四折、《四大庆》四本二种），1986年由上海古籍出版社出版。之后《古本戏曲丛刊》的出版，又长期陷于停顿状态，经过程毅中等学者的一再呼吁，去年在中国社会科学院文学研究所的主持下，由国家图书馆出版社出版了第六集，收录清代传奇十二函一百八十册一百零九种。

已出版的七集《古本戏曲丛刊》总共收入戏曲作品九百七十三种及清代宫廷大戏十部，远超过当年一千种的估计。这是迄今为止规模最大的古典戏曲总集，虽然还未完成郑振铎先生当年在《古本戏曲丛刊初集序言》的总体设想，但可称得上是规模最大的古代戏曲集，标志着我国戏曲古籍整理出版取得了突出的成就。

《古本戏曲丛刊》是一个宏大系统的古典戏曲文化工程，我们现在所完成的仅仅是其中一部分。按照郑振铎、吴晓铃等编委的设想是：

（一）《古本戏曲丛刊》

初集至十集收宋元明清的杂剧、南戏和传奇，估计在二千种以上。清代内廷编撰的历史故事和传说的"大戏"，集中编辑为第十一、十二集，这类大戏每种一般都在一百

或二百出以上，绝大部分是以历史故事作为题材的，按照时代顺序，可以从殷周一直排到明末，是一种全史性质的戏曲集。由于许多宫廷剧本并无全帙，先选比较完整的草拟出《古本戏曲丛刊》第十一集目录。1961年，为了配合当时学术界对历史剧的讨论，由于中央文化部副部长齐燕铭建议"把计划放在九集出版的清代内廷编演的历史大戏提前印行，为论争和创作供给文献和素材"（《古本戏曲丛刊五集序》），于是选出《封神天榜》至《忠义璇图》等十部戏，编为《古本戏曲丛刊》九集先行出版。

（二）《古本戏曲丛刊》外编"剧选"

周妙中先生原在文学所工作，为编《古本戏曲丛刊》调到中华书局，再派去担任吴晓铃的秘书，协助访书和拟目。《江南访曲录要》即写于此时。《古本戏曲丛刊》外编"剧选"，由她草拟一个选目（初稿），欲收西班牙皇家图书馆藏嘉靖间刊本《全家锦囊》（即《风月锦囊》）至日本长泽规矩也所珍藏清乾隆刊本《千家合锦》四十种（后又补充万历刊本《冰壶玉屑》《昆弋雅调》等五种）。

（三）《古本戏曲丛刊》外编"资料"

鉴于傅惜华、杜颖陶所编《中国古典戏曲论著集成》系排印本，不少学者想深入研究，需一睹善本古籍。因此，《古本戏曲丛刊》编委会决定，在继续编印古本戏曲的同时，也将戏曲理论部分陆续影印出版，公开发行。也由周妙中先生草拟了第一批付印目录（初稿），收《录鬼簿》《曲录》（马廉、吴晓铃批校本）等二十二种关于曲目、曲律、曲韵、曲品、曲论和史料方面的书籍。就目前所获资料，先选其中需要较大、价值较高、版本较好者三、四种先行付印。郑振铎先生逝世一周年，《古本戏曲丛刊》编委赵万里先生，联名郑先生的老友徐森玉先生（上海文管会主任、文史馆馆长）向中华书局上海编辑所建议将郑振铎藏《天一阁蓝格写本正续录鬼簿》影印，于1960年出版。

（四）《古本散曲丛刊》目录

郑振铎在自己的学术研究中，认识到散曲与戏曲的密切关系，也勤于搜集珍贵的散曲集，编辑了自己所藏散曲目。因此，他想在《古本戏曲丛刊》出齐后，再编《古本散曲丛刊》三集。吴晓铃在《古本戏曲丛刊五集序》，对这个总的设想又做了进一步阐述，将编《古本散曲丛刊》三集，"庶其并戏曲十七集汇为二十集，得以相互生发启迪，则祖国曲学旧集囊括无遗矣"。周妙中先生拟定了目录初稿，包括"总集"三十五种，"元

别集"十二种，"明别集"七十种，"清别集"七十种。

（五）《古本戏曲丛刊》附录

这么宏大的古代戏曲总集，在选目、版本、作者署名、时代排序等，难免顾此失彼有所差错，特别是流散在民间、海外的孤本或珍贵的罕见本，还有待于发掘和引进。《古本戏曲丛刊》编委会又拟定了一个"附录"，包括《古本戏曲丛刊》"拟补目录"八十七个，《古本戏曲丛刊》"拟删目录"一百二十四个，《古本戏曲丛刊》"国外藏书目录"十九个，《古本戏曲丛刊》待访书书目二十五个，以及《古本戏曲丛刊》"剧本的公私收藏家简表"。

（六）关于《古代戏曲丛书》

郑振铎先生曾经想，待《古本戏曲丛刊》出齐后，欲出一部《古代戏曲丛书》，从"丛刊"中挑选一百种左右的剧本，进行标点和适当的注释，每本均冠以序文，供一般读者阅读之用。他亲自拟定了一个一百一十种选目的初稿，除明弘治刊本《西厢记》外，其余都是南戏和传奇。

张庚老师在 1982 年 6 月《古籍出版情况简报》第 90 期，发表了《加强古典戏曲文献整理出版工作的建议》，其中一项就是《标点校印"明清传奇"计划》（这个计划由我草拟的）。李一氓召见张庚和俞琳先生后，决定由中国艺术研究院戏曲研究所戏曲文献研究室与中华书局合作，以《明清传奇选刊》的形式，不按时代先后，分册出版。已出的二十几册影响很好，因为经费捉襟见肘，未能出下去。直到现在，还有不少读者反映，希望将这个"选刊"继续出下去。

二

（一）《古本戏曲丛刊六集前言》："这七百余种珍贵戏曲文本的影印出版，堪称学界盛事，甫一问世，立即引起巨大反响，有力地推进了戏曲研究的深入发展。上世纪五十年代以来，中国戏曲史研究成为重要的学科，尤其是元明及清初戏曲研究能够取得突出成就，这套大型文献在其中起了至为关键的作用。"

的确如此，凡是从事元明清古典文学或戏曲教学和研究的学者，没有不查阅和利用《古本戏曲丛刊》文本资料的。早在上个世纪五十年代，程毅中先生在北大中文系当浦江清先生的研究生时，就认真读过《古本戏曲丛刊》初集和二集，发现初集所收《白蛇记》《连环记》《蓝桥玉杵记》《续西厢升仙记》和《丹桂记》的作者问题。如郑振铎先生《劫

中得书记》认为《蓝桥玉杵记》为杨之炯作，"然而原本却题云水道人著，而云水道人实在并非杨之炯"，于是写成《几种古本戏曲的作者》，发表在1957年第四期《戏剧论丛》"学术通讯"上。由于当时政治气候的变化，很快就是"反右运动"，对这类学术问题的讨论和研究便无人问津。至今不少研究者及工具书仍沿用旧说，程先生非常感慨和无奈，为了纪念浦江清先生逝世六十周年，他又将自己的旧作重刊在近期的《文学遗产》网络版上。我希望藉此以推动古典戏曲的深入研究。

（二）近年来我常在电脑上浏览戏曲古籍整理和研究的情况，中青年学者所取得新成果，令我兴奋不已。如：

1.《怀香记》，写晋司空贾充之女贾午，偷御赐名香给所爱韩寿的故事，为《六十种曲》中名剧。《古本戏曲丛刊初集》第五十八种，据汲古阁原刊本影印，署名陆采撰。张文德教授《沈鲸〈青琐记〉与今存本〈怀香记〉关系论考》[①]，用《群音类选》卷二十二收录《青琐记》十出佚曲和《怡春锦》之《赠香》，与《怀香记》比勘，再稽以其它材料，证明"《青琐记》《怀香记》为同剧异名"，而陆采同题材之剧为《偷香记》，已佚。关于沈鲸的生平，《咸丰兴化县志》卷七"选举"，只有一句话："明成化年间，任嘉兴府知事。"而江苏师范大学文学院顾芯佳《沈鲸生平考》[②]，从嘉兴南湖揽秀园碑刻文物公园，发现鲍恂《嘉兴路总管府经历司题名记》之记载，再以《明史·地理志》《嘉兴府图记》及方志文献，考订沈鲸非平湖人，而是扬州府兴化人，弘治十二年任嘉兴府知事。

2.《惊鸿记》，是写杨贵妃和唐明皇的名剧。《古本戏曲丛刊二集》第二十九种所收录，为金陵世德堂刊本。据《明代传奇全目》著录，神田喜一郎藏有明万历十八年原刊本，则无缘寓目。后承日本九州大学竹村则行教授寄赠《惊鸿记校注》（稿），所用的就是神田喜一郎的藏本，据此本卷首沈肇元和叔华周郑王的两篇序，才知道此剧非吴世美所撰，而是其仲兄的作品。当时我无暇去考订，2013年《文化遗产》第三期刊登中山大学博士李洁《〈惊鸿记〉的作者及其家世考》，终于搞清楚《惊鸿记》的作者应为吴世熙，订正了自《曲品》以来诸家戏曲书录的错误。

① 张文德《沈鲸〈青琐记〉与今存本〈怀香记〉关系论考》，《徐州师范大学学报》2011年第6期。

② 顾芯佳《沈鲸生平考》，《江海学刊》2015年第6期。

3. 从第五集开始，将流落海外的孤本戏曲，如日本神田喜一郎珍藏的《断发记》，收入五集第一函第二种。此书为明万历十四年金陵世德堂刊本，未署撰者。1983 年日本京都思文阁影印出版《中国善本戏曲三种》所收此本《断发记》，卷首所附山口大学岩城秀夫教授的解说，他认为《断发记》与《宝剑记》两剧曲词押韵相同，故应同为李开先著。此说为国内某些学者所认同，不仅《古本戏曲丛刊》五集目录标为李开先，甚至专门研究李氏著作的学者，也未加以鉴别，将《断发记》收入《李开先全集》。然而并非如此，《琵琶记》对明代传奇创作影响深远，它被推崇为南戏之祖，周维培博士曾考查过《古本戏曲丛刊》一至五集所收戏文和传奇的用韵情况，像陆采、李开先、梁辰鱼、张凤翼、王骥德、汤显祖等许多名家的传奇作品，都有意追随以《琵琶记》为代表的戏文用韵规范①。仅从用韵相同，就断然肯定《断发记》为李开先作，未免有点草率。况且王世贞《艺苑卮言》所记李氏之作仅《宝剑记》《登坛记》二种，无《断发记》，清初耕读山房《曲品》、乾隆杨志鸿抄本《曲品》及《远山堂明曲品》皆将它置于无名氏之列。而青年学者欧阳江琳《〈断发记〉作者考辨》②、刘恒《〈断发记〉版本流传及作者考辨》③，经过认真考订，一致认为《断发记》非李开先作，乃是明初佚名的作品。

4. 五集第三册所收旧抄本《一合相》传奇，为清乾嘉时沈观所撰，误将其张冠李戴，署名为明沈嘉谟，可是他的剧作已佚。此说见郑志良《汪仲洋与沈观——〈玉门关〉〈一合相〉传奇作者考》④。

当然，还远不止这些，仅举例说明。

（三）《古本戏曲丛刊》为元明清三代戏曲总集的编纂提供了丰富的文本资料。王季思先生率先带领中山大学老中青组成的学术团队，主编《全元戏曲》十二巨册，于1990 年 1 月由北京人民文学出版社出版。近几年中山大学黄天骥、黄仕忠教授又追步后尘，继续主编《全明戏曲》。中国人民大学朱万曙教授勇挑重担，担纲《全清戏曲》的主编。这两种大项目都列入国家社科重大古籍整理项目。陈志勇副教授多方搜集海内外明清孤本戏曲选本，正在着手编纂《明清孤本戏曲选本丛刊》，因此，《古本戏曲丛刊》外编"剧

① 周维培《论中原音韵》，中国戏剧出版社 1990 年版，第 56—64 页。
② 欧阳江琳《〈断发记〉作者考辨》，《中山大学学报（社会科学版）》2001 年 6 期。
③ 刘恒《〈断发记〉版本流传及作者考辨》，《齐鲁学刊》2013 年第 2 期。
④ 郑志良《汪仲洋与沈观——〈玉门关〉〈一合相〉传奇作者考》，《明清戏曲文学与文献探考》，中华书局 2014 年版，第 318—336 页。

选”的工作，也指日可待。《古本戏曲丛刊》所包含的《散曲丛刊》，虽然还未提到日程上来，但四川师范大学赵义山教授，已召集一批志同道合的学者正着手在做这个工作。以上这些项目完成后，郑振铎等老一代专家的设想就可以通过另一种形式得以实现。我相信在各种“总集”的编纂过程中，将会出现一大批高质量的研究论文，推动古代戏曲史论的研究向纵深发展。

（四）关于《古本戏曲丛刊》数字化的问题。为了弘扬我国悠久的传统文化，中宣部提出戏曲进校园，对我们是极大的鼓舞。随着高科技迅猛的发展，许多大型古籍整理成果已经或正在进行数字化的处理，可以将《古本戏曲丛刊》从“初集”开始，逐步进行数字化工作。按照“丛刊”的设想，待全部工程完成后，需要对作家和作品的时代，进行订正、调整、替换和补充，弥补因种种原因所造成的影印缺憾。现在看来，再影印出版大规模的纸质线装本的戏曲总集，已经是不可能的事，何不趁每集数字化之前先进行这一步工作。然后，再用彩色扫描仪录入，可以不失真地再现戏曲古籍原貌。中华书局影印中心对北大图书馆所藏玉霜簃抄本曲集作了部分扫描，连朱笔批注的工尺谱、身段谱都非常清晰。数字化后的《古本戏曲丛刊》，被制成软件或网页，将极大地便于研究者和戏曲表演团体的使用，不仅推动戏曲古籍整理和研究，而且有利于戏曲表演艺术的推陈出新。

吴书荫

2017 年 7 月 18 日草拟，2018 年 3 月 25 日修改

文献纂集　嘉惠学林
——我与《古本戏曲丛刊》的因缘

　　《古本戏曲丛刊》第六集于今年终于出版了，这让我心生无限感慨，因为从上大学起，我的每一段经历都和《古本戏曲丛刊》相联系。三十多年来，我从对中国古代戏曲产生兴趣，到一步步走上古代戏曲研究的道路，寻寻觅觅，磕磕绊绊，《古本戏曲丛刊》一直陪伴左右，让我不时品尝到曲径探胜的欣喜。

　　早在 1953 年，时任文化部副部长兼文学研究所所长的郑振铎先生筹划、设计了《古本戏曲丛刊》这一大型古代戏曲作品总集项目。随后的几年中，这一项目顺利实施。《古本戏曲丛刊》初集、二集先后于 1954 和 1955 年出版，三集、四集于 1957 和 1958 年出版。郑振铎于 1958 年因飞机失事意外辞世后，文学研究所的几代学人为实现郑振铎先生的遗愿，克服困难，继续努力，编辑《古本戏曲丛刊》的后续部分。先选择较易结集的第九集于 1965 年出版，改革开放之后的 1986 年，第五集问世。于是，近八百种一向深藏一隅、许多世人难以得见的古代珍稀戏曲剧本、孤本秘笈，化身千百，进入大大小小的图书馆以及资料室，公之于世。这些戏曲剧本照原书影印，或刻本，或抄本，让人得见古代戏曲剧本的本真面目。这无疑称得上是一项不朽的工程，不仅嘉惠学林，也泽及文艺界的戏曲创作者以及古代戏曲爱好者。六十多年来，不知有多少人借助《古本戏曲丛刊》提供的便利，了解中国古代戏曲，研究古代戏曲，在学习、工作中获益。作为受益者之一，我的经历虽称不上特殊，不过或许正因为走的是寻常路，反而更具有代表性。

　　我最早接触《古本戏曲丛刊》是在上世纪七十年代末上湖北大学中文系时。因为对元明清文学感兴趣，便集中读了一些古代小说和古代戏曲剧本，古代戏曲剧本自然是从《古本戏曲丛刊》中找来。大学毕业后，出于对古代戏曲的喜好，到武汉艺术学校工作。当时的工作除了教中国戏曲史课之外，看学生排戏、去剧场看戏也是一部分工作内容。记得刚开始讲中国戏曲史课时遇到不少困难。因为读书不够多，对戏曲史料不能融会贯通，加上学生的专业是戏曲表演，年龄较小，照本宣科自然行不通。

---

① 本文原载于《读书》，2016 年第 11 期。

当时武汉市艺术研究所有位赵斐先生，是周贻白先生的学生，也是我父亲的好友，上世纪五六十年代曾在中国艺术研究院戏曲研究所工作。一次，我向赵斐谈起讲课中的困难和问题，他给了我许多有益的忠告，其中，我印象特别深的是，他说："你多从《古本戏曲丛刊》中挑些剧本看，脑子里戏剧形象多了，对你教课看戏都有好处。而且可以肯定，不仅对你现在有益，以后你若去到别处，这些阅读经历仍然有用，你会觉得这段经历很珍贵。"从那以后，我便经常到文化局资料室借《古本戏曲丛刊》中的剧本读。记得一次看汉剧著名小生姚长生主演的《义责王魁》，王魁一袭红衣登台，一出场满台生辉，表演极精彩。随后我借来明代王玉峰的《焚香记》重读。《焚香记》我之前读过，联系刚看过的《义责王魁》来读，感受大不同于初读。舞台上渲染的情感，视觉的冲击，是古代剧本有声有色的注脚。反过来，读古代剧本，又能了解今天舞台上所演之戏背后深厚的历史依托。后来，看了昆剧《踏伞》，便读元传奇《幽闺记》；看了秦腔《李慧娘》，便细读周朝俊的《红梅记》；看了昆曲和汉剧《琴挑》，京剧《秋江》，就又读高濂的《玉簪记》；看了汉剧《太白醉写》，便读屠隆的《彩毫记》；看了昆曲《弹词》，惊叹其优美的唱腔，又重读洪昇的《长生殿》……上述剧本，除了《幽闺记》是元代作品，《长生殿》是清代康熙年间的作品，其他都是明代传奇，在《古本戏曲丛刊》中都能找到。每每我把原著与舞台上演的同题材戏对比，都很感慨。事实说明，优秀的古代戏曲作品，大都没有静止于它们产生的年代，没有沉寂于案头。数百年里，它们是活态的，不断变化着，与一代又一代不同的观众对话。知道了今天戏曲舞台上所演剧作的来龙去脉，了解了古代剧作在当代戏曲舞台上的变化，上戏曲史课时可讲的内容就灵活丰富了很多。而且确实如赵斐先生所言，那段阅读经历，在我之后几十年的学习和工作中，是珍贵的财富。

二十世纪八十年代末，我在中国艺术研究院读戏曲史论的硕士学位。在选择毕业论文论题时，想到之前清代宫廷的连台本戏较少被关注，有了做相关论题的想法。导师李大珂先生也支持我的想法。自然，先读《古本戏曲丛刊》第九集所影印的清宫廷连台本戏剧本，是进入这一论题基本材料的不二选择。当时在读了《升平宝筏》（写《西游记》故事）、《劝善金科》（写《目连救母》故事）、《鼎峙春秋》（写《三国演义》故事）、《忠义璇图》（写《水浒》故事）等作品之后，考虑到时间的限制，就把论题集中在与《劝善金科》相关的问题上，做了关于《劝善金科》与明代郑之珍《目连救母劝善戏文》

两部剧作的比较研究。试想，若不是《古本戏曲丛刊》第九集集中影印了十部清宫廷连台本戏，我可以借回住所从容阅读，要想了解这些材料，困难程度不知道会增加多少倍。

九十年代初，跟中国社会科学院文学研究所的邓绍基先生读古代戏曲的博士学位时，一次，和邓先生谈到博士论文选题。邓先生说他曾经对李玉、朱素臣等明末清初的苏州剧作家感兴趣，写过研究文章，认为苏州的这批剧作家（苏州剧派）有进一步研究的空间。并说，以前因这批剧作家的剧本抄本居多，多藏于私人手中，不容易看到。《古本戏曲丛刊》出版发行后，情况大为改观，读这些剧作家的剧本不再困难，深入研究这些剧作家成为可能。邓绍基先生是《古本戏曲丛刊》五集编纂项目组的重要成员，对此深有体会。最后，我定下来以这批剧作家及作品作为博士论文的论题。

在撰写论文的过程中，借助《古本戏曲丛刊》提供的便利，读了这批剧作家的大量剧本。同时，在读前人研究成果的过程中，也了解到，以往要读到这些剧本极其困难。例如，吴梅先生上世纪二十年代写《中国戏曲概论》（1926年出版）中《清人传奇》部分，能读到的李玉的剧本，只有《一捧雪》《人兽关》《占花魁》《永团圆》和《眉山秀》五部，而实际上，李玉的传奇创作数量很大，据记载他创作了三十多个剧本，今整本传世的就有十八种。对于朱佐朝、朱素臣这两位高产剧作家，吴梅只读过朱素臣的《秦楼月》一个全本，朱佐朝的剧本则完全没有看到（按：朱素臣创作传奇二十种，今存整本十二种；朱佐朝创作传奇三十五种，今整本传世十七种）。1956年，浙江国风昆剧团新编、排演了昆剧《十五贯》，一时间轰动全国。因为那时昆曲久已呈衰颓之势，新编《十五贯》的功绩被赞誉为"一出戏救活了一个剧种"。一时间，《十五贯》这一剧名家喻户晓。实际上，浙昆所演《十五贯》是据朱素臣的传奇《十五贯》改编，当时被认为是"改编古典剧本的成功典型"。吴梅这样的戏曲史家无法看到《十五贯》等剧本，可见朱素臣等剧作家的这些剧本的确很难找到。仅凭看到的少数作品，得出的研究结论也难以精准。例如吴梅概括李玉戏曲传奇的特点为"直可追步奉常"，实际上，李玉剧作的内容风格与汤显祖有较大差异，说李玉的剧作"追步奉常"并不恰切。

再如，二十世纪三十年代青木正儿撰著《中国近世戏曲史》（成书于1931年，1936年中文版出版），主要论述明清传奇史。写到"李玉"一节，直言没有读到过一个李玉的完整剧本，只在《缀白裘》《集成曲谱》等折子戏选本及曲谱中看到李玉剧作的散出。

论及朱素臣，自言只读到《秦楼月》一个全本。关于朱佐朝，也只看到其剧作的散出，并据以得出结论：朱佐朝的剧作"整本行世者，甚少"。受吴梅的影响，青木正儿在《中国近世戏剧史》中，干脆把李玉划归"玉茗堂派"，与朱素臣、朱佐朝等剧作家分开讨论。这说明，剧本的难以得见，曾经影响了对这批剧作家研究的深入和评价的准确性。

《古本戏曲丛刊》的出版，使得这种"剧本难求"的状况彻底改变。《古本戏曲丛刊》二集就开始影印苏州这批剧作家的剧作，例如，二集影印有马佶人的《荷花荡》《十锦塘》和毕魏的《三报恩》《竹叶舟》。三集影印这批剧作家的剧本最多，五集又影印了一些。据笔者粗略统计，具体数字如下：三集影印李玉的剧本十三种，朱素臣的剧本八种，朱佐朝的十三种，其他苏州剧派成员的剧作二十三种，总计五十七种；五集影印李玉剧本三种，朱素臣的剧本三种，朱佐朝的四种，等等；总体算来，《古本戏曲丛刊》二、三、五集共影印明清之际苏州剧作家群体创作的剧作七十一种。以此为例证，很能说明《古本戏曲丛刊》对学界的惠泽，而且，这种惠泽将世代长存。我想，通过《古本戏曲丛刊》得到工作便利和学术滋养的人都会和我一样，对这部古代戏曲作品总集怀有深厚的感情，对策划这部总集、为这部总集的编纂付出辛勤劳动的前辈学者心存深切的敬意。

新出版的《古本戏曲丛刊》第六集，接续前几集的选目宗旨和编选传统，同样影印了一些难以得见的古代戏曲剧本。其中有的剧本是孤本，以前想看到十分困难，对此我有切身体会。那是十几年前，我正在做一个民间戏曲史的研究项目，写到清代时剧《罗和做梦》时，遇到了难题。关于《罗和做梦》这个短剧的来源，文献记载有异说，学界存在不同的看法。例如有人认为它源自元末明初杂剧《庞居士误放来生债》，有人认为其源自清代传奇《两生天》，还有人说它出自传奇《两重天》，等等。要对不同观点做出正确判断，必需查阅清代传奇《两生天》。但是，《两生天》仅存清代抄本（孤本），藏于中国艺术研究院戏曲研究所资料室，属傅惜华先生藏书。长时间里，由于位于北京东四八条的戏曲所资料室场地条件限制，傅惜华的藏书没有对外开放。从目录卡片上知道这个传奇有二十二出，但无法看到。所幸的是，2003年下半年，戏曲所资料室迁入新址，因而开放了傅惜华藏书。一听到这个消息，我立即去看这本《两生天》。2004年春节刚过，有几天，我天天从南二环外的方庄住所到北四环的中国艺术研究院新址去借阅，图书馆的工作人员从善本书库提出剧本，当天看后放回书库；第二天我到后，再从书库提出书，

看后再放回。费工费力自不待言，更让人不忍的是，这个抄本纸质很差，很多页的边角已经破损，有些字已经残缺，还有的字无法辨认。我翻看时，生怕对书造成新的损伤，时时小心翼翼。每当读这类文献，我会想，对这样的古籍来说，也许最好的保护办法是影印出版，让它化身千百。这样自然而然会减少人们用手翻看原书的次数，既造福大家，原书也得到了保护。现在，《古本戏曲丛刊》第六集影印了这部《两生天》传奇。以后如果有人想查看这个抄本，再不用大费周章了。于此我们又可以看到，《古本戏曲丛刊》对于古籍文献的保护意义也不可忽视。

六十余年沧桑，《古本戏曲丛刊》终续前缘，欣喜之余，也期待着后续几集陆续问世，唯望不再间隔太久。

中国社会科学院文学研究所　李玫

2016 年 8 月 31 日

文献纂集　嘉惠学林

《古本戏曲丛刊》：跨越六十年的编纂 ①

由中国社会科学院文学研究所主持编纂的《古本戏曲丛刊》是迄今为止最大的戏曲作品总集，是近百年来戏曲文献整理出版的一项重要成果，极大地推动了中国古典戏剧研究的深入开展。

文学研究所向来是戏曲研究的重镇。郑振铎先生、孙楷第先生、吴晓铃先生等皆为戏曲研究方面的一代宗师。从上世纪五十年代开始，《古本戏曲丛刊》一直是中国社会科学院文学研究所的重点项目，数十年间，所内几代学人为"丛刊"的编集出版付出了切实的努力。这次，文学研究所与国家图书馆出版社携手推出《古本戏曲丛刊》第六集，继而完成七、八两集。届时，绵延六十年的《古本戏曲丛刊》编纂工作终将划上圆满的句号。这是中国当代学术发展史上的一件大事，值得庆贺。

一、《古本戏曲丛刊》历次编纂情况

（一）1953—1958：一至四集的编纂

1953年，前文化部副部长、北京大学文学研究所（中国社会科学院文学研究所前身）所长、国务院古籍整理出版规划小组文学组召集人郑振铎先生提出"丛刊"编纂设想，拟按时代顺序和戏曲文献类别，收录《西厢记》及元明戏文、明清传奇、元明清杂剧，并及曲选、曲谱、曲目等，并组织本所专家选目落实，当时作为内部参考资料，交由上海商务印书馆印刷，编号发行。

1954年至1958年，郑振铎先生主持出版了"丛刊"的前四集，前三集收录元明清南戏传奇，每集各计剧目一百种。《古本戏曲丛刊初集》1954年出版，收录元杂剧《西厢记》和元、明时期戏文传奇一百种。其中第一种书《新刊奇妙全相注释西厢记》为海内外孤本。《古本戏曲丛刊二集》1955年出版，收录明代传奇一百种。其中文林阁刻本《张子房赤松记》《高文举珍珠记》《刘秀云台记》等较为稀见。《古本戏曲丛刊三集》1957年出版，收录明末清初剧作一百种，绝大部分为梨园钞本，不少为梅兰芳、程砚秋等名家收藏。与前三集不同，《古本戏曲丛刊四集》1958年出版，专门收录元明二代的

杂剧，收录杂剧总集八种，共有三百七十多个剧本，以元人杂剧为最多，凡传世的元杂剧，几乎搜罗殆尽。其中明万历顾曲斋刊本《古杂剧》聚集各家所藏，配成全帙，弥足珍贵。

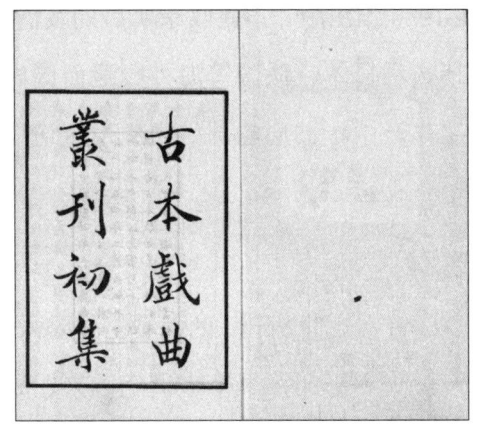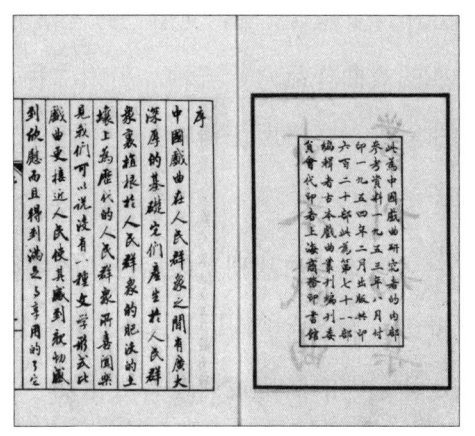

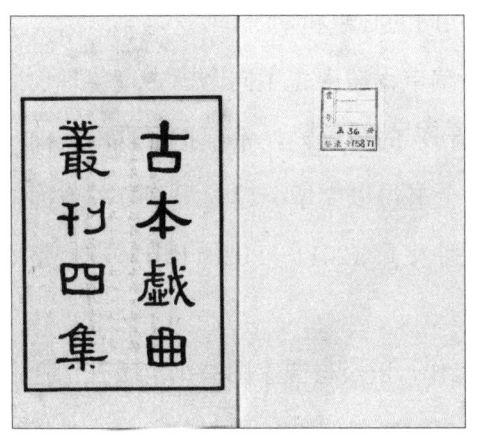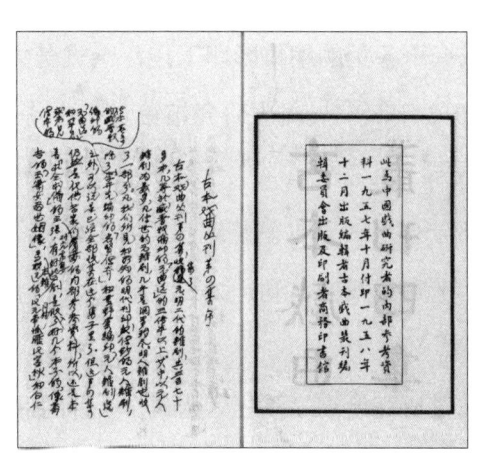

（二）1964 年：《古本戏曲丛刊九集》出版

1958 年，郑振铎先生因公殉职后，吴晓铃先生接续主持工作，与赵万里、傅惜华、阿英、周贻白、周妙中等学者组成新的编委会，主持编印第九集。1962 年，编委会将较易结集的宫廷大戏十种编为《古本戏曲丛刊九集》，交由中华书局上海编辑部付印，1964 年出齐。该集均为国家图书馆、故宫博物院等处收藏的清内府钞本及朱墨或五色套印本。

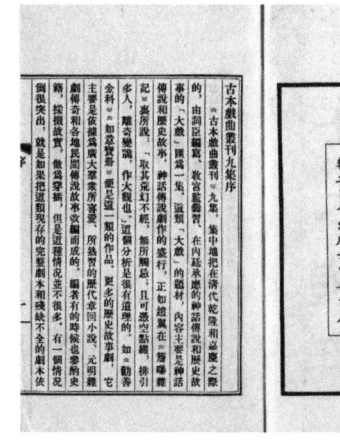

右侧竖排：《古本戏曲丛刊》：跨越六十年的编纂

（三）1985 年：《古本戏曲丛刊五集》出版

《古本戏曲丛刊》第九集之后，吴晓铃先生又与邓绍基、刘世德、吕薇芬、么书仪等学者合作，编纂第五集，交由上海古籍出版社 1986 年出版。该集收录明后期及清顺治、康熙时期的戏曲作品八十五种，另附二种，包括数种日本、法国等海外收藏而国内已未见的戏曲版本。文学所汪蔚林先生参与了部分工作，中华书局的周妙中先生查访资料，致力尤多。

二、《古本戏曲丛刊》最后三集的编纂计划

上世纪八十年代中期以来，由于种种原因，《古本戏曲丛刊》的编纂工作陷入停顿。不仅原定计划中的清代戏曲还有大量的存本未及编集和影印，半个多世纪以来在海内外陆续发现的元明戏曲剧本，也有待编目和收录。进入二十一世纪以后，重印《古本戏曲丛刊》和完成余下各集的编集影印工作，一直是大家共同的心声和期盼。

2012 年，中央文史研究馆馆员、中华书局编审程毅中先生向全国古籍整理出版古籍规划领导小组递交了《关于完成〈古本戏曲丛刊〉的建议》，希望把《古本戏曲丛刊》后续部分列入国家古籍整理出版规划项目，使全书得以完璧。建议得到有关方面的高度重视，《古本戏曲丛刊》六、七、八集很快被列入了《2011—2020 年国家古籍整理出版规划》。

文学研究所高度重视"丛刊"项目的后续工作，积极与国家图书馆出版社沟通联络，迅速组建由文学研究所牵头、有关老中青学者共同参与的"丛刊"六、七、八集编纂工作协调小组。刘跃进负责学术组织工作，刘世德、吕薇芬、么书仪等先生负责学术指导工作，李玫、李芳负责学术联系工作。国家图书馆出版社由方自金社长亲自挂帅，组成以殷梦霞副社长为核心，以廖生训、于浩、程鲁洁、南江涛、苗文叶、李精一等编辑为骨干的专业编辑团队。

2014 年 1 月 18 日，文学研究所和国家图书馆出版社共同组织召开第一次编纂出版工作会议，确定了《古本戏曲丛刊》编纂出版工作规划及具体工作方案，决定在充分吸收前辈学者已有成果基础上，拟定目录，开展搜集底本工作，力争在三、五年内，完成《古本戏曲丛刊》六、七、八集的编辑出版工作。

三、《古本戏曲丛刊》第六集编纂情况

编纂工作会议之后，国家图书馆出版社立即投入工作当中。他们听说上海古籍出版社在完成《古本戏曲丛刊五集》出版工作后，曾筹备《古本戏曲丛刊六集》，并留下一批吴晓铃先生整理过的资料，于是殷梦霞副社长、廖生训总监亲赴上海，和上海古籍出版社一起寻找这批资料。上海古籍出版社高克勤社长非常支持这项工作，积极派人到总编室、档案室甚至远郊仓库四处寻找。遗憾的是，这批资料现已了无踪迹。工作又回到原点，只能按照 2014 年 1 月《丛刊》编纂启动工作会议的安排，延请戏曲文献专家吴书荫先生负责第六集选目工作。吴书荫先生在吴晓铃先生五集、六集的几次拟目基础上，根据五集出版情况和近年新发现的戏曲文献资料，初步拟定了第六集选目，并且在郑志良、戴云先生协助下对选目进行修改确定。编纂工作协调小组充分尊重吴书荫的学术判断，同时又广泛征询相关专家对第六集的建议，最后确定选目及版本。

2016 年 3 月，《古本戏曲丛刊六集》由国家图书馆出版社正式出版，收录清代顺治到乾隆时期的传奇和戏曲别集七十七种，共计一百零九种剧目。全书沿用前五集的开本和形态，制作成线装十七函一百八十册。所收剧目中，《昊天塔》《埋轮亭》《钟情缘》《百子图》《蟠桃会》等皆为孤本；《儿孙福》为康熙十年乌丝栏稿本；《双叩阍》为乾隆年间宁府钞本或稿本，目前原书已难以寓目；《西川图》为哈佛燕京图书馆收藏的原齐如山藏钞本，都是比较珍贵的传本。六集所选用底本中原有的题跋和批点等，全部予以保留，原书的扉页、题签也全部采用。各书曾有的收藏者和现有收藏单位的印章，也全部予以保留，力图最大限度地反映各书的原貌并体现曾经收藏和流传的情况。

底本的搜集工作是《古本戏曲丛刊》至为重要也最困难的工作。六集所涉及底本中，国家图书馆拥有过半，韩永进馆长、张志清副馆长给予大力支持，同意提供相关底本以供扫描。中国艺术研究院素以戏曲文献收藏丰富著称，王文章院长和图书馆特藏部俞冰先生给予大力支持。他们还对丛刊的编纂出版工作给予具体指导。此外，首都图书馆、上海图书馆、南京图书馆、浙江图书馆、北京大学图书馆、美国哈佛燕京图书馆等也都怀有以学术为天下公器的胸襟，为这集的顺利出版提供珍贵馆藏剧本。

《古本戏曲丛刊》是一套蕴含着几代学人和出版人希望与梦想的重要文化基础建设工程，要有延续性。因此，第六集尽可能和此前已出版的几集形成系列，最终配成完璧，完成郑振铎、吴晓铃等先生的遗愿。为此，国家图书馆出版社顶住成本压力，确定全面沿用以往六集的印制方式、开本形态，在全书的页数和每册的页数上也力求保持一致。同时，根据现代纸张和印刷技术的进步，采用浙江所产绵密细致的上等宣纸，避免出现《古本戏曲丛刊四集》那样纸叶透字情况。在内文印制方面，出版社坚持用传统的大机器胶印，人工配页、齐栏，手工线装方式。在函套制作方面，沿用大方庄重的深蓝色，但同时选用质量上乘的纯棉布料。为了成书的更加平整美观和品质保证，还采用了前几集都不曾采用的包角工艺。就这样，经过各个环节的精心付出，可以说，今天呈现在各位专家学者面前的这部《古本戏曲丛刊六集》较此前已出版的各集，在纸张材料、印刷装订等方面都有较大幅度的提升，堪称品质上乘。

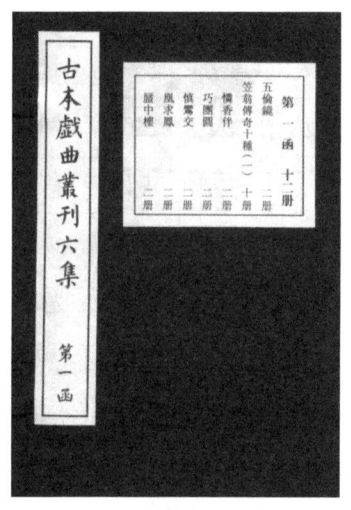

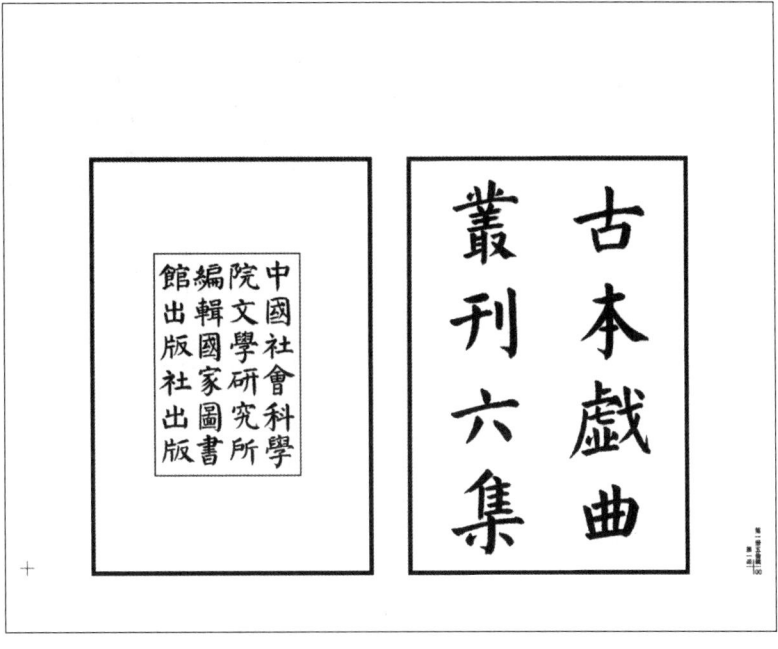

四、《古本戏曲丛刊》精装本

鉴于《古本戏曲丛刊》前五集的出版已历经半个世纪，当初印制数量较少，一些图书馆虽有收藏，也多有残损，中国社会科学院文学研究所又决定同国家图书馆出版社合作，将前五集和第九集以大 32 开精装本的形式重新影印出版，以供广大戏曲爱好者、收藏者能收藏、阅读及欣赏这套最大的戏曲总集。《古本戏曲丛刊》初集、三集、四集、五集、九集各四十册，二集全三十九册，整齐划一，极便收藏、阅读。

萧韶九成——《古本戏曲丛刊》编纂纪程

五、《古本戏曲丛刊》出版的意义

2016 年 8 月 22 日，《古本戏曲丛刊》第六集出版暨《丛刊》文献及文化意义座谈会在北京召开。国家新闻出版广电总局、中国社会科学院、中国艺术研究院、国家图书馆、北京大学、中国人民大学、北京师范大学、北京语言大学、中山大学、温州大学、中华书局、人民文学出版社等机构和高校的近 40 位专家学者参会。中国社会科学院文学研究所党委书记、研究员刘跃进和国家图书馆馆长、党委书记韩永进共同为新书揭幕。

正如会议标题所示，这次研讨会重点研讨的是《古本戏曲丛刊》的文献价值及其文

化意义。

　　与会学者的发言，多怀有感激的心情，感谢郑振铎、吴晓铃先生的开创之功，感谢程毅中、吴书荫、刘世德的推动之力，感谢文学研究所和国家图书馆出版社精诚合作，共同推进这项功在当代、利在千秋的学术事业。程毅中、吴书荫、刘世德先生都认为，六十多年来，已经出版的六集《古本戏曲丛刊》在戏曲研究界逐渐显示其巨大的文献价值和经典意义。已经出版的七百余种珍贵戏曲文本，有力地推进了戏曲研究的深入发展。上世纪五十年代以来，中国戏曲史研究成为重要的学科，尤其是元明及清初戏曲研究能够取得突出成就，这套大型文献在其中起了至为关键的作用。

　　据悉，今年联合国教科文组织要在全球范围内共同组织纪念莎士比亚、塞万提斯、汤显祖三大世界文化名人逝世四百周年活动。2015 年 10 月 21 日，国家主席习近平在访英时发表《共倡开放包容共促和平发展》的演讲，多次提到莎士比亚与汤显祖这两位文化巨匠，并提议说："中英两国可以共同纪念这两位文学巨匠，以此推动两国人民交流、加深相互理解"。这就给我们的戏曲研究工作者提出了新的研究课题。《古本戏曲丛刊》的合璧推出，正是顺应了这种时代的召唤，必将有助于我们从一个更大的范围，审视中国传统戏曲艺术的审美价值和当代意义，必将有助于增强我们民族文化的自信。

刘跃进

2016 年

古本新生①

—— 写于《古本戏曲丛刊》第六集出版之际

遗志

1958年10月16日，郑振铎花了大半天时间，写了一篇《古本戏曲丛刊序》（第四集序）。第二天是星期五。郑振铎在凌晨就起床了。他几十年如一日，习惯在清晨工作。按计划，这一天，他将以团长身份率中国文化代表团赴阿富汗王国和阿拉伯联合共和国访问。因为是启程出访的日子，所以，在儿子郑尔康的记忆中，父亲这天起得好像比平日更早些，天色还是乌黑。郑振铎记完当天的日记，又给在上海的老朋友靳以写了一封信。吃过早饭后，郑振铎向母亲和妻子辞了行，由郑尔康送到机场。因天气原因，飞机暂时不能起飞。郑振铎又回到家里。下午三点，代表团秘书来电话，说机场通知可以起飞。临出发时，郑振铎笑着对家人说："这次，我是真的走了！"这是他留给亲人的最后一句话。

这架载有中国文化代表团的图104客机飞临莫斯科正东面，到达楚瓦什苏维埃社会主义自治共和国卡纳什地区时失事，乘客和乘务员全部牺牲。噩耗传来，举国震惊，周恩来则通宵未眠。1958年10月20日，《人民日报》头版右下角，用黑框发布了这条消息。

郑振铎生于1898年12月19日，牺牲时离他60岁生日还有两个月。因为这次要远行，恐怕赶不回来过60岁生日，家人在他临行前几天为他预先庆祝了。

《古本戏曲丛刊》和《中国古代版画丛刊》是郑振铎晚年最用心力的两部大书。他在逝世前一天为《古本戏曲丛刊》第四集写的序，就成为这位文坛巨匠一生中的最后一篇文章。

在二十世纪五十年代，郑振铎担任的职务除了文化部副部长兼首任文物局局长，还有北京大学文学研究所（中国社会科学院文学研究所前身）创所所长、国务院古籍整理出版规划小组文学组召集人。作为"五四"一代文学巨匠，郑振铎不但是作家、学者、编辑家、藏书家，也是中国俗文学研究的开山者。他在上世纪三十年代就发表了包括《中国俗文学史》在内的许多成果。在抗战时期，郑振铎在上海孤岛，在极其艰险的情况下，

---

① 本文原载于2017年1月18日《中华读书报》第5版。

竭尽全力,拼着身家性命,搜救古书,其中就包括常熟脉望馆藏的元明杂剧三百余种。当时,郑振铎就发愿,要有系统地汇集影印古代剧本,把数千种古剧本编成一个丛书,以供后人研究。所以,五十年代初,郑振铎就与商务印书馆谈起,希望他们能把张元济影印《四部丛刊》的事业继承下来。1953年春,商务才派专人来征求他的意见,首先印什么?郑振铎说:还是先印戏曲吧。

郑振铎对中国戏曲认识之深刻,对传统戏曲感情之深沉,完全表达于他为《古本戏曲丛刊》初集写的序中:

> 中国戏曲在人民群众之间有广大深厚的基础,它们产生于人民群众里,植根于人民群众的肥沃的土壤上,为历代的人民群众所喜闻乐见。我们可以说,没有一种文学形式比戏曲更接近人民,使其感到亲切、感到欣慰,而且得到满足与享用的了。它们在农村的临时搭盖起来的戏台上演唱,在城市的庙宇里或游艺场上演唱,它们传达出人民的情感与愿望、人民的欢愉与忧戚,人民的愤怒与痛苦。在戏曲里,最能够看出人民的爱憎是如何的分明:凡是人民所憎恨的昏君权相、贪官污吏、奸雄恶霸,我们的剧作家也必予以贬斥,使之丑化,使之为人民所唾弃;凡是人民所崇敬所喜爱的正直忠贞的英雄烈士,所同情的负屈含冤的男女,我们的剧作家也必加以褒扬,予以伸雪,使之正义大张,使之感动人民以至于哭泣难禁。

这篇序,发表于1954年《光明日报》新创刊的《文学遗产》副刊第一期上。这些文字,深沉真挚,饱含对人民大众、对中华古典民族文化的热爱,今天读来,仍让人感动不已。

郑振铎提出"丛刊"编纂设想,成立了《古本戏曲丛刊》编委会。他的整个计划是,征集北京图书馆、北京大学图书馆等公私所藏,联合国内各大学、各图书馆、各戏剧团体和戏剧研究者,集资影印,每集印六百部。按时代顺序和戏曲文献类别,收录《西厢记》及元明戏文、明清传奇、元明清杂剧,并及曲选、曲谱、曲目等,并组织文学所的专家选目落实,作为内部参考资料,交由上海商务印书馆印刷,编号发行。编委会中有赵万里、傅惜华、吴晓铃等加入。但在实际编辑工作上,几乎是郑振铎一人承担,其他编委则是

提供藏书，或参与商量所选剧目等。

1954—1958 年，郑振铎主持出版了《丛刊》的前四集，前三集收录元明清南戏传奇，每集各计剧目一百种。《古本戏曲丛刊初集》1954 年出版，收录元杂剧《西厢记》和元、明时期戏文传奇一百种。其中第一种书《新刊奇妙全相注释西厢记》为海内外孤本。《古本戏曲丛刊二集》1955 年出版，收录明代传奇一百种。其中文林阁刻本《张子房赤松记》《高文举珍珠记》《刘秀云台记》等较为稀见。《古本戏曲丛刊三集》1957 年出版，收录明末清初剧作一百种，绝大部分为梨园钞本，不少为梅兰芳、程砚秋等名家收藏。与前三集不同，《古本戏曲丛刊四集》1958 年出版，专门收录元明两代的杂剧，收录杂剧总集八种，共有三百七十多个剧本，以元人杂剧为最多，凡传世的元杂剧，几乎搜罗殆尽。其中明万历顾曲斋刊本《古杂剧》聚集各家所藏，配成全帙，弥足珍贵。

这七百余种珍贵戏曲文本的影印出版，堪称学界盛事，甫一问世，立即引起巨大反响，有力地推进了戏曲研究及相关学科的深入发展。上世纪五十年代以来，中国戏曲史研究成为重要的学科，尤其是元明及清初戏曲研究能够取得突出成就，这套大型文献起了至为关键的作用。

但是，郑振铎的突然离世，使得《古本戏曲丛刊》的出版陷入最大的困难，而以后更多的波折更是郑振铎生前不会想到的。

波折

1958 年郑振铎不幸逝世后，《古本戏曲丛刊》的续编，大而言之，可以说有两续两停。当年在文学所举行的郑振铎追悼会上，何其芳就代表文学所表示，要继承郑振铎遗志，把编纂《古本戏曲丛刊》的工作继续下去，出齐这套书。同时，文学所决定，以后各卷不设主编，不设编委会，以保持郑振铎主编的地位。

此后，在国务院古籍整理出版规划小组组长齐燕铭的积极支持和指导下，这项工作由吴晓铃接续主持，与赵万里、傅惜华、阿英、周贻白、周妙中等学者合作，于 1964 年出版了第九集，收录宫廷大戏剧目十种。正在继续编纂第五集的时候，十年浩劫来临。——这是一续一停。

1983 年，第二任古籍整理出版规划小组组长李一氓，又抓紧了《古本戏曲丛刊》的

续编工作，多次召集研究人员和出版社、图书馆的负责人商谈。这年的 5 月 11 日，他在中国社会科学院文学研究所主持的古本戏曲和古本小说的工作会议上讲话，说："为了纪念郑振铎先生，要继续完成《古本戏曲丛刊》，实现郑先生的愿望。先解决五、六、七、八集，1985 年再议十集。这样才对得起郑先生，也对得起后代人。希望能看到全书。我承担了古籍规划，就负有责任。"

《古本戏曲丛刊五集》于 1985 年由上海古籍出版社出版，收录明清传奇剧目八十五种附二种。这一集主要是吴晓铃与邓绍基、刘世德、吕薇芬、么书仪等学者合作，已故汪蔚林先生也参与了部分工作，中华书局的周妙中先生查访资料，致力尤多。

但第五集出版之后，第六集就遥遥无期，直到 2016 年。因为搁置、停顿时间过长，很多人对《古本戏曲丛刊》的后续出版抱悲观态度，有的学者甚至称之为"烂尾工程"——这是二续二停。但殊不知，这其中还有一些故事。

刘世德是当年参与其事的"个中人"。当年，文学所曾成立"《古本戏曲丛刊》课题组"，刘世德担任组长，组员有吕薇芬、么书仪、王永宽、侯光复等人。他说，《古本戏曲丛刊》没有继续编下去，主要是因为李一氓没有继续支持，资金断档。当年为《古本戏曲丛刊》一事，他与邓绍基一起找到李一氓，李一氓讲，"支持第五集的出版"。刘世德听了，又高兴又失望，因为"他原来是答应五、六、七、八集都支持"。"丛刊"第六集没有继续，刘世德认为还有一个原因，是因为设了主编，所以上海古籍出版社和文学所两家单位当年搞坏了关系。中间还有一件事，是有出版社来找到杨镰，想把《古本戏曲丛刊》"打散了"出，资金由文学所找。这事当然最后也没有谈成。

即使在第六集已经出版的今天，学者们也都承认，在郑振铎去世后，现今谁也没有当年郑振铎的资望、地位和学术能力，能以一人之力统筹协调这么巨型的一个古籍出版工程，更不用说像他那样一人独力编纂了。——巨人的时代已经过去了。

但不管怎么说，第五集的出版，毕竟把这项大工程推进了一步。在第五集出版后，李一氓又公开发表文章呼吁，他说："我更希望他们（指编者和出版者）继续密切合作，把第六、第七、第八集陆续编印出来。这件事不仅是中国戏剧界的大事情，也是中国文化界的一件大事情。"（1986 年 8 月 3 日《解放日报》）

但各种各样的困难在那摆着。这件大事情真正发生转机，则已经是二十六年之后了。

转机

因为丛刊第六集迟迟未出，不仅原定计划中的清代戏曲还有大量的存本未及编集和影印，半个多世纪以来在海内外陆续发现的元明戏曲剧本，也有待编目和收录。进入二十一世纪之后，重印《古本戏曲丛刊》和完成余下各集的编集影印工作，一直是学界共同的心声和期盼。从上世纪九十年代开始，不少知名学者就呼吁要完成《古本戏曲丛刊》的编纂出版。

2012年底，中央文史馆馆员、中华书局原编审程毅中上书国务院古籍整理出版规划领导小组，恳切建议完成《古本戏曲丛刊》。时任规划小组组长柳斌杰很快批复。古籍办收到程毅中建议后，即组织专家论证，将《古本戏曲丛刊》列入《2011—2020年国家古籍整理出版规划》。

2013年，中国社会科学院文学研究所决定重新启动《古本戏曲丛刊》六、七、八集的编纂工作。文学研究所高度重视，所领导中，刘跃进就是研究古典文献出身，对《古本戏曲丛刊》巨大的学术文化价值当然非常清楚。所方积极与各方沟通联络，迅速组建由文学研究所牵头、有关老中青学者共同参与的《古本戏曲丛刊》六、七、八集编纂工作协调小组，具体负责组织工作。所里参与此项工作的学者则主要是古代文学室研究戏曲的李玫、李芳等人。

程毅中的建议，在2012年《古籍整理出版情况简报》上刊出，被国家图书馆出版社副社长殷梦霞看到了，她敏锐地意识到此事意义非同寻常。在时任国图出版社社长郭又陵的支持下，她迅即与各方联络，同时向国家古籍整理出版规划领导小组提出申请并上报出版计划，争取此一出版项目。国家古籍整理出版规划领导小组办公室对《古本戏曲丛刊》继续出版大力支持。她事后坦陈，其他一些大出版社也有这个条件，但她认为能由国图出版社来出版此书，也是一个自然而然的结果。因为国图出版社自1979年成立以来，一直关注明清小说、戏曲出版，在这方面有相当的积累。经过几代人近四十年努力，他们拓展了一片天地，形成了自己的风格，成长为一个以整理影印历代珍稀文献为特色的专业学术出版社。依托众多文献收藏机构和专业学者的支持，近十多年来，国图出版社在古代戏曲文献的整理出版方面也积累了丰富经验和丰厚资源，取得了了不起的成绩。自2002年起，该社先后出版《北京图书馆藏升平署戏曲人物画册》《古本西厢记汇集初

集》《郑振铎藏古吴莲勺庐抄本戏曲百种》《哈佛燕京图书馆藏齐如山小说戏曲文献汇刊》《国家图书馆藏西厢记善本丛刊》《北京大学图书馆藏程砚秋玉霜簃戏曲珍本丛刊》《哈佛燕京图书馆藏韩南捐赠文学文献汇刊》《梅兰芳演出剧本汇编》《清末民国戏剧期刊汇编》《富连成戏曲文献汇刊》等戏曲专题文献。

殷梦霞曾谈到，为了出版《古本戏曲丛刊》，他们有顶层考虑，包括人才建设。她还说，此事最应该感谢程毅中先生，他对中华文化倾注了感情。最让殷梦霞感动的，是程先生本来是中华书局有影响的资深编审，但却并没有因此而排斥图图出版社。殷梦霞说，程毅中先生有大的视野，大的胸怀，大的思考，却没有私心。

同样，找谁来编，也是一个最关键的问题。殷梦霞她们认为，因为中国社科院文学研究所是原发起与主持单位，此事必须有文学所点头才行，也必须由文学所牵头才会成功。抱着相同目的，有着共同学术追求，双方的合作商谈过程十分顺利。

2014 年 1 月 18 日，文学研究所和国家图书馆出版社共同组织召开了第一次编纂出版工作会议，确定了《丛刊》编纂出版工作规划及具体工作方案。会议决定《丛刊》六、七、八集的编纂出版工作将在充分吸收前辈学者已有成果的基础上，拟定目录，开展搜集底本工作，并确定了出版时间。

按照会议决议，六集的具体选目及版本确认工作委托吴书荫负责。吴书荫在吴晓铃先生前后几次拟目的基础上，根据五集的出版情况和近年来新发现的文献资料，整理确定了六集和七集的目录，并对作者、版本及作品时代都做了详细的考证。编纂工作协调小组充分尊重吴书荫的学术判断，同时又广泛征询相关专家对第六集的建议，最后确定选目及版本。

但是，真正的挑战才刚刚开始。这项工作的巨大困难，除了人事方面复杂的原因，底本搜求的难度也是最重要的——《古本戏曲丛刊》六、七、八集之所以迟迟未有出版社愿意承担出版，其中一个重要原因，就是底本浩繁，搜集工作十分艰难，让懂古籍出版的出版社望而生畏。

艰巨

认领承担《古本戏曲丛刊》六、七、八集的任务后，国家图书馆出版社高度重视，

第一时间将项目列入社内近年重大选题,由社长方自金亲自挂帅,负责居中联络、寻找底本事宜;同时为确保项目按计划进行,组织了专门团队,抽调社里有相关学术背景及丰富出版经验的优秀编辑,组成以殷梦霞为核心,以廖生训、于浩、程鲁洁、南江涛、苗文叶、李精一等编辑为骨干的专业编辑团队。在这套书搜集底本和编纂过程中,国家图书馆出版社社长方自金付出了巨大心力。方自金是一位严格而务实的管理者,《丛刊》第六集立项后,能在艰难的环境中渐次推进,乃至顺利完成,与他的组织协调、敦促督战有极大的关系。

正式开始工作前,国图出版社了解到上海古籍出版社当年出版《古本戏曲丛刊五集》后,曾经筹备过《古本戏曲丛刊六集》的出版工作,遗留下一批吴晓铃当时整理提供的资料。这个消息让殷梦霞她们深受鼓舞,希望通过与上海古籍出版社携手合作,依托吴晓铃当年的积累,可以大大缩短《丛刊》六集的资料搜集时间与编辑制作难度。为此,殷梦霞、廖生训亲赴上海,和上海古籍出版社一起寻找当年准备的《古本戏曲丛刊六集》的出版资料与文献。上海古籍出版社高克勤社长"非常赞同我社提议和想法,积极派人去总编室、档案室甚至远郊的仓库四处寻找",遗憾的是,因时日已长、人事变迁,当年吴晓铃交付的资料已荡然无存。虽然经历了一场从满怀希望到遗憾失望的心路历程,殷梦霞、程鲁洁却没有时间气馁,她们知道,既然有了承诺,既然没有捷径可寻,那就只能踏实的安下心来,认清形势、直面困难,下定决心一切从头开始——确定选目、搜集资料。

选目确定后,版本的比对校勘和选择还需要专家的鉴别与意见。吴书荫一直对底本的选择严格把关,并不断提供底本收藏信息。根据记载,《西川图》藏于中国艺术研究院。但经过查看比对,出版社方面发现在艺术研究院所藏几种《西川图》底本都不是六集所定底本。正当程鲁洁她们一筹莫展时,吴书荫提出《西川图》这一底本曾由齐如山收藏,很可能藏于哈佛燕京图书馆,通过这一线索,出版社果然在哈佛燕京图书馆找到了需要的《西川图》。

《古本戏曲丛刊六集》从选目到最后制作完成一直得到专家学者的把关和审定。不仅由文学所李玫、李芳审定目录、版本、作者,直到全书快要付印时,吴书荫、郑志良还对部分作者进行了考订与修正,如雪蓑道人、鹤苍子等人的具体姓名,由于学术界还有争论,最后为求稳妥起见,在作者项还是使用别号标注。

与此前出版的初至五集、九集不同，此前几集文献底本的收集提供主要是由编纂方完成的，出版社主要负责后期的编辑出版事宜。时移世易，到第六集目录确定后，文献底本的收集任务却责无旁贷地落到了国图出版社的肩上。尽管从一开始，殷梦霞、程鲁洁她们就知道，编纂出版《古本戏曲丛刊》第六集，底本的搜集是最重要也是最困难的工作，但当进入实际的具体工作时，程鲁洁她们还是感到了前所未有的挑战。因为这是一次规模巨大的搜集工作。

国家图书馆出版社因为背靠国家图书馆，有先天的优势。出版社向馆领导汇报相关情况，得到馆长韩永进、副馆长张志清等人大力支持。根据六集选目，国图出版社将分散在国家图书馆、艺术研究院、首都图书馆、上海图书馆、浙江图书馆、南京图书馆的各种戏曲目录提交给各图书馆。2014年7月，国家图书馆出版社与上海图书馆签订关于使用上图底本的协议。六集所涉及底本中，国图拥有过半。2014年12月，与国家图书馆古籍馆签订"馆藏文献开发和使用合同"，与此同时，古籍馆则已着手进行相关文献的拍照。

在韩永进、张志清的推动下，国图古籍馆高质高效的提供了六集相关底本的扫描，在其后几种戏曲底本由于版本问题，需要替换重扫时，古籍馆副馆长陈红彦不厌其烦快速提供底本。中国艺术研究院也以戏曲文献藏有量丰富著称。令国图社感激的是，她们提出文献使用申请后，及时得到了中国艺术研究院众位领导及学者热情鼓励和倾力支持，不仅快速高效地提供所需底本，时任院长王文章和图书馆特藏部的俞冰还对《丛刊》的编纂出版工作进行了具体的指导。第六集出版之后，程鲁洁还记得当时去艺研院图书馆拍底本的辛苦。酷暑天气，她陪两位出版社的摄影师李奇明、侯沙沙钻进闷热的库房，两位摄影师一呆就是大半天，他们要一页一页，小心翼翼地拍照。

众多与国图出版社有着长期友好合作关系的藏书机构，如首都图书馆、上海图书馆、南京图书馆、浙江图书馆、北京大学图书馆、美国哈佛燕京图书馆等也都怀有以学术为天下公器的胸襟，为本书提供了他们的珍贵馆藏。

即使如此，程鲁洁她们在各家图书馆查找六集文献时，仍然遇到了有目无书，有书无目，收藏状况与记载不符的各种情况。面对这种复杂状况，在编纂过程中，出版社方面及时与专家沟通，调整选目。六集出版后，程鲁洁她们仍然觉得由于时间仓促，六集

的编纂可能还存在疏漏之处。

为了保持文献原貌，2016 年 3 月出版的《古本戏曲丛刊》第六集所选用底本中原有的题跋和批点等，全部予以保留，原书的扉页、题签也全部采用。各书曾有的收藏者和现有收藏单位的印章，也全部予以保留，力图最大限度地反映各书的原貌并体现曾经收藏和流传的情况。为适应新时代戏曲研究的需要，方便更多的学术研究者及戏曲爱好者研读、使用这套丛书，文学研究所和国图出版社决定乘《丛刊》六、七、八集编纂工作重启之机，将《古本戏曲丛刊》初集至五集、九集以大 32 开精装版式重刊。此次重刊，在保持丛书原貌的同时，对所收剧作的作者、版本等内容介绍做了一些整齐划一的工作。

国家古籍保护中心是全国古籍抢救、保护与整理的指导机构，从《丛刊》六集筹备伊始，国家古籍保护中心就对这项工作给予了高度关注与支持，中心领导不仅参加"丛刊"六集的编纂工作会议，提出具体建议，推进项目实施，在底本搜集阶段，更是不遗余力地提供帮助，做了很多繁琐细致的协调联络工作。作为"全国古籍保护计划"的重要成果，《丛刊》六集的出版，也正是对国家古籍保护中心所倡导的将优秀文献、孤本秘籍化身千百服务社会、嘉惠学林之宗旨的切实践行。

值得

距郑振铎逝世已经五十八年，备受学界瞩目的《古本戏曲丛刊》最新成果，《古本戏曲丛刊六集》终于 2016 年 3 月问世。《丛刊》六集收录清代顺治至乾隆前期的作品，共收传奇和戏曲别集七十七种，共计一百零九种剧目。包括《昊天塔》《埋轮亭》《钟情缘》《百子图》《蟠桃会》等珍贵孤本在内的一批古代戏曲文本化身千百，嘉惠学林。《古本戏曲丛刊》是迄今为止最大的戏曲作品总集，收集了留存于世的绝大部分戏曲孤本与珍本。《古本戏曲丛刊》是中华人民共和国成立以来规模最大的古籍整理成果之一，也是当今中国优秀传统文化继承和积累的重要标志。

2016 年的 8 月 22 日，《古本戏曲丛刊六集》出版座谈会在北京召开。

座谈会上，不少老学者一说到郑振铎当年的工作，感情仍不能自已。程毅中说，郑先生主持《古本戏曲丛刊》，对学术研究有很大的作用，"我深得它的好处"。此书出版的难度极大，而国图出版社因为有多年影印出版古籍的经验，才能胜任，"我在'中

华'时，也不敢争取，知道困难重重"。"要感谢出底本的藏家。"已经八十多岁的程毅中一连用三个"值得"表达他高兴的心情：《丛刊》六集出版，值得祝贺，值得表扬，值得读者感谢！——"我就是一个读者。"

黄仕忠说，新中国成立之后，戏曲研究为什么能兴盛，就是因为有了《古本戏曲丛刊》。郭英德说，搞戏曲研究的，边边角角都要摸到，资料的全面，是很重要的。卜键说，《古本戏曲丛刊》的编纂出版，是学术史上的一段佳话，几代研究者都受惠于此。朱万曙说，此书嘉惠学林，他是学着《古本戏曲丛刊》长大的。廖可斌认为，《丛刊》中的语言、文字资料极为丰富，是一座宝库，有很高的思想史、文化史的意义。刘祯认为，《丛刊》奠定了戏曲史学研究的坚实基础。郑振铎当年的构想很有体系性，这套书整体完成后，在中国学术史上，其地位都会是很高的。

"化身千百"，是刘跃进讲到《古本戏曲丛刊》时说得最多的一个词。他说，郑先生发愿编纂《古本戏曲丛刊》，到中国传统戏曲研究蔚为大观，直接地反映了一个多世纪以来，中国文学研究中价值观念的变化，即，从郑振铎那一代五四人开始，把文学艺术视为社会的脉搏、大众的心声，开始重视这些俗文学的价值。《古本戏曲丛刊》第六集能在中断三十年后出版，正是时代给我们这一代学者的机遇。《丛刊》有着丰富深刻的文化意义，其中之一，就是我们民族的文化自信。

《古本戏曲丛刊六集》一共一百七十函，深蓝色布面线装精装。摆在大厅的一个大的条案上，和《丛刊》的初、二、三、四、五集和九集一起，像一座山。至少四代学者，参与了《丛刊》的编纂，他们的研究也从这部大书中受惠。如今，面对着这座书山，所有为此书贡献了心力的人，从中受惠的人，都会觉得从郑振铎开始的这四代人的工作，是值得的。

祝晓风

（本文写作参考了郑振铎《中国俗文学史》，陈福康《郑振铎传》，郑尔康《我的父亲郑振铎》，《古本戏曲丛刊》及多种戏曲研究著作，限于体例，不再一一注明。）

使命接力　众志成城

——《古本戏曲丛刊》（六、七、八、十集）出版散记

上个世纪五十年代初，郑振铎先生曾发愿要影印千种以上古代戏曲，以作研究之用，这就是他后来主持编纂的《古本戏曲丛刊》（以下简称《丛刊》）项目。郑先生当年信心满满，期望用"三、四年，当可有一千种以上的古代戏曲供给我们作为研究之资或更可作为推陈出新的一助"。没想到，这个项目竟持续了近七十年，历经众手，最终在新世纪的 2020 年，由国家图书馆出版社（以下或简称"国图社""我社"）圆满收官。

郑振铎先生与国家图书馆（当年称北平图书馆、北京图书馆，以下或简称"国图"）有着深厚的渊源，他对国图的建设与发展倾注了满腔的热情。国家图书馆的馆史资料中，保存有许多有关郑振铎的记载。1932—1933 年的《国立北平图书馆馆务报告》中记载了郑振铎先生向北平图书馆赠书的情况。1947 年，时任馆长袁同礼两次致函郑振铎先生，对他赠书表示感谢。中华人民共和国成立后，郑振铎先生作为第一任文化部文物局局长，对国家图书馆的发展倾注了更多的关心，进行了直接的指导，无论是领导班子的配备还是各项重要规划，他都事必躬亲，凡接收到文献捐献或收购到重要的典籍善本，都优先转给国图庋藏。如，五十年代初，郑振铎先生会同国家图书馆的版本目录学专家赵万里先生，多方斡旋，将香港陈清华先生的善本珍藏购回国内，不使流落海外。这其中就包括被誉为"无尚神品"的宋世彩堂刻本《昌黎先生集》《河东先生集》，宋刻递修本《汉书》等。这一大批宋元刻本回国后入藏国家图书馆，大大丰富了国图的珍藏。郑振铎先生飞机失事的噩耗传回国后，赵万里先生无比悲痛，在郑先生手写的《古本戏曲丛刊四集》的"序言"后写下一段话，记下"泪涔涔下"的哀痛，高度赞扬郑先生对祖国文化负责任的精神。郑先生去世后，他的家人遵循他"化私为公"的遗志，将他的藏书全部捐赠归藏于国家图书馆，这些藏书约十万册、一万七千种，不仅品种繁多，而且价值极高，尤其是戏曲、小说，孤本颇多，戏曲藏本中，清代刻本也不少。国家图书馆非常重视郑先生的这批藏书，以"西谛书库"专室储之，善本特藏部主任赵万里先生还为这批藏书编写了专门的目录——《西谛书目》。这些千丝万缕的联系，或许冥冥中早已注定国家图书馆出版社将在完成

郑振铎先生未竟的重大文化事业——《古本戏曲丛刊》编纂出版的世纪接力中，做出自己特殊的贡献。

《古本戏曲丛刊》初集于1954年2月由上海商务印书馆代印出版，第二集于1955年7月由上海商务印书馆印行出版，第三集于1957年2月由北京文学古籍刊行社出版（上海商务印书馆代印），第四集于1958年12月由商务印书馆印行出版，第九集于1964年1月由中华书局出版（收宫廷大戏剧目十种），第五集于1987年由上海古籍出版社出版。第五集出版后，《古本戏曲丛刊》项目陷入了停顿，此后近三十年，后续几集的出版工作一直没能推进。

项目停滞期间，有不少知名学者再三呼吁完成《古本戏曲丛刊》的编纂出版，其中中央文史研究馆馆员、中华书局编审程毅中先生最为热心。程先生本着一个学者的文化责任与历史使命，从学术研究和古籍整理出版大局出发，于2012年向全国古籍出版规划小组递交了《关于完成〈古本戏曲丛刊〉的建议》，建议把《古本戏曲丛刊》后续部分的出版工作列入国家古籍整理出版规划项目，使这一重要的文化工程得成完璧。程先生对《古本戏曲丛刊》项目的持续关注和中肯建议得到有关方面的高度重视，搁置近三十年的《古本戏曲丛刊》第六、七、八集的编纂出版工作很快被列入了《2011—2020年国家古籍整理出版规划》。但由于多种原因，这个项目虽然列入出版规划，却迟迟没有出版社认领承担。

国家图书馆出版社成立于上世纪的1979年，建社以来，一直秉持"服务学术研究、弘扬传统文化"的出版宗旨，经过几代人近四十年的努力，拓展了一片天地，形成了自己的风格，成长为一个以整理影印历代珍稀文献为特色的专业学术出版社。依托众多文献收藏机构和专业学者的支持，国图社在古代戏曲文献的整理出版方面也积累了丰富的经验和丰厚的资源，取得了长足进步，自2002年起，先后出版了《北京图书馆藏升平署戏曲人物画册》《郑振铎藏古吴莲勺庐抄本戏曲百种》《国家图书馆藏〈西厢记〉善本丛刊》《哈佛燕京图书馆藏齐如山小说戏曲文献汇刊》《北京大学图书馆藏程砚秋玉霜簃戏曲珍本丛刊》《哈佛燕京图书馆藏韩南捐赠文学文献汇刊》《梅兰芳演出剧本汇编》《梅兰芳歌曲谱》《清末民国戏剧期刊汇编》《富连成戏曲文献汇刊》等戏曲专题文献，

为文献收藏机构和学术研究提供了大批成系统、成规模的珍稀戏曲文献，赢得海内外学界的广泛赞誉。

对于《古本戏曲丛刊》未刊诸集的状况，我社关注日久。受程毅中先生倡议的感召和古籍整理出版规划领导小组规划的鼓舞，我社策划和承担过多种戏曲文献出版工作的殷梦霞同志倍感使命和责任。她在时任社领导的支持下，迅速与程毅中先生取得联系，积极沟通请教，表达了希望承担此项目的意愿，得到程先生的理解与支持。在程先生的指点下，殷梦霞又与《古本戏曲丛刊》项目的主持者——中国社会科学院文学所，以及戏曲文献专家吴书荫先生反复沟通商讨，论证项目的可行性。经过前期的多方沟通与全面筹备，我社郑重地向古籍整理出版规划领导小组提出了承担该项目的申请，充分陈述了我们希望为此项目的完成贡献力量的强烈愿望，以及我社所具有的承担此项目所必需的资源整合与人才储备等多方面优势等情况。我们的愿望和申请得到古籍整理出版规划领导小组的肯定、鼓励与支持。2013年古籍整理出版规划领导小组将《古本戏曲丛刊六集》列为当年的出版资助项目，并提供了相应的出版补贴。

在程毅中先生、刘世德先生、刘跃进先生、吴书荫先生等人的积极推动组织下，2014年1月，我社与社科院文学所联合召开了《古本戏曲丛刊》六、七、八集编纂启动工作会议。会上，程毅中、刘跃进、刘世德、吴书荫、吕薇芬、李玫、戴云、刘祯、郑志良、俞冰等几代学人济济一堂，大家畅所欲言、群策群力，认真梳理半个多世纪以来《丛刊》编纂出版的历程，客观分析了面临的困境，提出了解决问题的办法，确定了新的编纂组织机构和具体的工作思路，《古本戏曲丛刊》重启工作就此拉开序幕。

认领承担《古本戏曲丛刊》六、七、八集的任务后，我社高度重视，第一时间将项目列入社内重大选题之中，抽调社里有相关学术背景及丰富出版经验的优秀编辑，组成以殷梦霞同志为项目负责人的专业编辑团队，按照反复论证的方案和专家拟定的目录，立即展开了艰难的底本搜集工作。

底本的搜集工作是《丛刊》至为关键也最困难的工作。《丛刊》六、七、八集迟迟未有出版社愿意承担出版，也与底本搜集困难重重有关。国家图书馆有郑振铎、吴梅等专业学人的捐赠，有较大数量的清代戏曲的底本。艺术研究院有梅兰芳、齐如山、傅惜

华等前辈学者的藏书,也以戏曲文献藏有量丰富著称。这两家图书馆的支持,是完成《丛刊》出版的必要条件。我社向出版社的主管主办机构汇报了相关情况后,得到了国家图书馆时任馆长韩永进、副馆长张志清等馆领导以及国图古籍馆副馆长陈红彦等人的大力支持。《丛刊》六、七、八、十集所用国图的底本,国图古籍馆总是高质高效地扫描。在中国艺术研究院,我们提出文献使用申请后,也得到了众位领导及学者的热情鼓励和倾力支持,王文章院长专门接待了社里的项目团队,批示《丛刊》可以无障碍的使用艺术研究院馆所藏底本,并对出版工作进行了具体指导;中国艺术研究院图书馆特藏部的俞冰老师对馆藏古籍和戏曲文献十分熟悉,多次帮忙找到以其他书名著录的底本。此外,上海图书馆、浙江图书馆、南京图书馆、美国哈佛燕京图书馆等海内外多家文献收藏机构也都为《丛刊》积极提供底本。

　　《古本戏曲丛刊》虽然是一套影印的丛书,但它的出版却并非是将各时代珍稀戏曲文献加以汇集、影印出版这么简单。戏曲作品的作者是谁?写作于什么时代?如何分类?如何排序?哪些作品应该放入《丛刊》六集,哪些应该放入七集、八集?这些都涉及严谨的学术问题,蕴含着文本考证、版本鉴别等多方面的学术研究。《丛刊》前五集和第九集由郑振铎、吴晓铃等学者主持编纂。六、七、八、十集则是由业界相关专家们组成编委会,全面负责每集的选目与编纂工作。吴书荫先生作为执行主编,负责最终确定每集目录和解决各项具体问题。年富力强的郑志良老师为各集所收文献认真排序,并对选目提出过很多基于扎实考辨的具体建议,比如他曾专门考证过艺术研究院收藏的《新编遇合奇缘记》的作者满族女作家桂仙,是八旗贵族出身,与存韫斋是恋人,存韫斋应是清宗室存华。因此他建议将存韫斋所作的《龙江守岁》附于《新编遇合奇缘记》之后。他写的考证文章内容翔实,考据明晰,得到专家的一致认同,《丛刊》八集据此将《龙江守岁》附于《新编遇合奇缘记》之后。戴云老师曾多年研读艺术研究院图书馆的馆藏戏曲文献,博闻强识,说起馆藏文献如数家珍,对《丛刊》六、七、八、十集收入戏曲的版本和存藏情况提供了宝贵的意见。

　　正是有了众多业界专家和文献收藏机构的大力支持,《丛刊》的后几集才得以又快又好地实现出版。2016年《丛刊》第六集出版,收入清代顺治至乾隆前期的作品,收传

使命接力　众志成城

奇和戏曲别集七十七种，共计一百零九种剧目。2018年第七集出版，收入清代康熙到乾隆时期传奇作品和作家戏曲集五十五种，其中包括戏曲集八种，合计收入传奇、杂剧共九十二种。2019年第八集出版，收入清代乾隆、嘉庆时期传奇、杂剧集七十种附二种，合计传奇、杂剧八十一种。2020年底第十集出版，在内容上承接《丛刊》第八集，收入清代道光至光绪时期传奇、杂剧集七十三种附一种，合计收入传奇、杂剧一百三十八种。从2013年算起，我社历经八年，终于将这套由多家出版机构持续接力了六十多年的戏曲文献出版工程圆满完成。

《古本戏曲丛刊》是一套蕴含着几代学人和出版人希望与梦想的重要文化基础建设工程，我社对这项工程的文化价值与社会意义有着深刻的认识和强烈的认同。曾经参与《丛刊》前几集出版工作的都是深具历史底蕴的出版社，如商务印书馆、中华书局、上海古籍出版社等，我社虽没有悠久的建社历史，但在珍稀文献的影印出版领域却有四十多年的专业积累。

为了尽可能和此前已出版的几集形成系列，并最终配成完璧，完成郑振铎、吴晓铃等先生的遗愿，尽管面临巨大的成本压力，但在《丛刊》后几集编辑工作启动之初我们就坚定地确定了全面沿用已出版之六集的材料使用、印制方式、开本形态等基本原则。为了保证线装书的质量，殷梦霞老师带着团队专程去安徽泾县的宣纸厂，为《丛刊》订制了适合的宣纸。在函套制作方面，我们沿用大方庄重的深蓝色，选用质量上乘的纯棉布料。在内文印制方面，我们则坚持用传统的大机器胶印，人工配页、齐栏，手工线装方式。为了成书的更加平整美观和品质保证，我们还采用了前几集都不曾采用的包角工艺。就这样，经过各个环节的精心付出，《丛刊》六、七、八、十集的印刷装订的质量绝不逊色前几集。

《古本戏曲丛刊》的出版是一个多方协力的系统工程，《丛刊》后几集的出版是新世纪古籍整理工作的一个重要成果，同时也是"中华古籍保护计划"的重要成果。为了保证《丛刊》六、七、八、十集在几年内顺利完成，早在2013年，《丛刊》的第六、七、八集的编纂出版工作就被列入《2011—2020年国家古籍整理出版规划》，2019年，《丛刊》第十集也被增补进入《2011—2020年国家古籍整理出版规划》。这四集在每一集出版之前，

全国古籍整理出版规划领导小组都对项目的出版给予出版专项经费的资助，并列为重点项目。国家古籍保护中心对《丛刊》的第六、七、八、十集的出版也一直给予关注和支持，并作为"中华古籍保护计划"的重要成果广为推荐。《丛刊》的文献价值和文化意义自有世人评说，对我社来说，我们将以《丛刊》的出版作为一个新的起点，继续推动我社珍稀戏曲文献的出版，继续砥砺前行，为中华优秀文化的传承传播贡献自己的力量。

程鲁洁

2021 年 5 月写于弘文楼

使命接力 众志成城

下编

古本戏曲丛刊初集序

　　中国戏曲在人民群众之间，有广大深厚的基础。它们产生于人民群众里，植根于人民群众的肥沃的土壤上，为历代的人民群众所喜闻乐见。我们可以说，没有一种文学形式比戏曲更接近人民，使其感到亲切，感到欣慰，而且得到满足与享用的了。它们在农村的临时搭盖起来的戏台上演唱，在城市的庙宇里或游艺场上演唱，它们传达出人民的情感与愿望，人民的欢愉与忧戚，人民的愤怒与痛苦。在戏曲里最能够看出人民的爱憎是如何的分明。凡是人民所憎恨的昏君权相、贪官污吏、奸雄恶霸，我们的剧作家也必予以贬斥，使之丑化，使之为人民所唾弃。凡是人民所崇敬所喜爱的正直忠贞的英雄烈士，所同情的负屈含冤的男女，我们的剧作家也必加以褒扬，予以伸雪，使之正义大张，使之感动人民以至于哭泣难禁。人民的眼睛是雪亮的，他们的褒贬往往是正确的，不会冤枉了一个好人，也不会饶恕过一个坏蛋。我们的剧作家们便这样的与人民的好恶爱憎紧紧的联系着。亦有若干皇家供奉之作，颂扬圣德之章，但那是没有生命的东西，人民不会接受它们。而凡为人民所喜闻乐见的，也就是说，凡能流传久远传唱极盛的，必定是具有活泼泼的生命的东西，这是可以肯定的。中国的戏曲从一开始，便是充满了人民性的，剧作家们自觉或不自觉地和广大的人民群众保有深切的联系，一部中国戏曲史，基本上是一部中国人民的戏曲史。从宋金时代（约十二世纪）开始，整整的八百多年间，凡有名目可稽考的剧本，总在四千种以上（根据王国维《曲录》及任讷《曲录补正》）。许多地方戏的剧本，仅有抄本流传的，或仅凭口传的，还不计算在内。单就数量来看，就可以知道人民是如何的重视戏曲，喜爱戏曲，它们成了人民生活中不可缺少的东西。戏曲在文学形式中，是高级的复杂的创作，创作家不仅需要文学修养，也需要音乐修养，还需要熟悉舞台艺术。而在八个世纪之间，竟能有那么大量的剧本产生出来，这不是奇迹，这正是适应了人民的需要而产生的。在过去所谓正统派的文人们，是看不起戏曲的，它们被目为不登大雅之堂的东西。《红楼梦》里的少女们，偶然引用了《西厢记》里的辞句，就觉得不该如此。然而历代人民所创造的戏曲文学的光辉成就，却不是任何顽固的封建统治者所能加以磨灭的。元曲明传奇，毕竟受到一部分批评家的注意，而和唐诗宋词同被称为一代之奇。有好些文人还做了不少搜集整理和结集刊印的工作。《永乐大典》里收有杂剧九十九本，戏文三十三本。《元刊古今杂剧三十种》很早的就在元代流行着。

明代李开先自夸所藏为词山曲海，山东于氏、常熟赵清常、山阴祁氏澹生堂、山阴沈复粲鸣野山房，都曾搜集了大量的剧本而加以整理。赵清常合订的元明杂剧，就在三百种以上。《杂剧十段锦》刊行于明嘉靖三十七年（1557）。龙峰徐氏刊印过《古名家杂剧选》。臧懋循刊印过《元人百种曲》。黄正位刊印过《阳春奏》。顾曲斋、息机子、童野云也印行了不少元人杂剧。孟称舜的《柳枝》《酹江》二集，所收凡五十六种。沈泰编《盛明杂剧》初、二集，所收凡六十种。邹式金的《杂剧新编》，所收凡三十四种。金陵唐氏富春堂所刊传奇，据说有百种。所见的已过三十种。文林阁、世德堂、继志斋、容与堂、广庆堂、吴兴凌氏、闵氏等，所刊传奇为数亦伙。毛晋汲古阁所刊《六十种曲》，流行最广。惟到了清代，则结集刊印之举，寂然无闻。三百年来仅黄文旸辈，曾在扬州把古剧做过一番整理的功夫而已（有《曲海总目提要》）。清末民初，贵池刘世珩复炽刊印古剧之风，暖红室所刻传奇凡二十余种，吴瞿安先生曾将所藏曲子编为《奢摩他室曲丛》初集六种，二集廿九种，交商务印书馆出版。我亦把所藏清代短剧编为《清人杂剧》初、二集八十种印出，又影印了明人传奇六种。此外，汇印古剧四五种为一集的，亦不在少数。但其规模，总没有臧懋循、毛晋二家之大。我们研究中国戏曲史的人，老想把古剧搜集起来，大规模的影印出来，作为研究的资料，却始终不曾有机会能够实现这个心愿。今日欲得一部明刊本传奇，正像乾嘉时代欲得一部宋刊善本那样的不易。只有从事搜集资料的人，只有研究戏曲史的人，方才知道搜集资料是如何的困难。那工作是艰苦的，是可遇而不可求的，是要一点一滴的累积起来的。古剧收藏家的辛勤，诚如如鱼饮水，冷暖自知。幸而集腋成裘，更幸而历劫仅存，怎能不急急的要想使之化身千百，俾古剧能为今人所用呢？商之同志，皆赞其成，乃征集北京图书馆、北京大学图书馆等公私家所藏，并联合国内各大学、各图书馆、各戏剧团体和戏剧研究者们，集资影印这个古本戏曲丛刊六百部，作为内部参考资料。初集收西厢记及元明二代戏文传奇一百种；二集收明代传奇一百种；三集收明清之际传奇一百种。此皆拟目已定。四、五集以下，则收清人传奇。或更将继之以六、七、八集，收元明清三代杂剧，并及曲选、曲谱、曲目、曲话等有关著作。若有余力，当更搜集若干重要的地方古剧，编成一二集印出。期之三四年，当可有一千种以上的古代戏曲，供给我们作为研究之资，或更可作为推陈出新的一助。此愿甚弘，但我们是有信心能够完成这个工作的。

1954 年 2 月 11 日郑振铎序

古本戏曲丛刊二集序

《古本戏曲丛刊初集》依靠了公私收藏家们、戏剧作家们、专家们和许多团体的力量得以如期出版。这部远远超过汲古阁《六十种曲》的煌煌巨编的问世，引起了很多作家们和研究戏曲者们的注意，他们提供了不少宝贵的意见并供给了不少资料。因此，《古本戏曲丛刊二集》在这个良好的基础上，依靠了大家的力量，也就紧接着编成付印并能够很快的印成出版。众擎易举，于此可证。二集里所收的戏曲仍为一百种，除了流行于民间的比较早期的剧本，像《彩楼记》《刘秀云台记》《范睢绨袍记》《高文举珍珠记》《王昭君和戎记》等十数种之外，都是晚明时期（万历初到崇祯末，即公元十六世纪的八十年代到十七世纪的五十年代）的作品，将这一百种的剧本集腋成裘，编为此集，大非易事。编目访书何止三易其稿，亦有久访未得，只好待之将来再收的，如沈嵊的《息宰河》等。即此百种，已是公私收藏家们三十多年来辛勤搜集的结果。晚明剧作多半是孤本流传，像陈与郊的《诮痴符》四剧，汪廷讷的《环翠堂七种》，孟称舜的《娇红》《贞文》二记，范文若的《花筵》《鸳鸯》等三剧，阮大铖的《咏怀堂四种》（此四种虽有近刊，而经妄人肆意窜改，大失本来面目，今悉依原本影印，足以发覆），以至王穉登、吴世美、郑之文、叶宪祖、周履靖、史磐、金怀玉、陆华甫、王骥德、吴德修、佘翘、姚子翼、朱宗藩、邹玉卿、朱九经、沈自晋、西湖居士诸家所作，都是研究戏曲的专家们求之多年，万难全获的。今有此巨帙陈之案头，搞晚明戏曲的人，当不会再有书阙有间之叹了。其中若卜大荒的《冬青记》，虽残缺过甚，以无他本可补，也只有照原来残本印出了。虽未必珠玑尽收、网罗无遗，而晚明七十多年间的剧作，于此已可见其代表。大抵这一时期的剧作约可分为两大支。第一支是文士的创作，逞才情者多瓣香临川（汤显祖），求本色者则祖述宁庵（沈璟），而若士的影响尤为深远。别有一部份有志之士，则关怀当时政局，大不满于明帝国没落期的种种腐败黑暗的现象，而于其所作剧曲里加以大胆的暴露，加以直接的攻击与讽刺。或借古人之酒杯，浇时人之块垒，像《喜逢春》《磨忠记》，像《双烈》《玉镜台》《精忠》《厓山》《冬青》诸记，都是有感而发、有为而作的，慷慨悲歌，光彩动人。同时以佳人才子的遇合为题材之作也产生不少，无非是始恋中阻、终得团圆的场面，陈陈相因，极少惊人之笔。第二支是修改旧剧或重编流行于民间的剧本，

这些作者们多半是默默无闻的，至少是并无赫赫之名的。这些剧本则都能反映人民的要求与愿望，表扬善良，打击坏人，敢于揭露封建社会的黑暗面且富有人民的尖锐的机智与讽刺，长期地在各地演唱，深为人民所喜闻乐见。

二集兼收并蓄这两大支的剧作，缘是内部资料，故亦不废若干靡靡之音。我想，这二集的印行，不仅可助戏剧作家们的推陈出新之资，可供戏曲研究的专家们以大批的研讨的资料，而对于要论述明帝国没落期乃至中国封建社会的没落期的社会历史的历史学家们，也可提供出不少活泼真实的史料来。

1955 年 6 月 13 日郑振铎序于昆明

古本戏曲丛刊三集序

《古本戏曲丛刊三集》一百二十册，又得藉大家的同心协力而告成了！这次的出版，迟之已久，延期再四，主要的原因，是纸张供应的困难。幸赖商务印书馆的努力和当地负责同志们的帮助，最后才得解决。摩挲着这部巨编，于兴奋喜悦之余，不禁重有感焉。这部三集所收传奇，以明清易代之际的十几位大作家的剧本为主。恰在酣歌醉舞，沉溺于燕子春灯、秦淮夜月，恣意尽情地享受着世纪末的欢乐的当儿，受不住压迫的农民起义了。紧接着，满族的铁蹄又奔进关内。他们的霓裳羽衣舞的好梦惊醒了。他们旧的依靠，像冰山似的消失了。在喘息稍定之后，便不得不像三百年前的蒙古时代似的，再一次的把他们的运命和才华，交给了广大的市民阶层，把他们的生活，寄托于广大的市民阶层的喜爱与同情之上。于是从吴炳的《绿牡丹》《疗妒羹》，范文若的《花筵赚》《鸳鸯棒》，沈自晋的《望湖亭》《翠屏山》，阮大铖的《燕子笺》《春灯谜》等等沿袭着玉茗的宗风余绪的，一变而进入李玉、二朱兄弟、邱园、张大复、叶稚斐、周坦纶、盛际时、陈二白他们的一个新的大时代。李玉他们，像关汉卿，像高文秀，像郑德辉，是以写作剧本供应剧团的演出为生的。他们的创作力极为充沛，取材极为广泛。有一人而写作三十多本传奇的，像李玉，那是空前未有的盛况（关汉卿写了六十多本杂剧，但都比较的短）。假如不是一位专业的剧作家，那是不会有那么弘伟而伙多的成就的。在他们的手里，任何内容的题材，都运用得生动活泼，深入浅出。他们写绣户传娇的情事，也写需以铁板铜琶伴唱的热闹非凡的大戏。他们的造辞遣语，也不复像《香囊》《玉玦》那么骈四俪六，句句掉书囊，可以当得起出奇制胜、雅俗共赏的赞许。没有比这个时代这些作家们的剧本，更受梨园子弟们的欢迎的了。往往是看家戏，演出准不会失败。虽然这些作者们大多数是苏州人，用的是水磨调的昆山腔，对白有时还用的是苏州话，但照样地流行于全中国。凡有井水饮处，没有听不到这些吴侬柔语的昆山腔的。但有一个特点，这个时期的传奇流传下来的，毕竟以梨园传钞本为最多，刻本仅占少数。是不是不曾有过刻本呢？我想不是的。朱素臣的《秦楼月》，就题着"笨庵传奇第十五种"。可见在当时，那些剧本可能大多数是都曾刊印出来的。那么，是什么原因使他们大量的刻本不传了的呢？主要是，作为梨园子弟们习唱的脚本，最容易消失，最难于保存下来。当原本成了流传很少，或

仅是孤本的时候，梨园钞本便出现了。今日所赖以延一线之脉者，往往独藉此种潦草破烂、鲁鱼亥豕、连篇累牍的梨园传钞之本耳。更有任意删削，不成完书，名目虽是，内容已非的。我们采用的时候，十分慎重。一剧每搜集两三种钞本以资对勘比较。弃其残阙不全者，用其最近于原本面目者。实是孤本流传，无可取舍者，则即不全之本，亦复收入，惟为数不多耳。我们研究戏曲史的人，独以对此辉煌异常的一个大时代的剧本，最难读到。今则凡有可搜得者，已毕集于此。有此一集，则李玉他们的传奇，便得以传播于世，延命若干世纪了。然此集之成，较之初、二集为功尤巨，经历过程，尤为艰苦。有些合印者们，对于这部三集的内容，起了怀疑，觉得这是成为若干剧作家的专集了。又有些人，根本上对于这种影印的方法有了意见，感到这样的印刷方法是浪费。我们以为，这部丛刊本来是内部参考资料性质的图书。凡是参考资料，应该是要尽量地搜集更多的可能得到的一切资料，和供给一般读者们作为精读之用的选本或读本，基本上是不相同的。又这些参考资料，原来也可以用铅印、油印或钞写的方法流传的。但铅印费力太多、太大，绝对不适宜于只印行几百部的书籍，且排校费时费力，不知在何年何月才有出版的可能。油印和传钞，则浪费更大，错误更多，且极不方便。试想传钞或影钞或油印一部一百页左右的传奇，要浪费多少时间财力和人力呢？这种用照相石印的印刷方法，乃是用以替代钞胥之劳和油印本子的费多而不精的办法，且足以解除铅印工厂的紧张情况的比较最可能想到的、最经济而且最省时省力的方法，似乎是应该坚持下去的。我们非常感谢最大多数的合作者们努力地支持我们。他们给我们以热情的鼓励，也给我们以力量。如果没有他们的合作，这部三集的巨编是不会继续出版的。谨于此谢之！

1956 年 8 月 25 日郑振铎序于青岛黄海路
时涛声大作，海面上的远灯，有规律地时明时灭，大似乘舟破万里浪时也

古本戏曲丛刊四集序

　　《古本戏曲丛刊》第四集收集了元明二代的杂剧，共三百七十多本，几等于臧晋叔编印的《元曲选》的三倍半以上。其中，以元人杂剧为最多，凡传世的元杂剧，几乎是网罗殆尽。明人杂剧也收了一部分。凡我们所见和所知的明代刊印或传钞的元人杂剧，除了传本甚多的臧晋叔编印的《元曲选》和罕见或未见传本的李开先编印的《名贤传奇》和童野云编印《元人杂剧选》之外，可以说是已经全部收集在这个集子里了。但这第四集仍然是仅供专家们研究需要的内部参考资料，所以还是本着"求全求备"的主张，有好些本杂剧，是同时收入了好几个本子的，像乔吉的《玉箫女两世姻缘》，马致远的《汉元帝孤雁汉宫秋》和白仁甫的《唐明皇秋夜梧桐雨》等，就一见再见地出现于这个集子里。这只是对于专家们的研究有些用处，对于一般读者们是完全没有意义的。像这样范围狭窄的只是供应专家们研究参考的书籍的印行，在此时有没有这个必要呢？普及是当前的最主要的任务。但普及工作的本子就在不断地提高。"在普及基础的提高""在提高指导下的普及"是原则性的指示。看不到广大的人民群众的文化科学事业的迅速向"提高"发展，就如同忽视广大的人民群众的向文化科学的普及运动浩浩荡荡的进军的绝大的气势一样。广大的人民群众更一旦掌握了文化科学之后，便会立即向"提高"发展的。运动不可能在原地踏步不前，而是永远地前进、再前进的。所以，在"普及"的同时，"提高"并不能加以忽视。他们是车的二轮，鸟的双翼。有矛盾，但会迅速地而且必需统一的。我们不能说，印行少量的这类戏曲集子便是"提高"工作之一。但不可否认，乃是为"提高"的研究事业准备的条件之一。元代和明初的杂剧，在中国戏曲史上是有其光辉灿烂的篇页的。关汉卿、王实甫等大剧作家的姓名是永垂不朽的。他们生长于人民群众里，为人民群众的斗争服务。他们辉煌地反映了当时的社会现象和人民生活。广大的人民群众的在封建统治的官僚地主阶级压迫和剥削的痛苦与呼号，在许多作家的作品里都能或多或少地表现出来。当然，也有若干是为官僚地主阶级或统治的王室服务的剧作，像明朝教坊编演的《宝光殿天真祝万寿》和明朱有燉写的《瑶池会八仙庆寿》等等的宫廷戏、祝贺戏，那是全无意义的东西，但在其间，为数很少。绝大多数的题材是为人民所喜爱的。前人有"唐诗、宋词、元曲"的赞评。元曲的确是代表了"元"这个时代的文学的。其

影响到了明代中叶，即十六世纪之末，而尚存在。把这三百多年的戏曲文学加以有系统的整理和研究，对于我们戏曲工作者们是有意义的，对于新的戏曲剧作，也会有些启发的。当然，我们必须说明，像这样的戏曲集子，只是供给专家们的研究需要的，对于一般读者们是用处不大，甚至没有用处的。故遂采用了少量印行的办法。实际上，只是代替"钞胥"之劳而已。

1958 年 10 月 16 日郑振铎序

这篇序文是振铎同志出国访问前一天，10 月 16 日下午 4 时在百忙中写成的。这天晚间我到他寓所，他郑重地托我在他离京期间代他处理有关《古本戏曲丛刊》第四集编印上一些具体问题。在话别时还说："写时太匆促，字迹潦草，希望你楷写后再付印。"我当时满口答应。想不到这一别竟成永诀。我写至此，泪涔涔下矣！这是他一生写作生活中最后一篇遗作。我取得编辑委员会的同意，照原稿照相影印，让爱好古典戏曲文学的同志们能见到他的遗墨。振铎同志对《古本戏曲丛刊》从选目、编印到校样、装订，无不擘划周详，躬预其事。这种严肃认真的负责精神，是值得我们大家学习的。

赵万里
1958 年 10 月 30 日

古本戏曲丛刊五集前言

　　《古本戏曲丛刊》至 1964 年出版了初、二、三、四、九集以后，由于历史的原因，编印工作停顿十余年之久。1982 年，中国社会科学院文学研究所把继续编辑《古本戏曲丛刊》的工作列入规划，并组成编辑委员会承担这项任务。在国务院古籍整理出版规划小组的关怀和支持下，经过两年多的工作，《古本戏曲丛刊》五集终于和读者见面了。

　　五集共收传奇八十五种，附二种，主要是清代顺治、康熙、雍正三朝的作品。由于新资料的发现，补收了明代传奇八种，明清之际"苏州派"作家的作品八种。所补明代传奇如《性天风月通玄记》《断发记》《凌云记》《葛衣记》等，都是珍贵的传本。还有的作品从不见各家曲目著录，如《芙蓉记》即是。"苏州派"作家李玉、朱佐朝、朱雄三人的作品，在《古本戏曲丛刊》三集中共收三十余种，但并非全豹，五集所收八种可补三集之阙。原计划在五集中能基本收齐顺、康、雍三朝传奇，但由于作品数量多，篇幅长，不能全部容纳，有一部分准备放到六集中去。尽管如此，五集所收罕见的作品还是很多的，如刘键邦《合剑记》，程镳《蟾宫操》，孔传铦《软羊脂》《软邮筒》《软锟铻》，李应桂《梅花诗》《小河洲》，蔡应龙《全琵琶重光记》，孙埏《锡六环》，曹寅《续琵琶》，东山痴野《才貌缘》等等即是。

　　我们在编辑工作中，选择版本的一个原则是，尽量采用时代早而又比较完备的本子，以使《古本戏曲丛刊》不但具有研究价值，并且具有一定文献价值。如洪昇的《长生殿》采用稗畦草堂原刊本，孔尚任《桃花扇》采用康熙刊木；兰茂《性天风月通玄记》采用乾隆钞本，丁耀亢《化人游》《赤松游》《表忠记》采用顺治原刊本，李渔阅定的《万全记》《十醋记》等八种传奇采用康熙《传奇八种》本，孙埏《锡六环》采用孙氏家钞本等等，都经过了慎重的选择。旧钞本《四大庆》今存二本，阙二本，以梅氏缀玉轩钞本四本附于后；旧钞本《九莲灯》存上卷，以道光钞本《九莲灯》四折附于后。这对于研究作品的演变，或会有所补益。

　　五集所收底本，时有残阙，各家收藏情况不一。为保持版本原貌，又为阅读方便，我们对同一版本的阙叶，径予配补，不再另作说明；对非原本所有或没有足够证据可确认为同一版本所有的钞配叶等，补入时则注明来源；原书阙叶无法配齐或暂时未见者，

出白叶并注明"原阙"。底本中原有的题跋批点等，除零星的无甚价值的予以删除外，多予保留。原书扉叶、牌记、题签等，也应读者之需，尽量采用。

虽然我们做了一些努力，由于清代戏曲作品散存于各地图书馆，流至海外者也为数不少，很难一一凑齐和进行比较研究，编辑工作中自然难免会有不少疏漏之处，希望海内外专家、读者多提宝贵意见。

五集由吴晓铃同志担任主编，参加编辑工作的还有邓绍基、刘世德、吕薇芬、么书仪同志。已经去世的汪蔚林同志曾参加筹备工作；河南省社会科学院文学研究所王永宽同志一度参加编辑工作；中华书局周妙中同志在"文化大革命"前为编辑《古本戏曲丛刊》四出访书，提供了宝贵的线索：谨在此向他们表示感谢。在工作中，我们还曾得到各有关图书馆的大力协作与热情帮助。上海古籍出版社的同志为五集的出版付出了艰巨的劳动，也在此一并致以衷心的感谢。

《古本戏曲丛刊》编辑委员会

1985 年 2 月

古本戏曲丛刊五集序

从《古本献曲丛刊》初集在 1954 年 2 月由上海商务印书馆代印问世以来，到今年已经是三十易寒暑了。从《古本戏曲丛刊》九集在 1964 年 1 月由中华书局出版以来，到今年也有二十年之久了。其间，就世态论，五洲震荡，四海翻腾；就个人说，等闲逝水中年，竟届夕阳寸阴。现在新编五集行将杀青，不禁感慨无垠，千言万语不知从何说起。

应该，也有必要说一说。

首先不能不提到郑西谛（振铎）先生（1898—1958），是他亲自发愿和亲自主持编纂这个丛刊的。最使人为之太息的是他只编到四集，没有能够看到这个丛刊继续编纂下去，以竟全功。他为四集所写的序言作于 1958 年 10 月 16 日下午 4 时，次日便率领我国文化代表团去到阿富汗王国和阿拉伯联合共和国访问，所乘飞机于 18 日在苏联的楚瓦什自治共和国的卡纳什地区失事。为了加强各国人民彼此之间的了解和友谊，促进和巩固世界持久和平这一崇高目的，献出了宝贵生命。他的那篇序言竟成为他毕生从事祖国文化事业的绝笔。

须知，远在三十年代初期，西谛先生便有志于汇集海内外傅世的我国古典戏曲的善本珍椠编印流通，俾研治曲学之士无劳岁月穷搜，即得左右逢源之乐；复念古籍旧镌日益罕觏，使之化千百身行于世，庶几先民文心得以保存而普传，老谋深虑，意至善也。可惜他的这种卓识和远见，在那时的社会条件下，是没有办法，也是不可能实现和完成的。尽管他心力交瘁地在 1930 年 3 月自费景印了《西谛景印元明本散曲》的明万历初元蒋氏三径草堂刊本、蒋孝编辑的《新编南九宫词》，仅仅出了一种，往下便难乎其为继了。他又于 1931 年 1 月和 1934 年 5 月先后举贷景印了《清人杂剧初集》和《清人杂剧二集》，汇集了二十二个作家的八十种剧本，足以媲美、并且赓续明代的吴兴臧氏（懋循）雕虫馆于万历四十四年丙辰（1616）交博古堂书坊绣梓的《元曲选》十集、二十卷、一百种；古杭沈氏（泰）福次居于崇祯二年己巳（1629）刊行的《盛明杂剧》三十卷、三十种和在崇祯十四年辛巳（1641）续编的《盛明杂剧二集》三十卷、三十种；以及清代的无锡邹氏（式金）夕佳楼在顺治十八年辛丑（1661）至康熙元年壬寅（1662）间雕成的《杂

---

① 本文编入时有删节。

剧三集》又名《杂剧新编》三十四卷、三十四种；使得元、明、清三代的杂剧作品之传世者斐然俱备、粲然成帙。不幸由于他未能偿付积欠、印厂靳书不与，致为蠹鼠伤耗，不惟流传极尟，而且他拟目待编的《清人杂剧三集》四十种和计划续成的四集、五集共二百种，也成了水中之月、镜中之花。一直到抗战军兴，春申易色，他蛰居寺隅，困学庙弄①，犹然掇拾市坊弃余罗纹纸边，勉力印成巾箱本《长乐郑氏汇印传奇》第一集、六种，凡一百部。自序宣称："继之或将有二集、三集，以至十集、廿集之印行。"在他隐喻"天时不正，河山如墨；泥泞载道，跬步不得"的苦难时期，踬而不仆，以继先民之绝业为志，何其壮哉！但是，正如他多次挣扎的运命相同，复以失意告终。一直到他企盼已久的"东方已白"的人民世纪，才真正具备了圆成他数十年来寤寐求之的宏愿的精神支持和物质援助。

约在 1952 年的盛夏，当时我任中国科学院语言研究所研究员兼学术秘书职，案牍劳神，疲敝不堪；曾于公余以校勘《六十种曲》为调剂。这事被西谛先生知道了，他把我叫去，告诫我说："依我看，你根据海内公私所藏毛氏汲古阁原刊初印的《六十种曲》，将开明书店于三十年代的摆印本勘缪补阙，校成一个可读的本子，就是一大功德，可告无愧。还是帮着我搞个足以传世的大部头儿东西吧！"于是，他把编印《古本戏曲丛刊》的设想讲给我听，这就是他在 1954 年 2 月 11 日为《古本戏曲丛刊》初集写的序言里所说的："我们研究中国戏曲史的人老想把古剧搜集起来，大规模的影印出来，作为研究的资料，却始终不曾有机会能够实现这个心愿。今日欲得一部明刊本传奇，正像乾嘉时代欲得一部宋刊善本那样的不易。只有从事搜集资料的人，只有研究戏曲史的人，方才知道搜集资料是如何的困难。那工作是艰苦的，是可遇而不可求的，是要一点一滴的累积起来的。古剧收藏家的辛勤，诚如'如鱼饮水，冷暖自知'。幸而集腋成裘，更幸而历劫仅存，怎能不急急的要想使之化身千百，俾古剧能为今人所用呢！商之同志，皆赞其成。"在这次谈话之后不久，他便把编集的方案、刊行的办法和初集的目录稿寄给我，并且兴致勃勃地在信里写着："这将是古往今来的一部最大的我国传统戏曲作品的结集！"他把他的远景设想也在初集的序言里透露出来："初集收《西厢记》及元、明二代戏文、传奇一百种，二集收明代传奇一百种，三集收明、清之际传奇一百种，此皆拟目已定。四、

箫韶九成——《古本戏曲丛刊》编纂纪程

---

① 西谛先生当时索居上海静安寺路之庙弄，撰有《蛰居散记》及《困学集》。

五集以下，则收清人传奇。或更将继之以六、七、八集，收元、明、清三代杂剧，并及曲选、曲谱、曲目、曲话等有关著作。若有余力，当更搜集若干重要的地方古剧，编成一、二集印出。期之三、四年，当可有一千种以上的古代戏曲供给我们作为研究之资；或更可作为推陈出新的一助。此愿甚弘，但我们是有信心能够完成这个工作的！"在写这封短信之后不久，他就组织成了编辑委员会，委员共计五人（依汉语拼音字母为序）：杜颖陶（璟）、傅惜华（宝泉）、吴晓铃、赵斐云（万里）和郑西谛（振铎）。实际上，西谛先生担负起了全部的编集之责，委员们不过是献藏书、备咨询和提些一管之见供他参酌而已。我，"有事弟子服其劳"，尽些奔走之劳。就是这样：在1953年8月付上海商务印书馆印行六百二十部，于1954年2月出版了初集。在1954年9月仍付上海商务印书馆印行五百四十部，于1955年7月出版了二集。在1955年10月交由北京文学古籍刊行社（即：人民文学出版社），由上海商务印书馆代印四百五十部，于1957年2月出版了三集。在1958年12月出版了四集，时为西谛先生殉职异域之后二月，先生未及见也。

初集收元代杂剧二种、四部①，明代杂剧三种②；宋、元戏文及明代传奇九十四种，总计一百零一种（部）③。二集收有明一代的传奇一百种，其中以最称繁花似锦的万历年间的名作为主。三集收明代和明、清之交的传奇一百种，其特色是就力所能及地把"苏州派"作家的剧作集中到了一起。四集以元代为主，兼及明初的杂剧三百七十六种④，总数为通行于世三百六十六年的《元曲选》的三倍半强，几乎见存今日的元、明刻本和钞校本全部网罗在内⑤。综计已出的这四个集子共收古本戏曲六百七十七种（部），即：宋、元戏文和明、清传奇二百九十四种；元、明杂剧三百八十三种（部）。从这个初步完成的工作看来，全书出齐之后，其数量之大，会远远超过西谛先生的一千余种的估计。

参与前四集的编印工作的，在北京有健在的陈恩惠先生、郑云回女士和周妙中女士，在上海有丁英桂先生；已故的有北京的伊见思先生。他们寞寞地辛勤着，不求闻达，未

---

① 王德信《西厢记》三部、杨梓《敬德不服老》一部。
② 刘兑《娇红记》一部、杨讷《西游记》一部及徐渭《四声猿》一部。
③ 目录作一百种，盖未记《金貂记》传奇卷首所附《敬德不服老》故。
④ 计收：元刊本《杂剧三十种》；明万历间顾曲斋刊、王骥德编《古杂剧》二十种；明万历间赵琦美校所藏刊本及钞本《古今杂剧》二百四十二种；明万历间龙峰徐氏刊陈与郊编《古名家杂剧》十种；明万历间刊、息机子编《杂剧选》十一种；明万历间尊生馆刊、黄正位编《阳春奏》三种；明万历间唐氏继志斋刊《元明杂剧》四种；明崇祯间刊、孟称舜编《古今名剧合选》的《柳枝集》二十六种和《酹江集》三十种。各本所选剧本有重复。
⑤ 当时以《元曲选》易得未收入，以致遗漏了不见其它刊本的杂剧十有九种。

为人知；然而永远也不会被我们忘记。

西谛先生逝后，何其芳兄（1912—1977）继任文学研究所所长。他建言把《古本戏曲丛刊》的编印工作继续进行下去，并且列为所的规划项目。由于西谛先生和杜颖陶先生已经故世，我们重新组织了编辑委员会，在傅惜华、赵斐云两先生和我以外，又增聘了阿英（钱杏邨）、赵景深（旭初）和周贻白（夷白）三位先生，共六位委员。中央文化部的齐振勋（燕铭）学长（1907—1978）曾经给予我们无量的关怀和无畏的支持，他不只一次机智地排除了康生及其羽翼的无理干扰和无端破坏，竟致在"十年浩劫"其间由于这个《丛刊》受到瓜蔓株连和残酷迫害；每一念及，便悲愤不能已。

需要回溯一下这桩公案，因为阿英、傅惜华、赵斐云、周贻白和赵景深五位编辑委员都已先后逝去，详悉原委的只有我这个"海内孤本"了。

按照既定方针来办事，这个《丛刊》的四集原应编印清代的顺治、康熙和雍正三朝的传奇，可是，1958年正值世界和平理事会决定把元代的"驱梨园领袖、总编修师首、捻杂剧班头"的关汉卿作为世界文化名人来纪念，为了配合纪念活动，编辑委员会决议四集编印元代杂剧。及至到了1961年计划把原定在四集出版的清初传奇纳入五集的时候，文学艺术界正在由于几个新编历史剧的出现，展开了从理论到实践的激烈论争，振勋学长也参与了讨论。他建议把计划放在九集出版的清代内廷编演的历史大戏提前印行，为论争和创作供给文献和素材。于是我们又复改易初衷，匆猝重定选目，于1962年1月交由中华书局印行，1964年1月出版了包括从敷衍商、周易代的《封神天榜》到宋代水泊英雄聚义的《忠义璇图》等十种历史传说的剧本一百二十四册。万也没有想到，"文化大革命"，这个《丛刊》成了"反党罪状"，受到了死刑宣判，因为在决定先出九集的编辑委员会上认为这样"政治挂帅可能多些"。我们当时的被动和挨打的罪过可想而知。

以上的话绝非发泄积郁和离骚，只是想把这个《丛刊》屡经坎坷和忧患的艰苦历程做个简单的汇报，使得过去、当代和后世的读者明了创业艰难，继武也不容易；理解我们屡次变更选目和编集的真情实况，以冀得到谅宥。

现在再谈谈我们自兹以往的打算。

《古本戏曲丛刊》的编辑工作仍旧一如九集，作为中国社会科学院文学研究所的重点规划里的研究项目，同时纳入国务院古籍整理出版规划小组的选题项目。在工作的进行中，国务院古籍整理出版规划小组的李一氓组长大力地支持了我们，文学研究所的许觉民所长为使这个《丛刊》得以起死回生也费尽苦心。

《古本戏曲丛刊》五集由文学研究所《古本戏曲丛刊》编辑委员会和上海古籍出版社合作编印。前者负责编辑，后者负责出版印制。

我们计划编辑《古本戏曲丛刊》正集十四集。除已刊初集至四集和九集以外，五集收清代顺治、康熙和雍正三朝的传奇；六集收乾隆一朝的传奇；七集收嘉庆和道光两朝的传奇；八集收咸丰、同治、光绪、宣统四朝和辛亥革命初期的传奇；十集收清代内廷大戏和各种类型的庆典承应剧本；十一集和十二集收明、清以来杂剧；十三集和十四集收各集阙失，为之补遗；如卷帙仍难容纳，则再增十五集以足之。此外，编就正集之后，另编外集以辅之：外集初编收明、清的戏曲选本，二编收曲目、曲律、曲韵、曲品、曲话以及有关史料和评论。复拟另为编辑《古本散曲丛刊》三集，收元、明、清及辛亥革命以来的散曲总集和别集，庶其并戏曲十七集汇为二十集，得以相互生发启迪，则祖国曲学旧籍囊括无遗矣。

我们业经刊行的各集存在一个先天不足的阙失，就是由于闭关自守，未能放眼世界；所收剧作不惟台湾和香港未得入录，而仅限见存于内地者；且东瀛、西竺、南亚、北美及欧洲大陆藏品，虽知不惟善本所在皆是，且多禹域未见传世之作，然格于主客条件，无术致之。这次，我们发愿把这个丛刊编成一个国际性的结集。在这方面，我们已经做了一些初步调查，并且得到不少有关机构和专家的赞助和合作，无条件地惠借珍藏的琳琅秘籍，对此，我们表示衷心的感谢！

我们了解到由于业经刊行的各集印数不等，以致海内外公私入藏者大都不是完帙；又由于当时采取的是集资合印的方式，限于内部发行，遂致海内外索书者甚多。因此这次续编，决定公开发行；并在适当时候，将业经行市的各集陆续重行再版，以满足各方面的需求。

五集的编集过程是十分困难和痛楚的。现在即将行世，希望能够完成得顺利而迅速，希望六集以降更加顺利而迅速，主客观条件总应该越来越好嘛！所能告慰于读者的是，五集的内容很精彩，有成都李氏珍藏的清乾隆间钞本、明初云南杨林隐君兰茂的《性天风月通玄记》传奇，杨慎的《宴清都洞天玄记》杂剧便是据此改编的。有日本神田喜一

郎博士特许覆印的海内外孤本、传为明代李开先所撰的《断发记》传奇，神田博士于去年逝去，不及见五集的问世，我们为他祈祷冥福。有梅畹华（兰芳）大师的祖父巧龄前辈所藏的明代顾大典所撰的《葛衣记》传奇，也是未见传世之作，承今藏者文化部中国艺术研究院戏曲研究所特许借印。有香港大学罗忼烈教授所藏的明代韩上桂所撰的《凌云记》传奇，这是近年才挖掘出来的久晦复显的剧作。还收入了十二种明、清之交的"苏州派"曲家如李玉、朱雗等名家的剧作，系综合国内诸家和法国巴黎的国家图书馆的藏品而成，可算得是蔚为大观了。有些剧作不应属于五集的范围，但是我们实在无法割爱，想来读者也能见谅。一俟全集出齐之后，再行依据时序调整，勒为总目，俾便检索：这也是西谛先生生前的愿望。还有一些本当列入五集的剧作，而经再三斟酌，忍痛抽换的，如：翼圣堂原刊单行本的李渔《笠翁十种曲》的零种，万树的《拥双艳三种曲》等多种，我们也将适当地安排编入续出各集。这个《丛刊》的每集叶数均以一万叶上下为限，收一百种左右，分装一百二十册，十二函。五集所收剧作篇幅较巨，故仅选八十五种。

已刊初集至四集的序言都由西谛先生所撰；九集的序言是我写的，署编辑委员会名义。我无能力对清初的剧作家及其作品进行概括，而且以后各集也只限于做些"出版说明"。评价一个剧作家及其作品，见仁见智，存乎其人，我们把这交给读者。

年来老病浸渐，精力日颓，五集的编集工作多亏同仁吕薇芬和么书仪两女士、王永宽君和白朴君，任劳任怨，仆仆风尘于京沪之间。上海古籍出版社诸公督促和援手，尤不敢忘；特别是责任编辑府宪展同志。我要在这儿向他们致以诚挚的感激之忱！

吴晓铃

1985 年 3 月 31 日作于北京宣南双栝书屋

古本戏曲丛刊六集前言

《古本戏曲丛刊》（以下简称《丛刊》）是新中国成立以来最重要的古籍文献整理工程之一，目标是编纂一部系统完备的中国古代戏曲总集。1953 年，时任北京大学文学研究所（中国社会科学院文学研究所前身）所长的郑振铎先生提出《丛刊》编纂设想，并组织本所专家选目落实。《丛刊》拟按时代顺序和戏曲文献类别，收录《西厢记》及宋元戏文、明清传奇、元明清杂剧，并及曲选、曲谱、曲目等。

1954 年至 1958 年，郑振铎先生主持出版了《丛刊》的前四集，前三集收录宋元明清南戏传奇，每集各计剧目一百种；第四集收录元明杂剧总集或选集八种，共收剧目三百七十六种。《丛刊》所收均为当时比较好的版本，可以说，元、明、清初的戏曲精华基本汇集于此，为学者提供了极大便利。

1958 年，郑振铎先生不幸逝世后，吴晓铃先生接续主持工作，与赵万里、傅惜华、阿英、周贻白、周妙中等学者合作，于 1964 年出版了第九集，收录宫廷大戏剧目十种；后又与邓绍基、刘世德、吕薇芬、么书仪等学者合作，于 1985 年出版了第五集，收录明清传奇剧目八十五种附二种。

这七百余种珍贵戏曲文本的影印出版，堪称学术界之盛事，甫一问世，立即引起巨大反响，有力地推进了戏曲研究的深入发展。1950 年代以来，中国戏曲史研究成为重要的学科，尤其是元明及清初戏曲研究能够取得突出成就，这套大型文献在其中起了至为关键的作用。遗憾的是，后来由于种种原因，《丛刊》的编纂工作陷入停顿。不仅原定计划中的清代戏曲还有大量的存本未及编集和影印，半个多世纪以来在海内外陆续发现的元明戏曲剧本，也有待编目和收录。进入二十一世纪之后，重印《古本戏曲丛刊》和完成余下各集的编集影印工作，一直是大家共同的心声和期盼。

2012 年，中央文史研究馆馆员、中华书局原编审程毅中先生向全国古籍整理出版规划领导小组递交了《关于完成〈古本戏曲丛刊〉的建议》，提议把《丛刊》后续部分列入国家古籍整理出版规划项目，使全书得以完璧。建议得到有关方面的高度重视，《丛刊》六、七、八集很快被列入了《2011—2020 年国家古籍整理出版规划》。

从上世纪五十年代开始，《丛刊》一直是中国社会科学院文学研究所的重点工程，

数十年间，所内几代学人为《丛刊》的编集出版付出了切实的努力。在重启《丛刊》项目之后，文学研究所高度重视，积极与各方沟通联络，迅速组建由文学研究所牵头、有关老中青学者共同参与的《丛刊》六、七、八集编纂工作协调小组，具体负责组织工作。与此同时，国家图书馆出版社积极响应，主动申请承担六、七、八三集的出版工作，并得到古籍出版规划领导小组和学界同仁的肯定与支持。这三集的出版，指日可待。

2014 年 1 月 18 日，文学研究所和国家图书馆出版社共同组织召开了第一次编纂出版工作会议，确定了《丛刊》编纂出版工作规划及具体工作方案。会议决定《丛刊》六、七、八集的编纂出版工作将在充分吸收前辈学者已有成果的基础上，拟定目录，开展搜集底本工作，并确定了出版时间。

按照会议决议，六集的具体选目及版本确认工作委托吴书荫先生负责。吴书荫先生不辞劳苦，在吴晓铃先生前后几次拟目的基础上，根据五集的出版情况和近年来新发现的文献资料，整理确定了六集和七集的目录，并对作者、版本及作品时代都做了详细的考证。编纂工作协调小组充分尊重吴书荫先生的学术判断，同时又广泛征询相关专家对六集的建议，最后确定选目及版本。

《丛刊》六集收录清代顺治至乾隆前期的作品，共收传奇和戏曲别集七十七种，共计一百零九种剧目。所收剧目中，《昊天塔》《埋轮亭》《钟情缘》《百子图》《蟠桃会》等皆为孤本；《儿孙福》为康熙十年乌丝栏稿本；《双叩阍》为乾隆年间宁府钞本或稿本；《西川图》为哈佛燕京图书馆收藏的原齐如山藏钞本，都是比较珍贵的传本。

我们在编辑工作中，选取版本遵循如下原则，即尽量采用时代较早又比较完备的版本，以使《古本戏曲丛刊》具有最大的文献价值。如《忠孝福》唐堂乐府本，国家图书馆和中国艺术研究院都有收藏，但国家图书馆藏本原序部分佚失，因此底本选取了中国艺术研究院藏本。又如《为善最乐》有北京大学图书馆收藏的'程砚秋玉霜簃藏曲'中的康熙六十年钞本和中国艺术研究院收藏的民国缀玉轩钞本。尽管缀玉轩钞本品相更好更完整，但为提供更能反映作品原貌的最早底本，最终选取了康熙六十年钞本。

六集所选用底本中原有的题跋和批点等，全部予以保留，原书的扉页、题签也全部采用。各书曾有的收藏者和现有收藏单位的印章，也全部予以保留，力图最大限度地反映各书的原貌并体现曾经收藏和流传的情况。

在查找底本的过程中，曾有收藏记载的一些作品，目前却无法找到底本，如《筹边楼》《情中幻》《醉太平》，国家图书馆未能找到；《福寿荣》《锦云裘》，也未能在中国艺术研究院找到底本。我们希望在后续的访书工作中，能够寻访到原书，收入七集中。古籍编纂工作需要的是细心、耐心、尽心，尽管如此，疏漏之处仍在所难免，希望海内外专家学者给予谅解并提出宝贵意见。

六集选用的底本分散收藏在国内数家图书馆中。在底本搜寻过程中，我们得到国家图书馆、上海图书馆、中国艺术研究院、中国社会科学院文学研究所图书室、首都图书馆、北京大学图书馆以及美国哈佛大学哈佛燕京图书馆、日本东京大学东洋文化研究所双红堂文库的大力支持与帮助。各有关图书馆的同仁兢兢业业，热情帮助查找并扫描底本，对他们的辛勤工作，我们深表谢意。书法家王维先生为六集所选作品逐一题写书名和牌记，我们也向他表示由衷的敬意。

中国社会科学院文学研究所

2016 年 3 月

古本戏曲丛刊七集前言

　　《古本戏曲丛刊》（以下简称《丛刊》）第六集于 2016 年出版后，中国社会科学院文学研究所积极投入到第七集的编辑工作中，曾先后召开了两次《丛刊》七集的选目编纂会。经过两年多的不懈努力，第七集终于面世。这套编辑时间长达六十多年的大型丛书，离最终完成又跨进一步，这是值得我们高兴的事。

　　《丛刊》第七集的出版继续得到了全国古籍整理出版规划领导小组的资助，得到了学界同仁的支援。具体选目及版本确认工作主要由吴书荫先生负责。他对入选的曲本根据撰写年代进行排序，又逐一审定了版本。郑志良、戴云等也对第七集的目录、版本、作者等问题提出意见并做了核定工作。

　　《丛刊》第七集原计划收入清乾隆时期的戏曲作品，后因陆续搜集到一些清初和康熙时的作品，如李玉《七国传》、朱英《麟阁待》、曹寅《七子圆》、顾采《小忽雷》，以及佚名《文渊殿》《天宫宝》等，第六集未来得及收入，今一并补入第七集中。第七集收入清康熙到乾隆时期的传奇作品和作家戏曲集共五十五种，其中包含戏曲集八种，合计收入传奇、杂剧共九十二种，最终成书汇为十四函，共一百七十册。值得一提的是，第七集还收入两位少数民族作家作品，如《一江风》由满族作家和邦额撰写，《漪园四种曲》的作者永恩为清朝宗室。

　　第七集收入的作品中，乾隆刊本《离骚影》，旧钞本《大金钱》，凝辉堂钞本《七子圆》，钞本《幻奇缘》，康熙庆余堂钞本《七国传》、乾隆元年钞本《祥麟艳》，乾隆钞本《雪里梅》，乾隆怀古堂刻本《寒香亭》、钞本《海岳圆》及稿本《谱定红香传》《一江风》和《筠心阁传奇二种》，都是难得一见的孤本。

　　清代乾嘉时期戏曲作品繁多，名家涌现。从清前期到清中期，戏曲的形式也不断发展变化，出现了一些新的特点。首先，杂剧和传奇的界限日趋模糊，不再遵循元明传统的剧本形式。如杨潮观《吟风阁杂剧》共有四卷，每卷有六到十种杂剧不等，每种杂剧不再是四折一楔子的形式，而是只有一折，有一个折名和小序。唐英《镫月闲情十七种》中的杂剧《长生殿补阙》分两出，《英雄报》《十字坡》只有一折，《芦花絮》《三元报》分四出，无楔子。另外，传奇的撰写也更加随意化，出现了篇幅较短的传奇，如《离骚影》

只有八出，《谱定红香传》只有十出，至晚清甚至一折单出的剧作也称为传奇。某些曲家既撰有传奇，也写杂剧，我们将这两种形式的剧作集中一起，如蒋士铨既收《红雪楼十二种填词》（传奇六种，杂剧六种），又收其承应戏《西江祝嘏》；徐爔《蝶梦龛词曲》既收《镜光缘》，又收《写心杂剧十八种》。这样既有利于一般读者阅读，也为专家学者研究提供方便。其次，这一时期的戏曲呈现出向"案头文学"转化的趋势。戏曲"案头化"的倾向，在明代就已出现，但当时大多数作品还是能够场上演出。而戏曲发展到清中期，剧作家们写作或是为了案头阅读自娱，或是为了宣扬正统化的伦理；戏曲创作不重音律，而是追求曲词典雅。如《吟风阁杂剧》虽然宾白流畅、曲词生动，多数不太适合场上演出。《镜光缘》的作者徐爔在凡例中说："此十六出俱止生旦贴三脚色所演，其余或一偶见则不成戏矣，此本原系案头剧，非登场剧也。"这些戏曲的变化与特点都鲜明的体现在第七集所收作品中。

第七集选用底本中所有的题跋、批点和印章，全部予以保留，扉页、题签也悉依原貌。我们在编辑过程中，同一种戏曲以选取时代最早最完备的版本作为收录原则，只有某些重要作品未能搜集到最早版本时，才选取其他版本。吴冀的《再生缘》曾有改动，版本颇多，此次根据学者郑志良的意见，选用藏于国家图书馆的清刊本。《麟阁待》在未能搜集到清刊本的情况下，选用南京图书馆藏铁琴铜剑楼钞本。藏于浙江图书馆的刊本《吟风阁杂剧》有清代姚燮的批注与跋，惜未能获取，第七集收录的是藏于国家图书馆的有吴梅跋语的刊本。《梦钗缘》未能搜集到康熙五十七年刊本，选用中国艺术研究院收藏的民国荣宝斋造笺纸蓝丝栏钞本。

尽管我们一再努力，有些底本还是未能搜集到，如《鉴中天》《禅真逸史》等。黄图珌撰《解金貂》和《温柔乡》藏于台湾大学，此次未能收入，希望以后能够补入第八集。第七集的编辑工作，我们充分汲取第六集编辑的经验，更加细致认真，但疏漏之处在所难免，深望海内外学者能予谅解并提出宝贵意见。

第七集的编辑出版，得到国家图书馆、上海图书馆、中国艺术研究院图书馆、浙江图书馆、南京图书馆、中国社会科学院文学研究所图书馆、美国哈佛大学哈佛燕京图书馆的巨大帮助，各馆工作人员不厌其烦地协助查找底本并对其进行扫描。书法家王维先生为第七集收录的每种戏曲逐一题写书名和牌记。

国家古籍保护中心不仅对第六集的出版予以支持，对第七集依然倾注高度的关注与支持。第七集作为"中华古籍保护计划"的重要成果，实现了将优秀文献服务社会、传承中华优秀传统文化的宗旨。对于上述各界同仁的无私帮助，我们在此一并表示由衷的谢意。

今年是郑振铎先生诞辰一百二十周年，《古本戏曲丛刊》由郑振铎先生发凡起例并主持前四集的出版。我们完成第七集的编辑出版，离郑振铎先生"编辑千种以上古代戏曲以供研究之资"的目标更近了一步。

中国社会科学院文学研究所

2018 年 2 月

古本戏曲丛刊八集前言

《古本戏曲丛刊》（以下简称《丛刊》）第七集于 2018 年出版后，《丛刊》后续编辑工作随即启动，我们及时组织召开了《丛刊》第八集的选目编纂工作会议。现在终于推出了《丛刊》第八集。

第八集收录清代乾隆、嘉庆时期的戏曲作品，包括传奇、杂剧集七十种，附二种。清代潘炤在所撰传奇《乌阑誓》外，现存还有四折杂剧《小沧桑》。我们从潘炤撰《小百尺楼丛刊》中将《小沧桑》辑出，附于《乌阑誓》之后。《新编遇合奇缘记》为满族女作家桂仙所撰，其凡例末尾署为"韫斋笔记"。而《龙江守岁》开头自述"小生存韫斋，祖籍长白人氏"。二书所钤"韫斋"印章为同一枚。据郑志良考证，韫斋为清宗室存华，他与桂仙为恋人关系，《新编遇合奇缘记》实为记述二人恋情。为此，我们将《龙江守岁》附于《新编遇合奇缘记》之后，便于对照研究。

第八集所收作品，颇多孤本、稀见本。如稿本《新撰云龙会》《赤城缘》《红雨绿雪楼三种》《雁停楼》《龙江守岁》《新编何文秀玉钗记》《月殿缘》等，钞稿本《新编遇合奇缘记》，乾隆刊本《幻姻缘》，嘉庆世瑞堂钞本《龙沙剑》，升平署钞本《武香球》等，均为难得一见的珍稀版本。

在第八集的编辑工作中，我们对每一种戏曲作品的版本都做了必要的考订。国家图书馆藏《鸳鸯扇》《一亭霜》《冰心册》可以最终确定为钞本，国家图书馆藏《补恨记》应为作者誊钞的稿本。《三星圆》一书，我们搜集到国家图书馆和中国艺术研究院收藏的底本，经过比对，可以确认这两套藏本为同一版本，只是国家图书馆藏本扉页记有"板藏尺木堂"，中国艺术研究院藏本扉页记有"嫏嬛书屋藏版"，此书实为嘉庆庚午年踵武堂刊刻，版心有"踵武堂书"字样，据此可以将这一版本确定为清嘉庆踵武堂刊本。值得一提的是饶重庆撰《皇华记填词》，国家图书馆藏有两套嘉庆耀紫轩刊本，这两种藏本都有残损。我们将两种刊本补配，一一审定内容，提供了一套完整的《皇华记填词》。

第八集的编纂原则仍与第六、七两集相同，底本中所有的题跋、批点、印章全部予以保留，扉页、题签悉依原貌。同一种戏曲以选取时代最早、最完备的版本作为收录原则。如《雁门秋》《桐泾月》《元圭记》选用了上海图书馆收藏的乌丝栏钞本，《桃花影》

选用国家图书馆收藏的清乾隆刊本。

第八集的编辑，仍然留下一些遗憾。本集收录的第一种为黄图珌的《看山阁乐府栖云石》，原本在第七集里已经收入了他的传奇《看山阁乐府雷峰塔》《梦钗缘》，因黄图珌的作品分散各地，且只有孤本留存，我们原计划第八集继续将现存的黄图珌作品收录完全。其乾隆排闷斋刊本《解金貂》和《温柔乡》藏于台湾大学，我们积极与台湾大学联系，并请台湾学者从中斡旋。遗憾的是，台湾大学最终未能提供底本。张锦在所撰传奇《新西厢》之外，另有《新琵琶》，八集原计划将二书一并收入，可惜未能获得《新琵琶》的底本。还有某些作品未能搜集到最早版本，就选取其他版本替代。如《斗鸡忏》在未能搜集到清嘉庆十七年温经楼稿本的情况下，选用中国艺术研究院藏紫芝堂旧钞本；《芙蓉亭》在未能搜集到清刊本的情况下，选用了广东省立中山图书馆收藏的钞本。

第八集的编选工作依然得到全国古籍整理出版规划领导小组的资助，得到学界同仁的支援。国家图书馆、上海图书馆、中国艺术研究院图书馆、浙江图书馆、南京图书馆、广东省立中山图书馆、中国社会科学院文学研究所图书馆、齐齐哈尔市图书馆的工作人员不厌其烦地协助查找底本并对其进行扫描。具体选目及版本确认工作仍由吴书荫先生负责。郑志良对选目的排序做了进一步调整，戴云对目录、版本、剧名等问题提出中肯意见。底本搜寻、购求工作则由国家图书馆出版社负责。选目中藏于几家图书馆的同一版本，国家图书馆出版社都会尽量搜求，在得到高清扫描件后进行比对，从中选取保存状况最好的底本。

国家古籍保护中心一如既往地对第八集给予关注与支持，并作为"中华古籍保护计划"的重要成果广为推荐，实现了将优秀文献服务社会、传承中华优秀传统文化的宗旨。书法家王维先生为第八集收录的每种戏曲逐一题写书名和牌记。对于上述各界同仁的无私帮助，我们一并表示由衷的谢意。

按照郑振铎先生的最初计划，《丛刊》出版十集，提供一千种以上的古代戏曲作为研究资料的渊薮。筹划第四集出版时，编委会为配合当时纪念关汉卿的活动，并没有按时代编印清代顺治、康熙、雍正三朝的传奇，而是编印了元代杂剧，原定第四集的内容纳入第五集出版。后来，又由于文学艺术界围绕几个新编历史剧开展论争，编委会又将原计划放入第九集出版的清代内廷编演的历史大戏先于第五集，在1964年出版。由于这

些原因，《丛刊》的出版内容和顺序，与最初的计划有所偏离。2014 年，我们重启《丛刊》编纂出版工作，其中一项原则就是回归郑振铎先生的"初心"，将我国古代最重要的一千余种戏曲文献完整呈现出来。现在第八集收入的作品已至清代乾隆、嘉庆时期。我们将再接再厉，全面梳理、择优选取清代道光至宣统时期的优秀戏曲作品编为第十集，最终完成这项 1949 年以来最系统最宏大的戏曲文献整理工程。

中国社会科学院文学研究所

2019 年 9 月

古本戏曲丛刊八集前言

古本戏曲丛刊九集序

　　《古本戏曲丛刊》九集，集中地把在清代乾隆和嘉庆之际的，由词臣编写、教宫监礼习、在内廷承应的神话传说和历史故事的"大戏"汇为一集。这类"大戏"的题材，内容主要是神话传说和历史故事。神话传说剧作的盛行，正如赵翼在《檐曝杂记》里所说："取其荒幻不经，无所触忌；且可凭空点缀，排引多人，离奇变诡，作大观也。"这个分析是很有道理的。如《劝善金科》《如意宝册》便是这一类的作品。更多的历史故事剧，它主要是依据为广大群众所喜爱、所熟习的历代章回小说、元明杂剧传奇和各地民间传说故事改编而成的。编者有的时候也参酌史籍，采掇故实，做为穿插，但是这种情况并不很多。有一个情况倒很突出，就是如果把这类现存的完整剧本和残缺不全的剧本依照历史时代顺序排列起来，可以从殷商一直贯串到朱明，具有"全史戏剧"的弘伟规模，似乎也是有计划的。当时词臣奉诏编写"大戏"的目的并不单纯是为宫廷宴乐观赏，大约还含有借鉴往代史绩以为"资治"的企图。因此，我们不妨这样理解：这类"大戏"的规划的庞大、篇幅的曼长、情节的复杂、排场的华缛、脚色的繁多、砌末的新奇，可以说在中国戏剧文学史和舞台演出史上是前所未有的。今天看来，这类"大戏"对于中国戏剧发展历史的研究，对于挖掘和整理传统剧目，对于编写剧本，都提供了大量而丰富的文献资料。

　　在清代的乾隆、嘉庆时期，中国戏剧舞台上出现了这样的一个局面，并不是突兀的现象，它有其历史的造因。这从社会条件和文学本身的发展道路都可以得到说明。

　　中国戏剧从它形成的那一天开始，就具有一个十分鲜明的特色，那就是它在选题取材方面以历史故事最为丰富。这从现存元代杂剧的许多传本以及钟继先的《录鬼簿》和朱权的《太和正音谱》里的记录，都足以证明这个情况。我们认为在中国戏剧创作上所显示的这种特色，是同中华民族有着悠久而辉煌的历史这一事实分不开的，是同中国人民热爱祖国、热爱自己的历史以及具有向历史学习斗争经验的传统，也就是具有借古鉴今、彰往察来的习惯分不开的。尽管元代杂剧无论就内容和形式来说，还都存在着时代的限制，然而在当时特定的历史条件之下，作者身受着封建统治者的民族和阶级双重压迫，除了写出许多强烈反映现实的作品以外，还通过歌颂历史英雄人物，以批评一切强暴邪恶的

势力，对于人民的斗争起到鼓舞作用，也为后来历史戏剧的创作提供了许多可贵的经验。到了朱明建国以后，动乱已久的社会得到了暂时的安定，封建经济逐渐由恢复而有所发展，无论农业、商业和手工业在生产上都较前大为提高，城市生活更进一步地繁荣起来。这里，我们看到当时的帝室皇族是十分热衷于粉饰升平的声色之娱的，为人民群众所喜爱的戏剧这一艺术形式也得到了他们的注意。像《明史》卷六十一《乐志》一所记载的"殿中韶乐，其词出于教坊俳优，多乖雅道；十二月乐歌按月律以奏，及进膳、迎膳等曲皆用乐府、小令、杂剧为娱戏"。朝会乐章竟也采用了民间的戏剧和歌曲了。李开先在《张小山小令后序》里指出"洪武初年，亲王之国，必以词曲一千七百本赐之"的史实，便使人可以理解朱权和朱有燉等人的大量撰作和许多专业戏剧作家的出现，必与当时风尚有关。自洪武初年设太常司和教坊司，一直到沈德符在《野获编补遗》卷一《禁中演戏》里所举的钟鼓司和玉熙宫，我们知道演剧除了沿袭金元之旧以外，还益以采风民间；到了万历年间，内廷戏剧的活动就较前更为活跃。在封建社会中，得到统治者的提倡，它的作用固然有着消极的一面，然而也不能否认它同时也有推动中国戏剧发展的积极因素。而这里最值得注意的是产生了一系列的按朝代编写的历史故事的戏剧，钱曾《也是园书目》里就著录了"春秋故事""西汉故事""东汉故事""六朝故事""唐朝故事""五代故事""宋朝故事""水浒故事"以及"明朝故事"以朝代分类的杂剧名目。这只不过是钱氏一家所藏的明代宫廷里面"御戏监"剧本的情况，当然无法与内府的全部数量相较；但是从这里却可以想见明宫廷中以历史传说故事做为题材的戏剧，无论是在规划上和演出上，都比之元代杂剧已经大有进展。这种情况，到了清代，历康熙及至乾隆、嘉庆两朝，便得到更进一步的发展。其枢纽则是明代万历间小说和戏曲繁荣发展的影响。就小说来说，如《三国》《水浒》等名著的最后定本相继出现，成为剧本选题上取之不尽、用之不竭的泉源；就戏曲来说，在形式上，在宋元南戏基础上发展起来的"传奇"达到了相当完美的阶段，在声腔上，"昆腔"拥有了众多的观众，作家辈出，名著难以指屈，编排、爨演、装扮、彩砌，无不有极大的改进，为此时宫廷"大戏"开辟了广阔的途径。

　　以历史故事作为题材的戏剧产生之后，通过元、明的发展，到了清代乾隆、嘉庆两朝，更加得到优越的社会条件作为滋长的土壤，那么，在此时期进行大规模的结集，便是一个很自然的现象。在此之后，中国戏剧由于其他地方剧种的大量发展，杂剧和传奇便退

居为"案头之曲"，在中国戏曲史上又揭开了一个崭新局面的帷幕。

这个时期的宫廷"大戏"无论是属于神话传说或者历史故事的题材，在编写时都大量地采取了宋元以来的平话以及戏曲和民间传说的内容。当然这里应该指出，宫廷剧作家在铺衍历史故事的时候，还是表现了鲜明的统治者的阶级立场，无论是奉诏陈言也好，先意希旨也好，总要寓有浓厚的维护封建制度的政治目的和宣传企图。像是《鼎峙春秋》的赞美关羽和歪曲曹操，可以明显看出是在拥护封建正统和为封建义气说教；而《昭代箫韶》之所以用宋、辽和好为结，他的意图在于调和当时的民族矛盾。不过，由于题材和内容的制约，它尽管在编写的时候经过严格的检查和细致的涂饰，终究不能把历史真实和民间公论加以全部篡改，总是多多少少揭发出来一些封建统治阶级所不喜欢的东西。例如：写《封神天榜》便无法避免对于殷纣残虐的暴露；写《忠义璇图》则势必渲染梁山英雄的声势。何况编写这类"大戏" 剧本的人，凭空结构是很困难的，动起笔来，或因时限紧迫，或由才力拘滞，则不得不乞灵于前代作家以同类题材所写的剧本，同时也汲取了大量脍炙人口的民间传说。在过去封建社会中，由于时间长，变乱多，再加上戏剧创作被鄙视为小道，所以剧本的散佚情况是很严重的，许多闻名之作今天都见不到了。幸而有这些"大戏"为我们保存了不少的佚文，对于戏曲史的研究是大有帮助的。例如：邱园的《虎囊弹》传奇在舞台上只剩下了一出《山门》，可是《忠义璇图》里敷衍鲁达故事的出目，则多从该剧而出。至于其有传本的剧作，也可以利用它做为文献资料，以探索渊源，例如：《忠义璇图》若干出目便曾取资于李开先的《宝剑记》、沈璟的《义侠记》、许自昌的《水浒记》等剧。此外，还可以拿它来和后代的剧作和地方剧种的现存剧目进行比较，例如：《忠义璇图》第八本衍武松遇张青及孙二娘故事，同今日京剧舞台上流行的《武松打店》面目颇不一样，然极近于唐英《古柏堂传奇》和一些地方剧种中的《十字坡》，如果不是唐英抄袭《忠义璇图》的成文，那么便是两家全都是从地方剧种里掠取了群众集体创作的精华。举此一端，可以尽概其余了。至于民间传说是劳动人民的创造，只在里巷乡村中流通，采取的是口耳相传的方式，很少文字记载，而且为"大雅"所不齿，最容易散失，但在这类"大戏"里也多所采撷，因为民间传说所具有的生动活泼的特点是非常吸引人的；而且"大戏"的结构宏伟，如果不从多方面汲取素材，做充实工作，也是很难树立起来的。这就为我们保存下来不少珍贵的材料。例如：《劝

箫韶九成——《古本戏曲丛刊》编纂纪程

善金科》里的张蛮打爹、哑子背疯、尼姑思凡、五瘟女吊等故事都是。当然，御用的剧作家在采掇民间传说时，由于阶级本质的限制，肯定会加以篡改，使之符合于封建统治阶级的利益，张照之流在《劝善金科》里给思凡的尼姑、和尚定要加上一个悲惨的结局，便是显著的证明。不过，人民大众的是非之感是敏锐的，爱憎之情是分明的，不管宫廷剧作篡改到如何的程度，《尼姑思凡》的光辉却无法遮掩，迄今仍旧在舞台上传唱不息；至于封建统治阶级所增加的情节却是枉费心机，早已湮没无闻了。我们现在研究整理这些大戏，对于这些"大戏"的消极影响必须予以阐明，对于它所起到的保存和提高的作用也应该肯定下来。

《古本戏曲丛刊》的倡议者和主编者郑振铎先生不幸在 1958 年 10 月 18 日因公殉职，现在这项工作得到党和政府的大力支持，在中央文化部的关怀之下，由中国科学院文学研究所列为研究项目，继续编印下去。有关单位和专家更是给以热情的援助，由新组成的编辑委员会员负担编选的责任，由中华书局负担印制出版的责任，期以数年，出齐全帙。清代的宫廷"大戏"都是异常稀见的珍本书籍，在编写历史剧作方面也有一定参考价值，所以我们便把第九集提前编印出来。对于来自各方面的督促和鼓励，衷心的感谢自非语言所能表达；我们一方面要把这个任务力求较好地予以完成，一方面则迫切地企待着矫正缺失的宝贵意见。

《古本戏曲丛刊》编辑委员会

1963 年 3 月 10 日

古本戏曲丛刊九集序

古本戏曲丛刊十集前言

  《古本戏曲丛刊》（以下简称《丛刊》）第八集于 2019 年 10 月出版，收录清代乾隆、嘉庆时期戏曲作品，由于第九集已提前于 1964 年出版，是否要出版第十集，编委会曾有过多次讨论，一致认为：无论是郑振铎先生当初的构想，还是现实的需求，即限于篇幅的原因，第八集没有收录清代道光以后的戏曲作品，出版第十集，系统收录清晚期的戏曲作品，是十分有必要的。2019 年 10 月，第十集的选目编纂工作会议召开。经过一年多的编辑整理，第十集终于正式出版了。

  《丛刊》第十集的出版一如既往得到了全国古籍整理出版规划领导小组的资助，得到学界同仁的支援。早在 2013 年，《丛刊》第六、七、八集的编纂出版工作就被列入了《2011—2020 年国家古籍整理出版规划》；2019 年，《丛刊》第十集也被增补进入《2011—2020 年国家古籍整理出版规划》。在全国古籍整理出版规划领导小组的帮助下，一度停顿的《丛刊》编纂工作得以重新启动，并于"十年规划"的最后一年，终于完成了这个跨越六十多年、规模宏大的戏曲文献整理工程。

  《丛刊》第十集在内容上与第八集一脉相承，原计划收录清道光至光绪时期的戏曲作品。另外，因第八集囿于篇幅的限制，有数种乾隆时期佚名作家未能收录的作品，此次一并放入第十集中。全集共收录清乾隆至光绪时期的传奇、杂剧和作家戏曲集七十三种附一种。陈烺撰有戏曲作品集《玉狮堂传奇十种》，此外还撰有短剧《悲凤曲》一种，因此将《悲凤曲》附于《玉狮堂传奇十种》之后，便于读者全面了解陈烺的戏曲作品。许善长撰有《碧声吟馆丛书》，这一别集包含诗集、笔记集，还有六种戏曲作品《瘗云岩》《胭脂狱》《茯苓仙》《灵娲石》《神山引》《风云会》。清人诗文集中时有收录戏曲作品，这一现象并不罕见。因此许善长所撰六种戏曲作品虽未单独编为戏曲集，但考虑清代别集中的这一情况及学界一直以来对许善长戏曲作品的称呼，我们将这六种戏曲作品统称为《碧声吟馆六种曲》。

  第十集收录清道光至光绪时期戏曲作品，这一时期随着国外印刷技术的传入，已出现了铅印本。为了保持《丛刊》"古本"的原则，第十集只收入刻本、稿本、钞本和石印本，铅印本不予收入。尽管第十集收录的戏曲作品大部分为清后期的刊本，但其中仍不乏珍贵的版本。钞本《紫兰宫传奇》《麒麟阁》《鹔鹴裘传奇》《绛绡记传奇》《红羊劫传奇》

《桃花圣解庵乐府》《卉中缘》，道光赵麟趾钞本《红楼佳话》，南府钞本《定风珠》，南府写样本《财星照》，稿本《梅心雪传奇》，钞稿本《业海扁舟》《镜重圆传奇》《鉴花亭》等均为难得一见的珍稀版本。

明清时期的曲家撰写作品多有以别号或别署来署名，第十集仍然延续《丛刊》一贯的著录形式。凡已考证出作者具体身份的，我们直接著录作者姓名，如《味兰簃传奇》作者醉筠外史应是龙继栋，《鉴花亭》作者孚斋主人应为清宗室佑善，《四愁吟乐府》作者静斋居士，据学者考证应是天津人姜城。其余尚不能确认作者身份的，则仍以别署、别号等著录。

清中叶以来，传奇、杂剧在格式、体制上的严格界限逐渐被打破，譬如范元亨所撰《空山梦传奇》，不仅全剧只有八出，体制格律上也不用宫调，不遵曲牌。还有不少剧作篇幅介于传奇与杂剧之间，如《小蓬莱阁传奇十种》中，《千秋泪》为四出，《镜中圆》为五出，《炎凉券》为八出，其余三种为十出，四种为十二出。《玉狮堂传奇十种》中五种为十六出，五种为八出。这些作品究竟是传奇还是杂剧，各家说法不一。因此第十集著录作品时，并未在剧名中完全区分杂剧与传奇，仍依照原书剧名著录，原书扉页或卷首中带有"传奇"或"杂剧"二字者，我们仍保持原样著录。

国家古籍保护中心一如既往地对第十集给予关注与支持，并作为"中华古籍保护计划"的重要成果广为推荐，实现了将优秀文献服务社会、传承中华优秀传统文化的宗旨。第十集具体选日及版本确认工作仍由吴书荫先生负责，郑志良、戴云对选目的排序、版本、作者等问题提出意见并做了核定工作。书法家王维先生为第十集收录的每种戏曲逐一题写书名和牌记，在此一并表示感谢。

《丛刊》的编纂从二十世纪五十年代始，到2020年止，持续了六十多年，终成十集完璧。虽然内容与郑振铎先生在初集的《序》中提到的规划或未能完全相符，但《丛刊》共收录一千一百九十三种传奇、杂剧、宫廷大戏，从元代至清末中国六百多年间最优秀珍贵的戏曲作品几乎都收入囊中，构成了一个宏富、完整的戏曲文献体系，最终实现了当年郑振铎先生提出的弘愿："期之三、四年，当可有一千种以上的古代戏曲，供给我们作为研究之资，或更可作为推陈出新的一助。"

中国社会科学院文学研究所

2020 年 12 月

古本戏曲丛刊十集后记

　　《古本戏曲丛刊》（以下简称《丛刊》）第十集的出版，标志着这套丛书正式编纂完成。《丛刊》编成十集，自初集于1953年8月编竣付印起，至2020年底第十集出版止，《丛刊》的编印历时六十七年，其间一波三折，历经艰辛。

　　《丛刊》初集在1954年2月由上海商务印书馆代印出版，收元代杂剧一种三部（三部不同版本的《西厢记》），明代杂剧三种，宋、元戏文及明代传奇九十四种（目录作一百种，不包含《金貂记》传奇卷首所附《敬德不服老》）。《丛刊》第二集在1955年7月由上海商务印书馆印行出版，收有明一代的传奇一百种。第三集交由北京文学古籍刊行社，由上海商务印书馆代印，于1957年2月出版，收明代和明、清之交的传奇一百种。第四集于1958年12月由商务印书馆印行出版，收元代为主、兼及明初的杂剧集八种，杂剧共计三百七十六种（各杂剧集所选剧本有重复）。第九集于1964年1月由中华书局出版，收宫廷大戏剧目十种。第五集于1985年由上海古籍出版社出版，收录明清传奇剧目八十五种附二种。

　　此后《丛刊》编纂停顿了近三十年。2012年，中央文史研究馆馆员、前中华书局编审程毅中先生向全国古籍出版规划小组递交了《关于完成〈古本戏曲丛刊〉的建议》，建议把《古本戏曲丛刊》后续部分的出版工作列入国家古籍整理出版规划项目，使这一重要的文化工程得成完璧。程先生对《古本戏曲丛刊》项目的持续关注和中肯建议得到有关方面的高度重视，搁置近三十年的《古本戏曲丛刊》第六、七、八集的编纂出版工作很快被列入了《2011—2020年国家古籍整理出版规划》。但由于多种原因，这个项目虽然列入出版规划，却迟迟没有出版社认领承担。国家图书馆出版社经过几代人近四十年的努力，成长为一个以整理影印历代珍稀文献为特色的专业学术出版社。依托众多文献收藏机构和专业学者的支持，国家图书馆出版社在古代戏曲文献的整理出版方面也积累了丰富的经验和丰厚的资源，是出版《丛刊》后几集最合适的选择。

　　2016年3月，国家图书馆出版社推出第六集，收清代顺治至乾隆前期的传奇和戏曲别集七十七种，共计一百零九种剧目。第七集于2018年3月由国家图书馆出版社出版，收入清代康熙到乾隆时期传奇作品和作家戏曲集五十五种，其中包括戏曲集八种，合计

收入传奇、杂剧共九十二种。第八集于 2019 年 10 月由国家图书馆出版社出版，收清代乾隆、嘉庆时期传奇、杂剧集七十种附二种，合计传奇、杂剧八十一种。第十集于 2020 年 12 月由国家图书馆出版社出版，收入清代乾隆至光绪时期传奇、杂剧集七十三种附一种，合计收入传奇、杂剧一百三十八种。《丛刊》十集合起来共收入元、明、清传奇、杂剧一千一百九十三种。

郑振铎先生在初集《序言》中提到："只有从事搜集资料的人，只有研究戏曲史的人，方才知道搜集资料是如何的困难。那工作是艰苦的，是可遇而不可求的，是要一点一滴的累积起来的。"《丛刊》耗费几代人心血，经过时代变迁，集腋成裘，坚持不懈，最终完成了这部古往今来最大的中国传统戏曲作品的结集。这一千多种古代戏曲的善本珍椠，藉由《丛刊》的编纂出版，化身千百，得以保存普传，并使古剧为今人所用，在新时代发挥光彩。

为了总结《丛刊》十集的编纂历程，我们拟另外编纂一部纪念文集，记录《丛刊》发起、编集、重启等六十余年来的编纂史实与历程，尽量保存《丛刊》编纂的史料，以备古典戏曲的爱好者阅读、研究之用。

中国社会科学院文学研究所

2020 年 12 月

附录

古本戏曲丛刊初集目录

二五	古城记二卷		明刊本	一册
二六	刘玄德三顾草庐记四卷		明富春堂刊本	一册
二七	重校金印记四卷	明苏复之撰	明刊本	一册
二八	商辂三元记二卷	明沈受先撰	明富春堂刊本	一册
二九	冯京三元记二卷		汲古阁刊本	一册
三〇	南调西厢记二卷	明崔时佩 李日华撰	明富春堂刊本	一册
三一	韩信千金记四卷	明沈采撰	明富春堂刊本	一册
三二	裴度香山还带记二卷	明沈采撰	明世德堂刊本	一册
三三	张巡许远双忠记二卷	明姚茂良撰	明富春堂刊本	一册
三四	金丸记二卷	明姚茂良撰	旧抄本	一册
三五	精忠记二卷	明姚茂良撰	汲古阁刊本	一册
三六	姜诗跃鲤记四卷	明陈罴斋撰	明富春堂刊本	一册
三七	伍伦全备忠孝记四卷	明邱浚撰	明世德堂刊本	二册
三八	魏仲雪批评投笔记二卷	明邱浚撰	明存诚堂刊本	一册
三九	举鼎记二卷	明邱浚撰	抄本	一册
四〇	重校五伦传香囊记二卷	明邵璨撰	明继志斋刊本	一册
四一	薛平辽金貂记四卷		明富春堂刊本	一册
四二	韩朋十义记二卷		明富春堂刊本	一册
四三	刘汉卿白蛇记二卷		明富春堂刊本	一册
四四	何文秀玉钗记四卷		明富春堂刊本	一册
四五	苏英皇后鹦鹉记二卷		明富春堂刊本	一册
四六	薛仁贵跨海征东白袍记二卷		明富春堂刊本	一册
四七	韩湘子九度文公升仙记二卷		明富春堂刊本	一册
四八	玉茗堂批评续西厢升仙记二卷		明刊本	一册
四九	胭脂记二卷		明文林阁刊本	一册
五〇	浣纱记二卷	明梁辰鱼撰	明刊本	二册
五一	王商忠节癸灵庙玉玦记四卷	明郑若庸撰	明富春堂刊本	一册

五二	林冲宝剑记二卷	明李开先撰	明嘉靖刊本	二册
五三	绣襦记四卷	明薛近兖撰	明朱墨刊本	二册
五四	连环记二卷	明王济撰	抄本	一册
五五	玉茗堂批评焚香记二卷	明王玉峰撰	明刊本	二册
五六	陆天池西厢记二卷	明陆采撰	明周居易刊本	一册
五七	明珠记二卷	明陆采撰	汲古阁刊本	二册
五八	怀香记二卷	明陆采撰	汲古阁刊本	二册
五九	鸣凤记二卷	明王世贞撰	汲古阁刊本	二册
六〇	红拂记四卷	明张凤翼撰	明朱墨刊本	二册
六一	徐孝克孝义祝发记二卷	明张凤翼撰	明富春堂刊本	一册
六二	灌园记二卷	明张凤翼撰	明富春堂刊本	一册
六三	虎符记二卷	明张凤翼撰	明富春堂刊本	一册
六四	吕真人黄粱梦境记二卷	明苏汉英撰	明继志斋刊本	一册
六五	四声猿四卷	明徐渭撰	明刊本	一册
六六	谭友夏批点想当然传奇二卷	明卢柟撰	明刊本	二册
六七	目连救母劝善戏文三卷	明郑之珍撰	明刊本	三册
六八	管鲍分金记四卷	明叶良表撰	明富春堂刊本	一册
六九	李卓吾批评玉合记二卷	明梅鼎祚撰	明容与堂刊本	二册
七〇	长命缕二卷	明梅鼎祚撰	明末刊本	一册
七一	彩毫记二卷	明屠隆撰	汲古阁刊本	二册
七二	昙花记二卷	明屠隆撰	明天绘楼刊本	二册
七三	修文记二卷	明屠隆撰	明刊本	一册
七四	牡丹亭四卷	明汤显祖撰	明朱墨刊本	二册
七五	墨憨斋重定三会亲风流梦二卷	明汤显祖撰	明墨憨斋刊本	一册
七六	李十郎紫箫记四卷	明汤显祖撰	明富春堂刊本	一册
七七	紫钗记二卷	明汤显祖撰	明柳浪馆刊本	二册
七八	邯郸梦记三卷	明汤显祖撰	明朱墨刊本	二册

七九	南柯梦二卷	明汤显祖撰	明刊本	一册
八〇	义侠记二卷	明沈璟撰	明继志斋刊本	一册
八一	桃符记一卷	明沈璟撰	抄本	一册
八二	埋剑记二卷	明沈璟撰	明继志斋刊本	一册
八三	双鱼记二卷	明沈璟撰	明继志斋刊本	一册
八四	博笑记二卷	明沈璟撰	明刊本	一册
八五	一种情二卷	明沈璟撰	旧抄本	一册
八六	蓝桥玉杵记二卷	明杨之炯撰	明万历刊本	二册
八七	玉簪记二卷	明高濂撰	明继志斋刊本	一册
八八	节孝记二卷	明高濂撰	明世德堂刊本	一册
八九	红梅记二卷	明周朝俊撰	明刊本	一册
九〇	双珠记二卷	明沈鲸撰	汲古阁刊本	二册
九一	鲛绡记二卷	明沈鲸撰	旧抄本	一册
九二	易鞋记二卷	明沈鲸撰	明文林阁刊本	一册
九三	水浒记二卷	明许自昌撰	汲古阁刊本	一册
九四	橘浦记二卷	明许自昌撰	日本影印明刊本	一册
九五	节侠记二卷	明许自昌改订	明刊本	一册
九六	宵光记二卷	明徐复祚撰	明刊本配抄本	一册
九七	红梨记四卷	明徐复祚撰	明朱墨刊本	二册
九八	红梨花记二卷		明刊本	一册
九九	丹桂记二卷		明刊本	一册
一百	奇遇玉丸记二卷	明朱期撰	明刊本	一册
	以上计一百种	共订一百二十四册		

古本戏曲丛刊二集目录

二五	锦笺记二卷	明周履靖撰	明继志斋刊本	一册
二六	鸾鎞记二卷	明叶宪祖撰	汲古阁刊本	一册
二七	四艳记四卷	明叶宪祖撰	明刊本	一册
二八	窦禹钧全德记二卷	明王稚登撰	明广庆堂刊本	一册
二九	惊鸿记二卷	明吴世美撰	明世德堂刊本	一册
三〇	旗亭记二卷	明郑之文撰	明继志斋刊本	一册
三一	玉镜台记二卷	明朱鼎撰	汲古阁刊本	二册
三二	樱桃记二卷	明史磐撰	明末刊本	一册
三三	墨憨斋重定梦磊传奇二卷	明史磐撰	明墨憨斋刊本	一册
三四	狄梁公返周望云忠孝记二卷	明金怀玉撰	明文林阁刊本	一册
三五	双凤齐鸣记二卷	明陆华甫撰	明世德堂刊本	一册
三六	春芜记二卷	明王錂撰	汲古阁刊本	一册
三七	四喜记二卷	明谢谠撰	汲古阁刊本	一册
三八	金莲记二卷	明陈汝元撰	汲古阁刊本	二册
三九	龙膏记二卷	明杨珽撰	汲古阁刊本	一册
四〇	韩夫人题红记二卷	明王骥德撰	明继志斋刊本	一册
四一	量江记二卷	明佘翘撰	明继志斋刊本	一册
四二	东方朔偷桃记二卷	明吴德修撰	明广庆堂刊本	一册
四三	武侯七胜记二卷	明纪振伦撰	明唐振吾刊本	一册
四四	双烈记二卷	明张四维撰	汲古阁刊本	二册
四五	遍地锦二卷	明姚子翼撰	旧抄本	一册
四六	上林春二卷	明姚子翼撰	旧抄本	一册
四七	玉茗堂批评异梦记二卷		明刊本	一册
四八	妆楼记二卷	明玩花主人撰	明刊本	一册
四九	钗钏记二卷	明月榭主人撰	旧抄本	一册
五〇	冬青记二卷	明卜大荒撰	明刊本	一册
五一	琴心记二卷	明孙柚撰	汲古阁刊本	二册

五二	剑侠传双红记二卷		明文林阁刊本	一册
五三	四美记二卷		明文林阁刊本	一册
五四	八义双杯记二卷		明广庆堂刊本	一册
五五	三桂联芳记二卷		明德寿堂刊本	一册
五六	续精忠记二卷	明汤子垂撰	旧抄本	一册
五七	西湖记二卷		明唐振吾刊本	一册
五八	唐韦状元自制莺筬记二卷		明刊本	一册
五九	孔夫子周游列国大成麒麟记二卷		明刊本	一册
六〇	墨憨斋详定酒家佣传奇二卷	明陆无从等撰	明墨憨斋刊本	一册
六一	墨憨斋新定洒雪堂传奇二卷	明梅孝巳撰	明墨憨斋刊本	一册
六二	墨憨斋新订精忠旗传奇二卷	明李梅实撰	明墨憨斋刊本	一册
六三	谭友夏钟伯敬批评绾春园传奇二卷	明沈孚中撰	明末刊本	一册
六四	节义鸳鸯冢娇红记二卷	明孟称舜撰	明末刊本	二册
六五	张玉娘闺房三清鹦鹉墓贞文记二卷	明孟称舜撰	明末刊本	二册
六六	小青娘风流院传奇二卷	明朱宗藩撰	明德聚堂刊本	二册
六七	青虹啸传奇二卷	明邹玉卿撰	抄本	一册
六八	厓山烈传奇二卷	明朱九经撰	旧抄本	一册
六九	望湖亭记二卷	明沈自晋撰	明末刊本	一册
七〇	翠屏山二卷	明沈自晋撰	旧抄本	
七一	千祥记二卷	明无心子撰	旧抄本	以上合订一册
七二	荷花荡二卷	明马佶人撰	明末刊本	一册
七三	十锦塘二卷	明马佶人撰	旧抄本	一册
七四	东郭记二卷	明孙仁孺撰	明末刊本	二册
七五	醉乡记二卷	明孙仁孺撰	明末刊本	二册
七六	墨憨斋重定双雄传奇二卷	明冯梦龙撰	明墨憨斋刊本	一册
七七	墨憨斋订定万事足传奇二卷	明冯梦龙撰	明墨憨斋刊本	一册
七八	凤求凰二卷	明澹慧居士撰	明末刊本	一册

七九	喜逢春二卷	明清啸生撰	明末刊本	一册
八〇	鸳鸯绦传奇二卷	明梅来道人撰	明末刊本	一册
八一	泊庵芙蓉影二卷	明西泠长撰	明末刊本	一册
八二	花筵赚二卷	明范文若撰	明末刊本	一册
八三	鸳鸯棒二卷	明范文若撰	明末刊本	一册
八四	梦花酧二卷	明范文若撰	明末刊本	二册
八五	怀远堂批点燕子笺二卷	明阮大铖撰	明末刊本	二册
八六	咏怀堂新编十错认春灯谜记二卷	明阮大铖撰	明末刊本	二册
八七	咏怀堂新编勘蝴蝶双金榜记二卷	明阮大铖撰	明末刊本	二册
八八	遥集堂新编马郎侠牟尼合记二卷	明阮大铖撰	明末刊本	二册
八九	剑啸阁自订西楼梦传奇二卷	明袁于令撰	明剑啸阁刊本	二册
九〇	剑啸阁鹔鹴裘记二卷	明袁于令撰	明末刊本	一册
九一	明月环传奇二卷	明西湖居士撰	明末刊本	二册
九二	诗赋盟传奇二卷	明西湖居士撰	明末刊本	二册
九三	灵犀锦传奇二卷	明西湖居士撰	明末刊本	二册
九四	郁轮袍传奇二卷	明西湖居士撰	明末刊本	二册
九五	金钿盒傅奇二卷	明西湖居士撰	明末刊本	二册
九六	桃林赚传奇二卷		旧抄本	一册
九七	元宵闹传奇二卷	明李素甫撰	抄本	一册
九八	魏监磨忠记二卷	明口闇甫撰	明末刊本	一册
九九	滑稽馆新编三报恩传奇二卷	明毕魏撰	明末刊本	二册
一百	竹叶舟传奇二卷	明毕魏撰	抄本	一册
	以上计一百种		共订一百二十册	

古本戏曲丛刊三集目录

二六	倒浣纱传奇二卷	明无名氏撰	抄本	以上合订一册
二七	金花记传奇二卷	明无名氏撰	抄本	一册
二八	锦蒲团二卷	明无名氏撰	旧抄本	一册
二九	一笠庵新编一捧雪传奇二卷	清李玉撰	明崇祯刊本	二册
三〇	一笠庵新编人兽关传奇二卷	清李玉撰	明崇祯刊本	一册
三一	一笠庵新编永团圆传奇二卷	清李玉撰	明崇祯刊本	一册
三二	一笠庵新编占花魁传奇二卷	清李玉撰	明崇祯刊本	一册
三三	牛头山二卷	清李玉撰	旧抄本	一册
三四	太平钱二卷	清李玉撰	旧抄本	一册
三五	一笠庵新编眉山秀传奇二卷	清李玉撰	清顺治刊本	二册
三六	一笠庵新编两须眉传奇二卷	清李玉撰	清顺治刊本	一册
三七	一笠庵汇编清忠谱传奇二卷	清李玉撰	清顺治刊本	二册
三八	千钟禄二卷	清李玉撰	旧抄本	
三九	万里圆二卷	清李玉撰	旧抄本	以上合订一册
四〇	麒麟阁四卷	清李玉撰	旧抄本	四册
四一	意中人二卷	清李玉（？）撰	旧抄本	一册
四二	秣陵春传奇二卷	清吴伟业撰	清顺治刊本	二册
四三	英雄概传奇二卷	清叶稚斐撰	抄本	一册
四四	琥珀匙二卷	清叶稚斐撰	旧抄本	一册
四五	璎珞会二卷	清朱佐朝撰	旧抄本	一册
四六	乾坤啸二卷	清朱佐朝撰	旧抄本	一册
四七	艳云亭二卷	清朱佐朝撰	旧抄本	二册
四八	怀古堂新编后渔家乐传奇二卷	清朱佐朝（？）撰	旧抄本	一册
四九	御雪豹二卷	清朱佐朝撰	旧抄本	
五〇	血影石传奇二卷	清朱佐朝撰	旧抄本	一册
五一	轩辕镜一卷	清朱佐朝撰	旧抄本	一册
五二	石麟镜二卷	清朱佐朝撰	旧抄本	

五三	五代荣二卷	清朱佐朝撰	旧抄本	以上合订一册
五四	朝阳凤二卷	清朱佐朝（一作朱㿥）撰	旧抄本	一册
五五	吉庆图一卷	清朱佐朝撰	旧抄本	二册
五六	夺秋魁一卷	清朱佐朝撰	旧抄本	一册
五七	双和合二卷	清朱佐朝撰	旧抄本	
五八	双和合一卷	清无名氏撰	旧抄本	以上合订一册
五九	未央天传奇二卷	清朱㿥撰	旧抄本	一册
六〇	十五贯二卷	清朱㿥撰	旧抄本	二册
六一	聚宝盆一卷	清朱㿥撰	旧抄本	一册
六二	新编龙凤钱二卷	清朱㿥撰	旧抄本	一册
六三	秦楼月二卷	清朱㿥撰	清初刊本	二册
六四	翡翠园二卷	清朱㿥撰	旧抄本	一册
六五	锦衣归二卷	清朱㿥撰	旧抄本	
六六	万年觞二卷	清朱㿥撰	旧抄本	以上合订一册
六七	龙灯赚二卷	清朱云从撰	旧抄本	一册
六八	御袍恩二卷	清邱园撰	旧抄本	一册
六九	党人碑一卷	清邱园撰	旧抄本	一册
七〇	幻缘箱传奇一卷	清邱园撰	旧抄本	一册
七一	天马媒二卷	清刘方撰	暖红室刊本	一册
七二	倒鸳鸯传奇二卷	清朱英撰	清顺治刊本	二册
七三	玉鸳鸯三卷	清周坦纶撰	旧抄本	二册
七四	醉菩提传奇二卷	清张大复撰	抄本	一册
七五	重重喜传奇二卷	清张大复撰	抄本	一册
七六	双福寿二卷	清张大复撰	旧抄本	
七七	吉祥兆二卷	清张大复撰	旧抄本	以上合订一册
七八	金刚凤传奇二卷	清张大复撰	稿本	二册
七九	快活三二卷	清张大复撰	旧抄本	一册

八〇	紫琼瑶二卷	清张大复撰	旧抄本	
八一	钓鱼船二卷	清张大复撰	旧抄本	以上合订一册
八二	如是观二卷	清张大复撰	旧抄本	一册
八三	海潮音二卷	清张大复撰	旧抄本	
八四	读书声二卷	清张大复撰	旧抄本	以上合订一册
八五	人中龙传奇二卷	清盛际时撰	抄本	一册
八六	新编胭脂雪传奇二卷	清盛际时撰	旧抄本	一册
八七	双冠诰二卷	清陈二白撰	旧抄本	一册
八八	称人心二卷	清陈二白撰	旧抄本	
八九	长生乐二卷	清张匀撰	旧抄本	以上合订一册
九〇	金瓶梅二卷	清郑小白撰	旧抄本	一册
九一	非非想二卷	清王续古撰	旧抄本	二册
九二	秋虎丘二卷	清王鑨撰	清初刊本	二册
九三	双蝶梦二卷	清王鑨撰	清初刊本	一册
九四	红罗镜一卷	清傅山撰	铅印本	
九五	新编磨尘鉴二卷	清钮格撰	抄本	以上合订一册
九六	绣帏灯传奇二卷	清孙郁撰	稿本	二册
九七	新编双鱼佩传奇二卷	清孙郁撰	稿本	二册
九八	天宝曲史二卷	清孙郁撰	稿本	二册
九九	夏为堂人天乐传奇二卷	清黄周星撰	清初刊本	二册
一百	鸳鸯梦传奇二卷	清采芝客撰	清初刊本	二册
	以上计一百种	共订一百二十册		

古本戏曲丛刊四集目录

一	**元刊杂剧三十种**		元刊本 珂罗版印　三册
一	大都新编关张双赴西蜀梦	元关汉卿撰	
二	新刊关目闺怨佳人拜月亭	元关汉卿撰	
三	古杭新刊的本关大王单刀会	元关汉卿撰	
四	新刊关目诈妮子调风月	元关汉卿撰	
五	新刊关目好酒赵元遇上皇	元高文秀撰	
六	大都新编楚昭王疏者下船	元郑廷玉撰	
七	新刊关目看钱奴买冤家债主	元郑廷玉撰	
八	新刊的本泰华山陈抟高卧	元马致远撰	
九	新刊关目马丹阳三度任风子	元马致远撰	
一〇	新刊的本散家财天赐老生儿	元武汉臣撰	
一一	古杭新刊的本尉迟恭三夺槊	元尚仲贤撰	
一二	新刊关目汉高皇濯足气英布	元尚仲贤撰	
一三	赵氏孤儿	元纪君祥撰	
一四	古杭新刊的本关目风月紫云庭	元石君宝（一作戴善甫）撰	
一五	大都新编关目公孙汗衫记	元张国宾撰	
一六	新刊的本薛仁贵衣锦还乡	元张国宾撰	
一七	新刊关目张鼎智勘魔合罗	元孟汉卿撰	
一八	古杭新刊关目的本李太白贬夜郎	元王伯成撰	
一九	新编岳孔目借铁拐李还魂	元岳伯川撰	
二〇	新编关目晋文公火烧介子推	元狄君厚撰	
二一	大都新刊关目的本东窗事犯	元金仁杰（一作孔文卿）撰	
二二	古杭新刊关目霍光鬼谏	元杨梓撰	
二三	新刊死生交范张鸡黍	元宫天挺撰	
二四	新刊关目严子陵垂钓七里滩	元宫天挺撰	
二五	古杭新刊关目辅成王周公摄政	元郑光祖撰	

二六	新刊关目萧何月夜追韩信	元金仁杰撰	
二七	新刊关目陈季卿悟道竹叶舟	元范康撰	
二八	新刊关目诸葛亮博望烧屯	元无名氏撰	
二九	新编足本关目张千替杀妻	元无名氏撰	
三〇	古杭新刊小张屠焚儿救母	元无名氏撰	

二	**古杂剧**	**明王骥德编**	**明万历顾曲斋刊本**	**五册**
三	**脉望馆钞校本古今杂剧**	**明赵琦美钞校**		**八十四册**
一	破幽梦孤雁汉宫秋	元马致远撰	古名家本	
二	马丹阳三度任风子	元马致远撰	钞本	
三	吕洞宾三醉岳阳楼	元马致远撰	古名家本	
四	江州司马青衫泪	元马致远撰	古名家本	
五	半夜雷轰荐福碑	元马致远撰	古名家本	
六	西华山陈抟高卧	元马致远撰	古名家本	
七	孟浩然踏雪寻梅	元马致远撰	息机子本	
八	开坛阐教黄粱梦	元马致远撰	古名家本	
九	苏子瞻风雪贬黄州	元费唐臣撰	钞本	
一〇	四丞相歌舞丽春堂	元王实甫撰	古名家本	
一一	吕蒙正风雪破窑记	元王实甫撰	钞本	
一二	死生交范张鸡黍	元宫大用撰	息机子本	
一三	杜蕊娘智赏金线池	元关汉卿撰	古名家本	
一四	刘夫人庆赏五侯宴	元关汉卿撰	钞本	
一五	关大王独赴单刀会	元关汉卿撰	钞本	
一六	赵盼儿风月救风尘	元关汉卿撰	古名家本	
一七	温太真玉镜台	元关汉卿撰	古名家本	
一八	望江亭中秋切鲙旦	元关汉卿撰	息机子本	
一九	钱大尹智宠谢天香	元关汉卿撰	古名家本	
二〇	邓夫人苦痛哭存孝	元关汉卿撰	钞本	

四八	宋上皇御断金凤钗	元郑廷玉撰	钞本
四九	布袋和尚忍字记	元郑廷玉撰	息机子本
五〇	楚昭公疏者下船	元郑廷玉撰	钞本
五一	看财奴买冤家债主	元郑廷玉撰	息机子本
五二	包龙图智勘后庭花	元郑廷玉撰	古名家本
五三	断冤家债主	元郑廷玉撰	钞本
五四	宋太祖龙虎风云会	元无名氏撰	古名家本
五五	诸葛亮博望烧屯	元无名氏撰	钞本
五六	庞涓夜走马陵道	元无名氏撰	钞本
五七	忠义士豫让吞炭	元无名氏撰	古名家本
五八	锦云堂美女连环计	元无名氏撰	息机子本
五九	苏子瞻醉写赤壁赋	元无名氏撰	古名家本
六〇	郑月莲秋夜云窗梦	元无名氏撰	钞本
六一	王月英元夜留鞋记	元无名氏撰	息机子本
六二	河南府张鼎勘头巾	元孙仲章撰	古名家本
六三	朱砂担滴水浮沤记	元无名氏撰	钞本
六四	货郎旦	元无名氏撰	钞本
六五	敬德不伏老	元无名氏撰	钞本
六六	施仁义刘弘嫁婢	元无名氏撰	钞本
六七	刘千病打独角牛	元无名氏撰	钞本
		原脱叶号十六文字上下衔接	
六八	杀狗劝夫	元无名氏撰	钞本
六九	大妇小妻还牢末	元无名氏撰	钞本
七〇	讲阴阳八卦桃花女	元无名氏撰	钞本
七一	玎玎珰珰盆儿鬼	元无名氏撰	钞本
七二	刘玄德醉走黄鹤楼	元无名氏撰	钞本
七三	玉清庵错送鸳鸯被	元无名氏撰	古名家本
七四	关云长千里独行	元无名氏撰	钞本
七五	孟光女举案齐眉	元无名氏撰	钞本

一〇五	灌将军使酒骂座记	明无名氏撰	古名家本
一〇六	金翠寒衣记	明无名氏撰	古名家本
一〇七	渔阳三弄	明无名氏撰	古名家本
一〇八	玉通和尚骂红莲	明无名氏撰	古名家本
一〇九	木兰女	明无名氏撰	古名家本
一一〇	黄崇嘏女状元	明无名氏撰	古名家本
一一一	僧尼共犯	明无名氏撰	钞本
一一二	东华仙三度十长生	明朱有燉撰	古名家本
一一三	群仙庆寿蟠桃会	明朱有燉撰	古名家本
一一四	吕洞宾花月神仙会	明朱有燉撰	古名家本
一一五	惠禅师三度小桃红	明朱有燉撰	钞本

原脱叶号十三文字上下衔接

一一六	张天师明断辰钩月	明朱有燉撰	钞本
一一七	洛阳风月牡丹仙	明朱有燉撰	钞本
一一八	清河县继母大贤	明朱有燉撰	古名家本
一一九	赵贞姬身后团圆梦	明朱有燉撰	古名家本
一二〇	刘盼春守志香囊怨	明朱有燉撰	古名家本
一二一	李亚仙花酒曲江池	明朱有燉撰	古名家本
一二二	紫阳仙三度常椿寿	明朱有燉撰	古名家本
一二三	福禄寿仙官庆会	明朱有燉撰	钞本
一二四	十美人庆赏牡丹园	明朱有燉撰	钞本
一二五	善知识苦海回头	明朱有燉撰	古名家本
一二六	瑶池会八仙庆寿	明朱有燉撰	钞本
一二七	黑旋风仗义疏财	明朱有燉撰	钞本
一二八	伍子胥鞭伏柳盗跖	春秋故事	钞本
一二九	十八国临潼斗宝	春秋故事	钞本
一三〇	田穰苴伐晋兴齐	春秋故事	钞本
一三一	后七国乐毅图齐	春秋故事	钞本

一三二	吴起敌秦挂帅印	春秋故事	钞本
一三三	守贞节孟母三移	春秋故事	钞本
一三四	汉公卿衣锦还乡	西汉故事	钞本
一三五	运机谋随何骗英布	西汉故事	钞本
一三六	随何赚风魔蒯彻	西汉故事	钞本
一三七	韩元帅暗度陈仓	西汉故事	钞本
一三八	司马相如题桥记	西汉故事	钞本
一三九	马援挝打聚兽牌	东汉故事	钞本
一四〇	云台门聚二十八将	东汉故事	钞本
一四一	汉姚期大战邳全	东汉故事	钞本
一四二	孝义士赵礼让肥	东汉故事	钞本
一四三	寇子翼定时捉将	东汉故事	钞本
一四四	邓禹定计捉彭宠	东汉故事	钞本
一四五	十样锦诸葛论功	三国故事	钞本
一四六	曹操夜走陈仓路	三国故事	钞本
一四七	阳平关五马破曹	三国故事	钞本
一四八	走凤雏庞统掠四郡	三国故事	钞本
一四九	周公瑾得志娶小乔	三国故事	钞本
一五〇	张翼德单战吕布	三国故事	钞本
一五一	莽张飞大闹石榴园	三国故事	钞本
一五二	关云长单刀劈四寇	三国故事	钞本
一五三	寿亭侯怒斩关平	三国故事	钞本
一五四	关云长大破蚩尤	三国故事	钞本
一五五	刘关张桃园三结义	三国故事	钞本
一五六	张翼德三出小沛	三国故事	钞本
	原缺第一叶		
一五七	张翼德大破杏林庄	三国故事	钞本
一五八	陶渊明东篱赏菊	六朝故事	钞本

一五九	长安城四马投唐	唐代故事	钞本
一六〇	立功勋庆赏端阳	唐代故事	钞本
一六一	贤达妇龙门隐秀	唐代故事	钞本
一六二	招凉亭贾岛破风诗	唐代故事	钞本
一六三	众僚友喜赏浣花溪	唐代故事	钞本
一六四	魏征改诏风云会	唐代故事	钞本
一六五	程咬金斧劈老君堂	唐代故事	钞本
一六六	徐茂公智降秦叔宝	唐代故事	钞本
一六七	小尉迟将斗将将鞭认父	唐代故事	钞本
一六八	尉迟恭鞭打单雄信	唐代故事	钞本
一六九	十八学士登瀛洲	唐代故事	钞本
一七〇	唐李靖阴山破虏	唐代故事	钞本
一七一	李嗣源复夺紫泥宣	五代故事	钞本
一七二	飞虎峪存孝打虎	五代故事	钞本
一七三	压关楼叠挂午时牌	五代故事	钞本
一七四	存仁心曹彬下江南	宋代故事	钞本
一七五	八大王开诏救忠臣	宋代故事	钞本
一七六	杨六郎调兵破天阵	宋代故事	钞本
一七七	焦光赞活拿萧天佑	宋代故事	钞本
一七八	宋大将岳飞精忠	宋代故事	钞本
一七九	十探子大闹延安府	宋代故事	钞本
一八〇	张于湖误宿女真观	宋代故事	钞本
一八一	女学士明讲春秋	宋代故事	钞本
一八二	赵匡胤打董达	宋代故事	钞本
一八三	穆陵关上打韩通	宋代故事	钞本
一八四	相国寺公孙汗衫记	杂传	钞本
一八五	海门张仲村乐堂	杂传	钞本
一八六	王闰香夜月四春园	杂传	钞本

原脱叶号二十三文字上下衔接

二一四	猛烈那吒三变化	神仙	钞本
二一五	二郎神锁齐天大圣	神仙	钞本
二一六	灌口二郎斩健蛟	神仙	钞本
二一七	二郎神射锁魔镜	神仙	钞本
二一八	鲁智深喜赏黄花峪	水浒传故事	钞本
二一九	梁山五虎大劫牢	水浒传故事	钞本
二二〇	梁山七虎闹铜台	水浒传故事	钞本
二二一	王矮虎大闹东平府	水浒传故事	钞本
二二二	宋公明排九宫八卦阵	水浒传故事	钞本
	原阙第三十五叶		
二二三	黑旋风双献功	水浒传故事	钞本
二二四	奉天命三保下西洋	明朝故事	钞本
二二五	宝光殿天真祝万寿	明朝教坊编演	钞本
二二六	众群仙庆赏蟠桃会	明朝教坊编演	钞本
二二七	祝圣寿金母献蟠桃	明朝教坊编演	钞本
	原脱叶号二十二文字上下衔接		
二二八	降丹墀三圣庆长生	明朝教坊编演	钞本
二二九	众神圣庆贺元宵节	明朝教坊编演	钞本
二三〇	祝圣寿万国来朝	明朝教坊编演	钞本
二三一	争玉板八仙过沧海	明朝教坊编演	钞本
二三二	庆丰年五鬼闹钟馗	明朝教坊编演	钞本
二三三	河嵩神灵芝庆寿	明朝教坊编演	钞本
二三四	紫薇宫庆贺长春寿	明朝教坊编演	钞本
二三五	贺万寿五龙朝圣	明朝教坊编演	钞本
二三六	众天仙庆贺长生会	明朝教坊编演	钞本
二三七	庆冬至共享太平宴	明朝教坊编演	钞本
二三八	贺升平群仙祝寿	明朝教坊编演	钞本
二三九	庆千秋金母贺延年	明朝教坊编演	钞本

二四〇	广成子祝贺齐天寿	明朝教坊编演	钞本
二四一	黄眉翁赐福上延年	明朝教坊编演	钞本
二四二	感天地群仙朝圣	明朝教坊编演	钞本

四	**古名家杂剧**	**明陈与郊编**	**明万历刊本**	**三册**
一	尉迟恭单鞭夺槊	元尚仲贤撰		
二	杜牧之诗酒扬州梦	元乔梦符撰		
三	玉箫女两世姻缘	元乔梦符撰		
四	李太白匹配金钱记	元乔梦符撰		
五	郑孔目风雪酷寒亭	元杨显之撰		
六	大妇小妻还牢末	元马致远撰		
七	谢金莲诗酒红梨花	元张寿卿撰		
八	秦修然竹坞听琴	元石子章撰		
九	刘晨阮肇误入天台	明王子一撰		
一〇	帝妃春游	明程士廉撰		

据"汇刻书目"，"古名家杂剧"所收凡四十种，"新续古名家杂剧"所收凡二十种。今除脉望馆钞校本古今杂剧已收入五十五种外，所见者尚有此十种，"汇刻书目"所收而今未见者还有十三种，则全书至少当有七十八种，或更多。

五	**杂剧选**	**明息机子编**	**明万历刊本**	**三册**
一	西华山陈抟高卧	元马致远撰		
二	玉箫女两世姻缘	元乔梦符撰		
三	须贾诨范睢	元高文秀撰		
四	宋太祖龙虎风云会	元罗贯中撰		
五	吕洞宾三度城南柳	明谷子敬撰		
六	包待制智赚合同文字	元无名氏撰		
七	萨真人夜断碧桃花	元无名氏撰		

古本戏曲丛刊四集目录

八	月明和尚度柳翠	元李寿卿撰
九	玉清庵错送鸳鸯被	元无名氏撰
一〇	李素兰风月玉壶春	元武汉臣撰
一一	王鼎臣风雪渔樵记	元无名氏撰

　　据"汇刻书目"，此书凡三十种。除脉望馆钞校本古今杂剧已收十五种外，所见者尚有此十一种。其他四种，则不可得见矣。

六	**阳春奏**	**明黄正位编**	**明万历刊本**	**一册**
一	陶学士醉写风光好	元戴善夫撰		
二	宋太祖龙虎风云会	元罗贯中撰		
三	西华山陈抟高卧	元马致远撰		

　　据"汇刻书目"，此书所收元明杂居凡三十九种，今仅存此三种耳。

七	**元明杂剧**	**明万历继志斋刊本**	**一册**
一	半夜雷轰荐福碑	元马致远撰	
二	唐明皇秋夜梧桐雨	元白仁甫撰	
三	杜牧之诗酒扬州梦	元乔梦符撰	
四	铁拐李度金童玉女	明贾仲名撰	

　　各家书目均未载，不知全书共有若干种。今仅据所见者收入。

八	**古今名剧合选**	**柳枝集　醉江集　明孟称舜编**	**明崇祯刊本**	**二十册**

　　右共一百二十册

古本戏曲丛刊五集目录

第一函

一	性天风月通玄记一卷	明兰茂撰	清乾隆钞本	一册
二	重订出像注释裴淑英断发记二卷	明李开先撰	明万历世德堂刊本	二册
三	葛衣记二卷	明顾大典撰	旧钞本	
四	锦西厢二卷	明周公鲁（？）撰	旧钞本	以上合订一册
五	李丹记二卷	明刘还初撰	明刊本	二册
六	芙蓉记二卷	明江楫撰	清康熙刊本	一册
七	凌云记二卷	明韩上桂撰	传钞本	一册
八	一合相二卷	明沈君谟撰	旧钞本	二册

第二函

九	风云会二卷	清李玉撰	旧钞本	一册
一〇	五高风二卷	清李玉撰	传钞本	一册
一一	一品爵二卷	清李玉撰	旧钞本	一册
一二	莲花筏二卷	清朱佐朝撰	旧钞本	
一三	万寿冠二卷	清朱佐朝撰	旧钞本	以上合订 一册
一四	九连灯存一卷	清朱佐朝撰	旧钞本	
	附九连灯四折	清朱佐朝撰	清道光钞本	以上合订一册
一五	文星现二卷	清朱㿩撰	旧钞本	一册
一六	四大庆存二本	清朱㿩等撰	旧钞本	一册
	附四大庆四本	清朱㿩等撰	泰县梅氏缀玉轩钞本	二册
一七	十美图二卷	清张匀（？）撰	旧钞本	一册
一八	正昭阳二卷	清石子斐撰	清雍正沈氏钞本	一册

第三函

一九	化人游一卷	清丁耀亢撰	清顺治野鹤斋刊本	一册

二〇	赤松游三卷	清丁耀亢撰	清顺治刊本	一册
二一	新编杨椒山表忠蚺蛇胆二卷	清丁耀亢撰	清顺治刊本	二册
二二	西湖扇二卷	清丁耀亢撰	清康熙重刊本	一册
二三	云石会二卷	清包燮撰	清康熙刊本	一册
二四	钧天乐二本	清尤侗撰	清康熙刊本	一册
二五	扬州梦二卷	清嵇永仁撰	清康熙刊本	二册
二六	双报应二卷	清嵇永仁撰	清康熙刊本	二册

第四函

二七	江花梦二卷	清龙燮撰	清乾隆重刊本	二册
二八	香雪亭新编耆英会记二卷	清乔莱撰	清康熙来鹤堂刊光绪递修本	一册
二九	女昆仑二卷	清裘琏撰	旧钞本	二册
三〇	两钟情二卷	清许廷录撰	传钞本	一册
三一	五鹿块二卷	清许廷录撰	传钞本	一册
三二	长生殿二卷	清洪昇撰	清康熙稗畦草堂刊本	二册
三三	双星图二卷	清邹山撰	清康熙乐余园刊本	一册

第五函

三四	洛神庙二卷	清吕履恒撰	清康熙刊本	二册
三五	桃花扇二卷	清孔尚任撰	清康熙刊本	四册
三六	阴阳判二卷	清查慎行撰	清初刊本	二册
三七	四友堂里言一卷	清黄鈇撰	传钞本	一册
三八	续琵琶二卷	清曹寅撰	旧钞本	一册
三九	扬州梦二卷	清岳端撰	清康熙启贤堂刊本	一册

第六函

| 四〇 | 珊瑚玦二卷 | 清周稚廉撰 | 清初书带草堂刊本 | 一册 |
| 四一 | 元宝媒二卷 | 清周稚廉撰 | 清初书带草堂刊本 | 一册 |

四二	双忠庙二卷	清周穉廉撰	清初书带草堂刊本	一册
四三	软羊脂二卷	清孔传鋕撰	稿本	二册
四四	软邮筒二卷	清孔传鋕撰	稿本	二册
四五	软锟铻二卷	清孔传鋕撰	传钞本	二册
四六	珊瑚鞭二卷	清徐石麒撰	旧钞本	二册

第七函

四七	蟾宫操二卷	清程镳撰	清康熙刊本	二册
四八	合剑记二卷	清刘键邦撰	清初刊本	二册
四九	迎天榜二卷	清□顼传撰	清康熙刊本	二册
五〇	梅花诗二卷	清李应桂撰	清初刊本	一册
五一	小河洲二卷	清李应桂撰	清初刊本	一册
五二	万花台二卷	清张澜撰	清康熙凝馥斋刊本	一册

第八函

五三	封禅书六卷存目一卷	清朱瑞图撰	清康熙秘奇楼刊本	二册
五四	广寒香二卷	清汪光被撰	清康熙文治堂刊本	二册
五五	芙蓉楼二卷	清汪光被撰	清康熙叩钵斋刊本	一册
五六	赤壁记二卷	清姜鸿儒撰	清康熙九经堂刊本	一册
五七	御炉香二卷	清李漫翁撰	传钞本	二册
五八	锡六环二卷	清孙埏撰	清光绪孙氏家钞本	一册

第九函

五九	新制增补全琵琶重光记二卷	清蔡应龙撰	清乾隆刊本	一册
六〇	潜庄删订增补紫玉记二卷	清蔡应龙撰	清乾隆刊本	二册
六一	风前月下填词二卷	清曹岩撰	清品香阁刊本	一册
六二	才貌缘二卷	东山痴野撰	漱余轩刊本	一册
六三	虎口余生四卷	清遗民外史撰	清乾隆钞本	二册

六四	雨蝶痕二卷	清浣霞子撰	清康熙刊本	二册
六五	存庐新编宣和谱二卷	清介石逸叟撰	清初刊本	一册

第十函

六六	双南记二卷	清越雪山人撰	清康熙饮醇堂刊本	二册
六七	奎星见二卷	清积石山樵撰	传钞本	一册
六八	增广归元镜四卷	明智达撰 佚名增广	清乾隆钞本	二册
六九	三凤缘三卷	佚名	旧钞本	一册
七〇	葫芦幻一卷	佚名	钞本	
七一	金兰谊二卷	佚名	旧钞本	以上合订一册
七二	玉梅亭二卷	佚名 许之衡重订	饮流斋钞本	一册
七三	玉蜻蜓二卷	佚名	钞本	一册

第十一函

七四	天成福二卷	佚名	旧钞本	一册
七五	四合奇二卷	佚名	旧钞本	
七六	月华缘二卷	佚名	旧钞本	以上合订一册
七七	盘陀山二卷	佚名	旧钞本	一册
七八	万全记二卷	佚名	清康熙刊本	二册
七九	十醋记二卷	佚名	清康熙刊本	二册
八〇	补天记二卷	佚名	清康熙刊本	二册

第十二函

八一	双瑞记二卷	佚名	清康熙刊本	二册
八二	偷甲记二卷	佚名	清康熙刊本	二册
八三	四元记二卷	佚名	清康熙刊本	二册
八四	双锤记二卷	佚名	清康熙刊本	二册
八五	鱼篮记二卷	佚名	清康熙刊本	二册

以上计八十五种附二种　　　　共订一百二十册

古本戏曲丛刊六集目录

一〇	婵娟兆四卷	清朱佐朝撰	清乾隆钞本	一册
一一	四奇观四卷存二卷	清朱㿟 朱佐朝撰	钞本	一册
一二	儿孙福二卷存一卷	清朱云从撰	清康熙啸庐稿本	一册
一三	后寻亲记二卷	清姚子懿撰	清道光钞本	三册
一四	金銮配二卷	清陈子玉撰	钞本	一册
一五	风流配二卷	清陈子玉撰	泰县梅氏缀玉轩钞本	二册
一六	定天山八出	清周淦撰	钞本	一册
一七	天山雪二卷	清马肇一撰	旧钞本	二册
一八	拜针楼一卷	清王墅撰	清康熙研露斋刊本	一册
一九	千里驹二卷	清张澜撰	钞本	五册
二〇	后一捧雪二卷	清胡云壑撰	清康熙天枢阁写刻本	二册
二一	双叩阍二卷	清张繁撰	清乾隆宁府钞本	一册
二二	鸳鸯帕二卷	清张应楸撰	清乾隆佩兰堂刊本	二册
二三	双龙坠二卷存一卷	清新都笔花斋撰	清初笔花斋刊本	一册
二四	花萼楼二卷	清昭亭有情痴撰	清亦园刊本	二册
二五	也春秋二卷	清花邨居士 紫楼逸老等撰	清刊本	二册
二六	勘离骚二卷	清东皋顽仙撰	旧钞本	一册
二七	泛黄涛二卷	清思齐主人撰	旧钞本	二册
二八	扬州鹤三卷	清三原双生撰	钞本	二册
二九	杏花山二卷	清莱阳羽仙玉凤撰	旧钞本	二册
三〇	钟情缘二卷	清无名氏撰	旧钞本	一册
三一	两生天不分卷三十二出	清无名氏撰	旧钞本	一册
三二	百子图二卷	清无名氏撰	旧钞本	一册
三三	万倍利不分卷二十五出	清无名氏撰	钞本	一册
三四	龙凤祥不分卷二十三出	清无名氏撰	钞本	一册
三五	庆龙归二卷	清无名氏撰	钞本	一册
三六	庆有余二卷	清无名氏撰	饮流斋钞本	一册

三七	出师表二卷	清无名氏撰	钞本	
三八	顺天时不分卷	清无名氏撰	钞本	以上合订一册
三九	两荣归二卷	清无名氏撰	钞本	二册
四〇	续春秋二卷	清无名氏撰	钞本	一册
四一	紫金鱼二卷	清无名氏撰	旧钞本	一册
四二	为善最乐二卷	清无名氏撰	旧钞本	一册
四三	烂柯山二卷	清无名氏撰	清咸丰钞本	一册
四四	倭袍记八出	清无名氏撰	钞本	一册
四五	宜男佩四本	清无名氏撰	钞本	二册
四六	五义风二卷	清无名氏撰	钞本	一册
四七	蟠桃会二卷	清无名氏撰	清咸丰钞本	一册
四八	通仙枕二卷	清无名氏撰	钞本	二册
四九	绣春舫二卷	清无名氏撰	清同治钞本	一册
五〇	万珠袍不分卷三十二出	清无名氏撰	钞本	二册
五一	银瓶牡丹不分卷三十七出	清无名氏撰	钞本	一册
五二	挟忠烈二卷	清无名氏撰	清乾隆钞本	一册
五三	义忠烈四卷	清无名氏撰	钞本	二册
五四	千秋鉴二卷	清无名氏撰	清萃雅堂订本	一册
五五	雄精剑存十四出	清无名氏撰	钞本	一册
五六	琼林宴二本二十四出	清无名氏撰	清车王府钞本	一册
五七	西川图不分卷三十出	清无名氏撰	清咸丰钞本	一册
五八	名花榜不分卷二十六出	清无名氏撰	清道光钞本	一册
五九	一诺媒二卷	清无名氏撰	清乾隆钞本	二册
六〇	玉镜记二卷	清无名氏撰	泰县梅氏缀玉轩钞本	二册
六一	仙游阁二卷	清陆弘祚撰	清乾隆稿本	二册
六二	白头花烛二卷	清李天根撰	旧钞本	一册
六三	惺斋新曲六种十二卷	清夏纶撰	清乾隆世光堂刊本	十二册

	无瑕璧	二册			
	杏花村	二册			
	瑞筠图	二册			
	广寒梯	二册			
	南阳乐	二册			
	花萼吟	二册			
六四	六如亭二卷		清罗浮花农撰	清道光张氏赐锦楼刊本	四册
六五	玉燕堂四种曲八本		清张坚撰	清乾隆刊本	十二册
	梦中缘	四册			
	梅花簪	三册			
	怀沙记	三册			
	玉狮坠	二册			
六六	十出奇二卷		清周大榜撰	钞本	二册
六七	庆安澜二卷		清无名氏撰	钞本	一册
六八	一帘春二卷		清闲止亭浒墨居士撰	钞本	二册
六九	太平乐府十三种十四卷		清吴震生撰	清乾隆武林田翠舍刊本	二十册
	换身荣	一册			
	天降福	一册			
	世外欢	一册			
	秦州乐	一册			
	成双谱	一册			
	乐安春	一册			
	生平足	一册			
	万年希	一册			
	闹华州	一册			
	临濠喜	一册			

	人难赛	一册			
	三多全	一册			
	地行仙	八册			
七〇	双仙记二卷		清崔应阶撰	清乾隆香雪山房刊本	二册
七一	双痣记二卷		清黄图珌撰	清乾隆承恩堂刊本	二册
七二	忠烈传三卷		清石琰撰	清乾隆清素堂刊本	一册
七三	锦香亭三卷		清石琰撰	清乾隆清素堂刊本	一册
七四	两度梅三卷		清石琰撰	钞本	一册
七五	玉剑缘二卷		清李本宣撰	清乾隆涵经堂刊本	二册
七六	回春梦二卷		清顾森撰	清道光三鳣堂刊本	二册
七七	婴儿幻三卷		清飞花阁撰	钞本	二册

以上共订一百八十册

古本戏曲丛刊七集目录

	三世记		二册	
	双兔记		二册	
	度蓝关		一册	
三二	珊瑚鞭二卷	清胡业宏撰	清乾隆穿柳亭刊本	四册
三三	雷峰塔四卷	清方成培重订	清乾隆刊本	四册
三四	离骚影一卷	清杨宗岱撰	清乾隆正气楼刊本	一册
三五	西江瑞一卷	清周昂撰	清乾隆刊本	一册
三六	玉环缘二卷	清周昂撰	清乾隆刊本	二册
三七	蝶梦龛词曲	清徐爔撰	清乾隆梦生堂刊本	六册
	镜光缘		二册	
	写心杂剧十八种		四册	
三八	一江风二卷	清和邦额撰	稿本	二册
三九	鹦鹉媒二卷	清钱维乔撰	清乾隆小林栖刊本	二册
四〇	乞食图二卷	清钱维乔撰	清乾隆小林栖刊本	二册
四一	沈赘渔四种曲八卷	清沈起凤撰	清道光古香林刊本	十二册
	报恩缘		二册	
	才人福		四册	
	文星榜		四册	
	伏虎韬		二册	
四二	大金钱二卷	清郑兆龙撰	旧钞本	二册
四三	筤心阁传奇二种四卷	清刘可培撰	稿本	六册
	绣旗记		二册	
	七夕圆槎合记		四册	
四四	鸳鸯镜不分卷	清傅玉书撰	清光绪刊本	一册
四五	一斛珠二卷	清程枚撰	清乾隆刊本	二册
四六	文渊殿不分卷	清无名氏撰	旧钞本	二册
四七	天宫宝二卷	清无名氏撰	旧钞本	二册

古本戏曲丛刊八集目录

	逍遥亭一卷		一册	
	敬寿碑一卷		一册	
	三缘报一卷		一册	
二八	雁停楼一卷	清罗梅江撰	稿本	二册
二九	斗鸡忏四卷	清孔广林撰	旧钞本	二册
三〇	秋竹山房二种曲二卷	清蒋知节撰	清乾隆秋竹山房刊本	一册
	阿修罗　背子厓		一册	
三一	皇华记填词二卷	清饶重庆撰	清嘉庆耀紫轩刊本	二册
三二	芙蓉楼二卷	清张衢撰	清乾隆刊本	二册
三三	玉节记二卷	清张衢撰	清咸丰刊本	三册
三四	花间九奏	清石韫玉撰	清乾隆花韵庵刊本	一册
三五	红楼梦杂剧十出	清石韫玉撰	清嘉庆花韵庵刊本	一册
三六	六观楼北曲六种六卷	清许鸿磐撰	清道光刊本	三册
	西辽记　雁帛书		一册	
	女云台　孝女存孤		一册	
	儒吏完城　三钗梦		一册	
三七	新编遇合奇缘记二卷	清桂仙撰	钞稿本	
	附龙江守岁一出	清存华撰	稿本	以上合订四册
三八	鹔鹴裘二卷	清许树棠撰	钞本	一册
三九	双忠节二卷	清郭宗林撰	清乾隆刊本	二册
四〇	鱼水缘二卷	清周书撰	清乾隆博文堂刊本	四册
四一	天灯记三卷	清石琰撰	钞本	二册
四二	酒家佣三卷	清石琰撰	清乾隆刊本	一册
四三	砥石斋二种曲	清汪柱撰	清乾隆松月轩刊本	五册
	诗扇记二卷		二册	
	梦里缘二卷		二册	
	砥石斋韵品杂出　砥石斋散曲		一册	
四四	月殿缘二卷	清程聪撰	稿本	二册
四五	富贵神仙二卷	清郑含成撰	清乾隆刊本	二册

四六	补恨记四卷	清王泩文撰	钞本	四册
四七	彩毫缘二卷	清谢兰阶撰	旧钞本	二册
四八	玉尺楼二卷	清朱齐撰	清乾隆刊本	四册
四九	新西厢二卷	清张锦撰	清乾隆刊本	一册
五〇	乌阑誓二卷	清潘炤撰	清嘉庆小百尺楼刊本	
	附小沧桑四折	清潘炤撰	清嘉庆小百尺楼刊本	

以上合订三册

五一	龙沙剑二卷	清程焕撰	清嘉庆世瑞堂钞本	二册
五二	武香球二卷	清顾以恭 清张仲芳撰	清升平署钞本	四册
五三	黄鹤楼填词二卷	清周皑撰	清乾隆荫槐堂刊本	二册
五四	滕王阁填词二卷	清周皑撰	清乾隆荫槐堂刊本	二册
五五	新编何文秀玉钗记二卷	清陈诏撰	稿本	二册
五六	新填潇湘怨曲本四集三十六出	清万荣恩撰	清嘉庆青心书屋刊本	四册
五七	怡红乐二卷	清万荣恩撰	清嘉庆青心书屋刊本	二册
五八	三星圆四集八卷	清王懋昭撰	清嘉庆踵武堂刊本	八册
五九	游仙梦十二出	清刘熙堂撰	清嘉庆敦美堂刊本	一册
六〇	百花梦二卷	清张新梅撰	清嘉庆市隐庄刊本	二册
六一	百宝箱二卷	清黄标撰	清嘉庆刊本	二册
六二	东海记二卷	清陈宝撰	清嘉庆宛邻书屋刊本	一册
六三	如意缘二卷	清信天斋癯道人撰	清道光钞本	一册
六四	画图缘二卷	清汾上谁庵撰	清乾隆宁拙斋刊本	二册
六五	点金丹二卷	清西泠词客撰	清乾隆刊本	四册
六六	双金牌不分卷	清无名氏撰	清钞本	二册
六七	江流记不分卷	清无名氏撰	清内府钞本	二册
六八	进瓜记不分卷	清无名氏撰	清内府钞本	一册
六九	六美图五本	清无名氏撰	清乾隆钞本	四册
七十	游龙传不分卷	清无名氏撰	清嘉庆钞本	四册

以上共订一百六十册

古本戏曲丛刊九集目录

古本戏曲丛刊十集目录

	岳元戎凯宴黄龙府		碎金牌		一册
	贤使君重还如意子		紞如鼓		
	真情种远觅返魂香		波弋香		以上合订一册
一二	茗雪山房二种曲四卷	清彭剑南撰		清道光茗雪山房家刊本	四册
	梅影庵传奇二卷		二册		
	香畹楼传奇二卷		二册		
一三	鸜鹆裘传奇二卷	清许树棠撰		钞本	一册
一四	藤花亭四种曲	清梁廷枏撰		清道光刊本	四册
	江梅梦杂剧		一册		
	昙花梦杂剧		一册		
	圆香梦杂剧		一册		
	断缘梦杂剧		一册		
一五	盂兰梦一卷	清严保庸撰		清道光刊《珊影杂识》本	
一六	秋声谱	清严廷中撰		清咸丰海昌周氏刊本	

以上合订一册

一七	梅花梦传奇二卷	清陈森撰		钞稿本	二册
一八	花里钟传奇二卷	清刘伯友撰		清道光刊本	册
一九	酬红记一卷	清赵对澄撰		清嘉庆金陵刘文奎刊本	一册
二〇	乔影	清吴藻撰		清道光刊本	一册
二一	味蔗轩春灯新曲	清黄治撰		清道光椿阴轩刊本	一册
	雁书记　玉簪记		一册		
二二	千金寿二卷	清沈筠撰		清道光守经堂刊本	一册
二三	玉田春水轩杂出	清张声玠撰		清道光赐锦楼刊本	一册
二四	玉指环传奇四卷	清张梦祺撰		清道光钞本	二册
二五	味尘轩四种曲	清李文瀚撰		清道光刊本	八册
	紫荆花二卷		二册		
	胭脂舄二卷		二册		

	银汉槎二卷	二册			
	凤飞楼二卷	二册			
二六	倚晴楼七种曲	清黄燮清撰	清道光刊本		七册
	茂陵弦二卷	一册			
	帝女花二卷	二册			
	脊令原二卷	一册			
	鸳鸯镜一卷				
	凌波影四出	以上合订一册			
	桃溪雪二卷	一册			
	居官鉴二卷	一册			
二七	绛绡记传奇一卷	清黄燮清撰	钞本		一册
二八	玉台秋二卷	清黄燮清撰	清光绪六年琼笏山馆刊本		一册
二九	梅心雪传奇一卷	清姚燮撰	稿本		一册
三〇	空山梦传奇二卷	清范元亨撰	清光绪范履福良乡县官廨刊本		一册
三一	梅花梦二卷	清张道撰	清光绪二十年钱塘张预刊本		四册
三二	骊山传一卷	清俞樾撰	清光绪刊本		
三三	梓潼传一卷	清俞樾撰	清光绪刊本	以上合订一册	
三四	玉狮堂传奇十种十五卷	清陈烺撰	清光绪徐光莹增刊本		六册
	附悲凤曲	清陈烺撰	清光绪徐光莹增刊本		
	仙缘记传奇二卷	一册			
	蜀锦袍传奇二卷	一册			
	燕子楼传奇二卷				
	海虬记传奇二卷	以上合订一册			
	梅喜缘传奇二卷	一册			
	同亭宴传奇一卷				
	回流记传奇一卷	以上合订一册			

四一	小蓬莱阁传奇十种	清刘清韵撰	清光绪上海藻文书局石印本	五册
	黄碧签十二出	一册		
	丹青副十二出			
	炎凉券八出	以上合订一册		
	鸳鸯梦十二出			
	氤氲钏十出	以上合订一册		
	英雄配十二出	一册		
	天风引十出			
	飞虹啸十出			
	镜中圆五出			
	千秋泪四出	以上合订一册		
四二	味兰簃传奇	清龙继栋撰	清光绪七年刊本	二册
	烈女记传奇八出	一册		
	侠女记传奇十二出	一册		
四三	征衫泪传奇二卷	清裘廷帧撰	清无锡孙氏玉鉴堂写本	一册
四四	天上有传奇二卷	清黄璞撰	清道光刊本	二册
四五	祷河冰谱一卷	清罗小隐撰	清道光吴仪写刊本	一册
四六	红楼佳话一卷	清周宜撰	清道光赵麟趾钞本	一册
四七	丹桂传	清江义田撰	清道光彩笔堂刊本	二册
四八	东海记二卷	清王曦撰	清道光宛邻书屋刊本	一册
四九	业海扁舟一卷	清金连凯撰	清道光钞稿本	二册
五〇	青灯泪二卷	清蒋恩澂撰	清同治聚珍活字刊本	二册
五一	黎花梦五卷	清何佩珠撰	清道光刊《津云小草》本	
五二	桂香云影乐府一卷	清顾椿年撰	清道光刊本	以上合订一册
五三	天随愿一卷	清袁枟撰	钞本	二册
五四	椿轩居士六种曲	清彭体元撰	清道光刊本	十册

编后记

2012年，由中央文史研究馆馆员、中华书局编审程毅中先生倡议，《古本戏曲丛刊》六、七、八集被列入了《2011—2020年国家古籍整理出版规划》，相关工作提上议程。2014年1月18日，在文学研究所和国家图书馆的共同努力下，新组建的编委会召开了第一次编纂出版工作会议，确定了《古本戏曲丛刊》编纂出版工作规划及具体工作方案，中断了二十余年的《丛刊》编纂工作正式重新启动了。

在后三集编纂工作展开伊始，刘跃进主编即提议留意、收集与《丛刊》编辑工作相关的文献资料，包括历史档案、文件决议、会议记录、媒体报道，参与者的笔记、文章、回忆、访谈等等，计划在这一最浩大的中国古代戏曲全集竣工之日，将这些文献资料汇为一册，为后人留下一份宝贵的记录。

从郑振铎先生提出《丛刊》总体设想以来，整个编纂过程大致可分为四个阶段。遗憾的是，由于时隔过久，郑振铎和吴晓铃两位先生任主编时期的工作文档大多难以获取，如商务印书馆流出的部分档案现由私人收藏；伊见思先生的日记遭到损坏等。虽努力多方寻访、搜检，仍只有星点遗存，不免挂一漏万。现今，我们只能从郑振铎先生所作一至四集序言、吴晓铃先生所作九集、五集序言以及他们所拟目录中，管窥《丛刊》的宏大设计及编纂思路。从参与编目与访书工作的周妙中先生《江南访曲录要》一文，及在五集中担任主要工作的吕薇芬、么书仪两位先生的回忆中，亦可了解《丛刊》编制目录、访查版本、考订作者的工作流程，体味昔日工作的艰辛不易。在重启后的编纂工作中，吴书荫先生拟定了六、七、八、十集的目录，付出了巨大的心血。程鲁洁作为责编，在《使命接力、众志成城》一文中介绍了具体的工作情况。《丛刊》历经六十七年方告完工，整个过程历经曲折，在本书所收刘跃进先生《〈古本戏曲丛刊〉：跨越六十年的编纂》、祝晓风先生《古本新生》等文章中，都已有详细的叙述。《丛刊》的编成实有赖于学界、出版界等各方专家、学者提供支持和帮助，在此深致谢忱。

值此《丛刊》十集完璧之际，向关心《丛刊》的朋友和读者们呈上这本小书，展现前辈学者的为人与为学，风骨与风采，是特别有纪念意义的。我们作为戏曲研究的后辈，能够有幸参与到这一项重大的工作之中，既感到无上荣光，又深受教益。

李芳　程鲁洁

2021年5月于北京